新时代的理论意蕴研究

Research on the Theoretical Implication of the New Era

杜黎明 著

项目策划：唐　飞　段悟吾　王　军
责任编辑：庄　溢
责任校对：荆　菁
封面设计：墨创文化
责任印制：王　炜

图书在版编目（CIP）数据

新时代的理论意蕴研究 / 杜黎明著．— 成都：四川大学出版社，2021.12（2023.9 重印）
ISBN 978-7-5690-5147-6

Ⅰ．①新… Ⅱ．①杜… Ⅲ．①中国特色社会主义－理论研究 Ⅳ．① D616

中国版本图书馆 CIP 数据核字（2021）第 235196 号

书　名	新时代的理论意蕴研究
	XINSHIDAI DE LILUN YIYUN YANJIU
著　者	杜黎明
出　版	四川大学出版社
地　址	成都市一环路南一段 24 号（610065）
发　行	四川大学出版社
书　号	ISBN 978-7-5690-5147-6
印前制作	四川胜翔数码印务设计有限公司
印　刷	四川盛图彩色印刷有限公司
成品尺寸	165mm×238mm
印　张	18.5
字　数	340 千字
版　次	2022 年 1 月第 1 版
印　次	2023 年 9 月第 2 次印刷
定　价	78.00 元

版权所有　◆　侵权必究

◆ 读者邮购本书，请与本社发行科联系。
　电话：(028)85408408/(028)85401670/
　(028)86408023　邮政编码：610065
◆ 本社图书如有印装质量问题，请寄回出版社调换。
◆ 网址：http://press.scu.edu.cn

四川大学出版社
微信公众号

国家社科基金后期资助项目
出版说明

后期资助项目是国家社科基金设立的一类重要项目，旨在鼓励广大社科研究者潜心治学，支持基础研究多出优秀成果。它是经过严格评审，从接近完成的科研成果中遴选立项的。为扩大后期资助项目的影响，更好地推动学术发展，促进成果转化，全国哲学社会科学工作办公室按照"统一设计、统一标识、统一版式、形成系列"的总体要求，组织出版国家社科基金后期资助项目成果。

全国哲学社会科学工作办公室

前　言

马克思主义的科学性，是党的政治决策和政治判断的学理性的根基，党的政治判断往往同时也是多重学术论断的集成。在学术研究和理论宣讲中，直接将党的政治判断作为学术论断，不免会产生说理不透的遗憾，甚至会给别有用心者留下"强词夺理""不讲道理"的口实。阐释和揭示党的政治判断蕴含的学术论断是哲学社会科学研究的使命和任务。遵照学术范式，把党的政治判断中蕴含的学术论断条分缕析地表达出来，是坚定马克思主义理论学科自信的重要方式。

党的十九大做出的"中国特色社会主义进入新时代"的重大政治判断是质变量变规律在社会发展历史分期中的应用，是党运用矛盾分析方法审视经济社会发展的成果，对新时代中国特色社会主义建设中社会实践主体发挥主观能动性提出了新的要求。新时代"三个意味着"的时代内涵、"五个时代"的时空方位、"八个明确"的核心要求、"十四条坚持"的战略安排彰显新时代的三大转变。一是中国特色社会主义道路从"探索"到"走顺走好初步定型"的道路的转变；二是社会主义的中国特色从"事后比较见特色"向"事先主动规划并在实践中塑造特色"的转变；三是对外开放从"适应国际规则主动融入全球化"到"维护完善国际规则引领全球化"的转变。

《新时代的理论意蕴研究》将"新时代"作为核心范畴，致力于探究新时代的重大判断、新时代的重大实践以什么样的方式坚持和发展了马克思主义的哪些基本原理，意在增强中国故事、中国实践的理论说服力，增强新时代的理论感召力。新时代的理论意蕴就是习近平新时代中国特色社会主义思想蕴含的马克思主义理论内核，是党在新时代的创新理论所继承和发展的马克思主义基本原理，是新时代实践经验的总结和理论提炼。新时代的理论意蕴既直接体现在中国特色社会主义进入新时代的重大判断中，也体现在新时代正在经历的重大转变中，并在新时代伟大实践中不断得以丰富。

《新时代的理论意蕴研究》致力于探究马克思主义理论学科阐释研究党的政治判断的方法和范式。党的政治判断的三重意境关联习近平新时代中国特色社会主义思想的三维内涵。政治判断的理论意境彰显中国共产党对过去一段时间的实践经验的总结和提炼，实践意境彰显党对当前发展难题、发展任务、发展路径的深思熟虑，理想和志向意境彰显共产主义的远大理想和中国特色社会主义共同理想的具体细化和落实。习近平新时代中国特色社会主义思想的三维内涵，一是坚持马克思主义立场和方法、发展马克思主义具体原理的生动表现，二是对发展现实的关照和反映、对人类社会发展大势的判断，三是总结提炼中国特色社会主义建设实践经验的理论创见。

作为研究阐释党的创新理论，揭示我国"经济快速发展"和"社会长期稳定"这"两大奇迹"成因的阶段性成果，《新时代的理论意蕴研究》是笔者向广大学术同行讨教的载体和靶子，是笔者探究新时代的理论张力、新时代的社会形态特质的基础，也是笔者身体力行，以提炼阐释理论范畴的方式，与恶意曲解和误解中国特色社会主义的种种言论做坚决斗争的一种探索和尝试。

目 录

绪 论 …………………………………………………………………… 1

第一章 中国特色社会主义进入新时代重大判断的理论意蕴 …………… 25
  第一节 中国特色社会主义进入新时代重大判断是质量互变规律
        在历史分期中的体现和运用…………………………………… 25
  第二节 中国特色社会主义进入新时代重大判断对实践主体发挥
        主观能动性提出了新要求…………………………………… 38
  第三节 中国特色社会主义进入新时代重大判断是党对矛盾运动
        规律和矛盾分析方法的生动应用…………………………… 51

第二章 新时代社会主义建设指向转变的理论意蕴 …………………… 67
  第一节 新时代社会主义建设指向转变的立论依据及内容 ………… 67
  第二节 习近平新时代中国特色社会主义思想的生成逻辑指引
        "三大转变" ……………………………………………… 77
  第三节 习近平新时代中国特色社会主义思想的实践理性指引
        "三大转变" ……………………………………………… 89

第三章 新时代坚定中国特色社会主义道路自信的理论意蕴 ………… 103
  第一节 "探路"向"走路"转变蕴含马克思主义实践观………… 103
  第二节 "探路"转向"走路"对马克思主义实践观的坚持和
        发展 ……………………………………………………… 112
  第三节 新时代"走路"进程中的容错纠错机制………………… 127

第四章 新时代彰显社会主义的中国特色的理论意蕴 ………………… 134
  第一节 特色展现方式转变蕴含矛盾普遍性和特殊性原理………… 134

第二节　"探路"时期事后比较见社会主义的中国特色……………… 148

　　第三节　新时代自我规划并在实践中呈现社会主义中国特色……… 160

第五章　中国特色社会主义最本质特征的理论意蕴………………… 172

　　第一节　中国特色社会主义最本质特征的论断依据………………… 172

　　第二节　中国特色社会主义最本质特征的彰显机制………………… 190

　　第三节　党建创新是彰显中国特色社会主义最本质特征的平台…… 203

　　第四节　抗击新冠肺炎疫情成就是彰显中国特色社会主义最本质

　　　　　　特征的生动例证……………………………………………… 215

第六章　新时代积极参与全球治理的理论意蕴……………………… 231

　　第一节　全球化发展的马克思主义理论本质………………………… 231

　　第二节　"探路"时期努力适应和融入全球化的理论意蕴………… 240

　　第三节　全面深化改革新时代积极引领全球化的理论意蕴………… 255

研究总结与展望………………………………………………………… 267

参考文献………………………………………………………………… 274

绪　论

全面深化党对经济社会发展的领导，是中华民族在新时代实现从站起来、富起来到强起来的伟大飞跃的基本经验和根本保障。中国共产党始终坚持以马克思主义为指导，是为中国人民谋幸福的政党，也是为人类进步事业而奋斗的政党。中国共产党的马克思主义政党属性，体现在党的宗旨和纲领中，体现在党的创新理论以及中国的革命、建设、改革实践对马克思主义基本原理的坚持和发展之中。以习近平同志为核心的党中央在新时代治国理政的实践经验总结，为丰富和发展习近平新时代中国特色社会主义思想注入源源不断的动力。习近平新时代中国特色社会主义思想是21世纪的马克思主义，是当代中国的马克思主义，这是一个融合了多重学术论断的重大政治判断。从"理论—实践"协同的维度，对这一重大政治判断进行学理论证，是新时代的大趋势，也是新时代理论研究的一项重要使命。揭示新时代的理论意蕴，就是要对"习近平新时代中国特色社会主义思想是21世纪的马克思主义、是当代中国的马克思主义"这一重大政治判断进行学理的阐释和论证。研究新时代的理论意蕴，不是把理论教条硬塞进新时代的伟大实践，而是要从新时代的伟大实践中发现和提炼出理论，并从新时代实践需要出发，对这些理论加以阐发。

一、研究的基本范畴

范畴是人的思维对客观事物普遍本质的概括和反映。每个学科都有其区别于其他学科的基本范畴，这些基本范畴是提高同行研究者交流效率的工具。能否运用学科基本范畴表达思想、阐述问题，是区分学科问题的专业研究和一般的泛泛研究的直观依据。确定研究范畴，既直观体现研究主题，也体现研究的基本思路。围绕"新时代"和"理论意蕴"这两个基本范畴展开研究，意在形成政治话语与学术话语联通的桥梁。

（一）新时代

现代汉语中的"时代"是指历史上以经济、政治、文化等状况为依据而划分的某个时期，是一个标定时间的社会历史概念。理解新时代的核心和关键是判断和识别"新"与"旧"。新、旧的哲学涵义与事物的本质、物质运动的客观规律以及历史必然性相关，与日常生活中用以表达时间概念的"新""旧"有本质的区别。哲学考究的新事物是顺应客观规律，体现和反映了历史必然性的事物；而旧事物则是违背客观规律，丧失了历史必然性的事物。认识和把握客观规律、历史必然性，特别是社会历史运动的客观规律及其必然性，不是单靠思维运动就可以完成的，它需要持续深入地进行社会实践，不断地总结反思社会历史现实运动及其经验。马克思主义的理论批判、实践批判，以及马克思主义者的自我批判，是其能深刻洞悉经济社会发展规律、把握历史必然性的根本原因。在社会生活中，人们常常依据自己的实践经验和见识判断新旧事物，往往依据事物出现的先后顺序，自己是否见识、是否有过接触等判断新旧，容易把新事物混同于新鲜事物和新奇事物。

认识和判断社会历史领域的新事物既是一个理论问题，也是一个实践问题。改革开放之初，人们在中外对比中感知到中国和西方发达国家之间的巨大发展差距，这不仅严重挫伤许多人的历史自信和文化自信，还滋生其对西方的盲目崇拜。对一些迷信"月亮都是外国圆"的西方中心主义者而言，以美国为首的西方发达国家与先进、进步同意，中国则是与蒙昧、落后同语；他们将一些西方社会，特别是西方社会严肃的思想者都在深刻反省的诸如享乐主义、拜金主义、无政府主义、性开放与性自由等思潮，作为彰显人性自由、个性解放的"先进"思想而大加膜拜，在一定程度上给我国的社会思潮带来了混乱。如果说改革开放之初我国远较西方落后的经济社会发展现实还可以成为"西方迷信"的"现实依据"的话，中国改革开放的骄人成绩也完全可以成为证伪"西方中心主义"的现实依据。在当今还死守"西方总是正确"的主张，如果不是因为其思维的惯性与惰性，那就只能怀疑其立场了。至今还有不少迷信西方教条的人，无视西方教条根源于西方社会历史、体现西方霸权者利益的事实，选择性屏蔽中国实践的成就，总是以西方教条作为评价中国实践的标准；个别人甚至以无条件质疑否定中国实践的"新鲜"观点、"新奇"主张为超凡脱俗。纠正和克服凡此种种怪相，既需要广大马克思主义者与其思想的交锋、观点的争辩,也需要执纪执法者高举纪律和法律的利剑。

"新时代"是习近平新时代中国特色社会主义思想提出的理论范畴。中国特色社会主义进入新时代,既是因为社会主要矛盾发生了转换,更是因为党和国家适应这种转换做出了新的战略部署和战略安排。"新时代"是中国特色社会主义新时代的简称,它不是单纯的时间标签,而是中华民族伟大复兴进程中的历史分期标志;新时代不仅有着丰富的理论意蕴,也有着浓郁的实践内涵;新时代既是开启新纪元的起点,更是中国特色社会主义的里程碑。"社会史上的各个时代,正如地球史上的各个时代一样,是不能划出抽象的严格的界限的。"① 历史长河中的时代划分,虽然必须依据客观事实,但也不可避免地带有划分者的主观意愿。把党的十八大作为新时代的历史起点,是因为党的十八大以来,党和国家发生了重大而深刻的变化,解决了许多长期想解决而没有解决的问题,办成了许多过去想办而没有办成的大事,标志着中国特色社会主义在社会主义初级阶段发生了阶段性的社会质变。社会主要矛盾转换,就是阶段性质变的集中体现。划分新时代既有其客观依据,也有其主观条件,更有其实践内涵。社会主要矛盾转换,是划分新时代的客观依据;"三个意味着"的时代内涵、"五个时代"的时空方位,是划分新时代的主观条件;"八个明确"的核心要求,"十四条坚持"的战略安排,赋予新时代浓郁的实践内涵。新时代是对历史创造者更好地、更积极地、更充分地发挥创造历史的主观能动性提出新的更高要求。新时代开启中华民族伟大复兴的新征程,为"理论—实践"协同推进马克思主义发展树立新的里程碑。中国特色社会主义进入新时代的重大政治判断,是对多重理论逻辑的综合和升华,新时代研究的一项重要任务就是剖析和揭示蕴含在这一重大判断中的理论依据。

新时代开创社会主义思想学说发展的新境界。学术研究中的社会主义思想学说有两重含义,一是以社会整体发展为旨归的思想学说,二是把社会主义作为一种社会形态、作为一种社会制度的思想学说。虽然第二种意义的社会主义学说也是以社会整体发展为旨归,但这两重区分依然十分必要,有着显著的现实的价值。在社会主义制度和资本主义制度并存的条件下做出这两重区分,主要是适应现实社会的意识形态斗争、直接批驳对社会主义制度的污蔑和中伤、捍卫社会主义制度的需要。从1516年英国人托马斯·莫尔写作《乌托邦》,描述一个没有私有财产和剥削现象,没有

---

① 马克思:《资本论(第1卷)》,北京,人民出版社,2004年版,第427—428页。

城乡对立，人们有计划地从事生产，不需要商品、货币和市场，实行按需分配的美好社会开始，主张社会作为一个整体去拥有和控制产品、资本、土地、资产等，其管理和分配基于公众利益的社会主义思想已有超过500年的发展历史。马克思主义使社会主义思想从空想变为科学，马克思以共产主义命名自己的社会主义思想，一是要同历史上的空想社会主义学说相区别，二是要同当时形形色色的"社会庸医"的思想相区别。列宁领导的十月革命，使作为社会形态、社会制度的社会主义思想学说实现了从理论形态向实践形态的飞跃，使社会主义思想发展逻辑实现从一维的理论发展逻辑向二维的"理论—实践"协同的发展逻辑转变。新时代的新实践、新作为，必然为社会主义思想发展注入强大的动力；总结提炼新时代的实践经验，从中提炼理论范畴，丰富和发展社会主义学说，必然会开创社会主义学说发展的新境界。

（二）理论意蕴

现代汉语中的"意蕴"是指内在的意义。理论意蕴是指内在的理论涵义、内在的理论意义。理论总是在继承中发展，新时代的理论意蕴就是习近平新时代中国特色社会主义思想蕴含的马克思主义理论内核，是党在新时代的创新理论所继承和发展的马克思主义基本原理，是新时代的实践经验总结和理论提炼。社会的进步和文明的发展滋生和强化了思维的惯性，在一定程度上遏制了人"刨根问底"的追问和反思习性，使人越来越多的行为选择是依据习惯的力量而不是认真细致的思考。这使得一些社会成员将其分享的越来越多的社会发展成果、公共服务视为理所当然。阐释揭示新时代的理论意蕴，意在引导社会成员认识和理解我国改革开放实践成就的来之不易、现在享受的美好生活的来之不易。

新时代的理论意蕴既蕴含在新时代的重大判断中，也蕴含在新时代的中国特色社会主义建设实践中。马克思主义从实践中来，到实践中去，在实践中接受检验，随着实践的发展而不断丰富。作为当代中国的马克思主义研究，习近平新时代中国特色社会主义思想研究既要揭示思想体系的理论逻辑，更要为新时代的中国特色社会主义建设实践提供决策参考，以彰显马克思主义的实践指导价值。习近平新时代中国特色社会主义思想之所以是21世纪的马克思主义、是当代中国的马克思主义，一是这套思想体系中蕴含了丰富的马克思主义基本原理，充分体现了对马克思主义立场的坚守、对马克思主义方法的运用；二是这套思想体系对当今世界、当代中国面临的发展难题做出了科学的诊断，提出了行之有效的破解难题之策；三是这套思想体系为人类文明发展、为马克思主义发展贡献了丰富的理论新论断。新时代"三个意味着"的时代内涵、"五个时代"的时空方位、"八个明确"的核心要求、"十四条坚持"的战略安排彰显新时代的"三大转变"：一是中国特色社会主义道路从探索到走顺走好初步定型的道路的转变，即"探路"向"走路"的转变；二是社会主义的中国特色从事后比较见特色向事先主动规划并在实践中塑造特色的转变，即"比较见特色"向"规划特色"的转变；三是对外开放从适应国际规则主动融入全球化到维护完善国际规则引领全球化的转变，即"适应规则"向"完善规则"的转变。"三大转变"是对马克思主义实践观、矛盾普遍性特殊性原理、社会时空观和全球化动力观，以及马克思主义世界史理论的坚持和发展。"三大转变"的论断是新时代的时代内涵、时空方位、核心要求、战略安排的逻辑延伸；揭示论断"三大转变"的理论依据，探寻新时代实现"三大转变"的对策，是彰显马克思主义研究应用价值的重要方式。理论只有在实际应用中才能得以丰富和发展，才能永葆活力。运用马克思主义基本原理，深度剖析新时代走好走顺中国特色社会主义道路、更好地展示社会主义的中国特色、更有效地维护和完善国际规则、国际秩序的现实需求，提出实现新时代推动实现"三大转变"的对策建议，是丰富和发展马克思主义的客观需要，更是马克思主义研究者的责任与担当。

研究阐释新时代的理论意蕴，旨在预防揭批历史虚无主义。历史虚无主义者把历史当成可任意打扮的小姑娘，总是力图以主观想象、虚构、假设的历史代替真实的历史，其本质是历史唯心主义。综观历史虚无主义者惯用的伎俩和手法，一是以偏概全、以部分代整体。历史虚无主义者或是割裂历史发展的整体性和连续性，放大片段的历史，忽略片段史的特殊性，把从片段史研究中获得的结论当成是一般历史规律；或是无视人的性格特征的多样性、历史人物对历史影响的多面性，以历史人物某一个方面的个性表现代替对历史人物的整体评价。他们要么是刻意屏蔽民族败类对中华民族的危害，夸大他们个性中残存的善和对中华民族伟大复兴微乎其微的贡献、对历史进步微乎其微的推动作用，把他们打扮成历史好人和历史英雄人物；要么无视英雄人物对历史进步的重大贡献，以其个性的弱点、个别的局部的错误而刻意否定英雄人物全部的历史功绩。二是运用"吸睛大法"，转移人们的注意力。历史虚无主义者或是以反思历史、追求科学之名，忽视英雄人物主观能动性发挥，忽略历史条件对人的行为决策的影响，以反思、科学分析英雄人物的行为过程之名，行歪曲污蔑英雄人物之实；或是利用人们的好奇心，以揭秘为噱头吸引观众，推销其编造的故事、虚构的历史。三是滥用历史假设。历史不能假设，研究历史的假设不是要篡改否定历史，而是从历史中吸取教训。历史虚无主义者基于假设，运用逻辑推演再构历史，企图以其再构的历史为依据，对真实的历史妄加评论，以行否定历史之实。凡此种种，历史虚无主义者的行为指向和理论归宿就是要否定中华民族的文明和历史、否定中国共产党的领导、否定社会主义制度。新时代不是一个单纯的时间概念，不是给历史时期随意贴上的标签。揭示新时代的理论意蕴，从理论和实践两个维度，论证新时代的重大判断、新时代重大实践的科学性和合理性，主动讲好中国故事，旨在防止历史虚无主义者再次沿用其惯用伎俩肆意歪曲污蔑新时代。

研究阐释新时代的理论意蕴，旨在对坚持党的领导进行学理论证，揭批对中国特色社会主义的谬评谬断。历史和人民选择了中国共产党，全心全意为人民服务的立党宗旨，不断加强自身的先进性和纯洁性建设，已经为坚持党的领导提供了充分的事实和学理依据。尽管如此，仍有一些人以西方政治学理论、西方政党理论为工具，把"宪政""多党制""执政合法性"等西方学术命题简单移植、套用到对党的领导的研究中，提出了一些看似富有学理性的主张，制造了理解坚持党的领导的思想混乱。新时代的理论意蕴研究，既剖析新时代的理论创见坚持和发展马克思主义基本原理的具体表现，也剖析马克思主义基本原理指导新时代伟大实践的客观事实，从理论繁荣和实践发展两个维度，阐释中国共产党坚持和发展马克思主义的内在逻辑，揭批强加给中国共产党的不实之词，对坚持党的领导作出规范的学理论证。党的十二大明确提出"建设有中国特色的社会主义"这一命题以来，学术界对"中国特色"做出了诸多论断，其中不乏深刻揭示中国奇迹发生的内在原因、体现和反映社会主义制度实践的中国特色的论断，也有扰乱人们思想的观点和主张。谬评谬断中国特色，既有刻意为之，也有无心之失，还有的缘于研究方法运用上的欠缺。"理论—实践"协同，阐释揭示新时代的理论意蕴，从谬评谬断的具体内容和谬评谬断的依据、方法等多个维度，揭批谬评谬断的虚假和虚伪本质，在社会思潮激流涌动中捍卫中国特色社会主义、推动科学社会主义学说发展。

二、选题背景与依据

中国共产党的政治报告是坚持和发展马克思主义基本原理的集中体

现，中央政府颁布的政策性文件的字里行间中也隐含着马克思主义基本原理的精神和要求。政治用语的说事性、工作布置性特点，政策文件惯用祈使句的风格，增添了社会公众理解这种精神和要求的难度。党的十九大报告用生动活泼的话语凸显政策性文件的大众化表达风格，受篇幅限制，仍然无法淋漓尽致地表达习近平新时代中国特色社会主义思想对马克思主义的坚持和发展。习近平总书记于2016年5月在哲学社会科学工作座谈会上号召广大学者"加强对党中央治国理政新理念新思想新战略的研究阐释，提炼出有学理性的新理论"[①]，强调这是"着力点、着重点"。全面深刻阐释党的十九大精神对马克思主义基本原理的坚持和发展，理论逻辑论证和实践成就验证并举，"理论—实践"协同，对"习近平新时代中国特色社会主义思想是21世纪的马克思主义、是当代中国的马克思主义"这一重大政治判断进行学理论证，正是哲学社会科学研究者响应习近平总书记号召，增强中国特色社会主义的理论感召力和实践影响力，讲好中国故事的生动实践。

（一）深刻阐释新时代政治判断的学理依据

政治判断和学术论断虽然有着紧密的联系，不可能被截然分开，但二者毕竟遵从不同的逻辑，有着不同的目标诉求。社会思想活跃，媒体技术的迅猛发展，使灌输式的思想传播面临严峻的挑战。以单向灌输、强迫接受的方式传播创新理论，会给创新理论的大众认同带来一定的负面影响。直接把政治判断作为学术论断，把政治判断作为论证其他政治判断的依据，也会在一定范围、一定程度上引发社会成员在理解、认同政治判断方面的逆反心理。揭示内隐在党的政治判断中的理论依据，对新时代政治判断进行多维而深刻的学理论证，有助于社会公众对习近平新时代中国特色社会主义思想的理解、践行和传播。

学术论断和政治判断遵循不同的范式和要求。学术论断和理论逻辑体现社会意识的相对独立性，学术论断追求理论逻辑的严谨。政治判断和政治决策是对政治运行、经济发展、社会治理实践运动的判断，是对社会存在的认识。对社会存在的认识正确与否，只能在实践中得以检验。对社会存在的具体认识和判断，是论断者基于一定的立场，运用一定的方法，遵

[①] 习近平：《在哲学社会科学工作座谈会上的讲话》，北京，人民出版社，2016年版，第22页。

循一定的程序和范式，审视社会存在的结果。政治判断不直接等同于学术论断，直接依据政治判断做出行为决策，是行为决策者参与政治生活的表现，不属于严谨的学术活动；以政治判断作依据，论证另外一个政治判断，不属于严格意义上的学术论证。政治判断是事实判断和价值判断的综合，把政治判断直接等同于学术论断，也就忽略了事实判断和价值判断的分异。中央党校韩庆祥教授"用学术阐释政治、从政治中找学术"的治学态度、方法论原则，直观体现了学术论断和政治判断之间的分异。政党的政治判断不仅体现了其价值立场、价值取向，而且体现了其对信奉的理论的坚持和发展，还体现其对发展事实的认知和把握。学思体悟"中国特色社会主义进入新时代"这一重大判断，既要深入挖掘这一判断对马克思主义具体原理的坚持、运用和发展，又要深刻领会这一判断所坚持的马克思主义的人民立场，还要深入理解这一判断蕴含的对我国发展基础、发展条件、发展环境等客观事实的把握。

中国共产党的政治判断总是融合了科学的学术论断。马克思主义的科学性，为中国共产党政治判断融合学术论断奠定坚实的基础。坚持马克思主义立场，以全心全意为人民服务为宗旨，以为人类谋福利为己任而不带任何私利，运用马克思主义方法审视社会存在，是中国共产党的政治判断往往蕴含、融合了学术论断的深刻原因。马克思主义研究者的一项历史使命就是，用规范的理论范畴、学术术语，透过政治判断用语的叙述、说事风格，讲清、讲明党的政治判断中蕴含的学术论断，以增强对党的政治判断的理论自信和学术认同。习近平新时代中国特色社会主义思想是21世纪的马克思主义，这是一个融合了多重学术论断的政治判断。首先，习近平新时代中国特色社会主义思想坚持马克思主义基本立场、观点和方法，其内容中蕴含了马克思主义的具体原理。其次，习近平新时代中国特色社会主义思想坚持问题导向和辩证思维，不是单纯的理论逻辑运动的产物，其内容中蕴含了对中国特色社会主义建设和当今人类发展面临的现实问题的回应和破解之策。第三，习近平新时代中国特色社会主义思想是党的理论创新的结晶，其内容中蕴含了基于创新实践经验总结的新的理论判断，提出了大量的丰富发展马克思主义的创见。

政治判断的学理论证重在强化党的政治权威。权威是指"一个人在相信他或她施加影响的权利合法性的基础上要求别人服从的可能性"[①]；与

---

① 〔美〕D. P. 约翰逊：《社会学理论》，北京，国际文化出版公司，1988年版，第279页。

以强制性力量为后盾要求别人无条件服从的权力不同,权威以权威主体的威信、威望为基础,强调自愿服从。政治权威是政治合法性与民众对政治的认同性的有机统一,具有"统治社会、提供秩序(规则),整合社会、提高效能,集中意志、统一行动,精神主宰、信念支撑"① 的功能。国家治理、政治运行中如果缺乏国家权威、政党的政治权威,出现治理低效,难以凝聚社会共识,甚至是政治动荡、社会分裂等后果也就在所难免。中国共产党的政治权威一是根源于其理论对历史的解释能力,对时局的把控能力,以及对未来的洞悉能力;二是根源于其全心全意为人民服务的立党宗旨,为国家谋富强、为民族谋复兴、为人民谋幸福的制度安排;三是根源于民主集中制以及全面从严治党所带来的党的领导力。对党在新时代的政治判断进行学理论证,引导社会公众深刻认识党的创新理论、重大决策的内在依据,有利于在强化对党的情感认同和理论认同的基础上,进一步强化中国特色社会主义的制度认同、共产主义远大理想和中国特色社会主义共同理想的理想认同、党和政府推进新时代重大实践的政策认同。对新时代的广泛认同会自然转化为党的政治权威,对新时代重大决策的深刻认识必然转化成为新时代重大实践的主观能动性,新时代重大实践的显著成果将进一步强化党的政治权威。

(二)运用马克思主义理论术语讲好中国故事

文化自信事关国运兴衰、事关文化安全、事关民族精神独立性。中华民族在较长历史时期内都有坚定的文化自信,中国近代遭受的侵略战争逐渐摧毁了这种自信,自此,对中华传统文化的怀疑和肆意歪曲与批驳、对西方文化盲目的顶礼膜拜和"唯洋是从"就一直阻碍着中华民族的伟大复兴。我国当前面临"有理说不出""说出传不开"的困扰,除了西方话语霸权的围困堵截外,文化不自信、从中国实践中提炼理论范畴不够,总是希望运用西方话语解释中国成就也是重要原因。新中国提出的"和平共处五项原则"、新时代提出的"人类命运共同体"等话语和范畴广为世界各国认同,无不昭示中国实践孕育世界广为认同话语和范畴的条件和能力。新时代坚定中国特色社会主义文化自信,要善于从新时代的伟大实践中总结经验、提炼理论范畴,讲好并传播好中国故事;用规范的学术话语,深

---

① 彭先兵、覃正爱:《马克思主义政治权威观探析》,《马克思主义研究》2018年第7期,第86—93页。

刻阐释中国故事的学理逻辑，对中国共产党为什么"能"、马克思主义为什么"行"、中国特色社会主义为什么"好"进行深刻的学理阐释和论证，是哲学社会科学理论工作者在新时代的崇高使命和重要任务。

借用马克思对人类文明的影响力讲好中国故事。新时代迎来中华民族从站起来到富起来到强起来的伟大飞跃，继站起来解决挨打问题、改革开放富起来彻底解决挨饿问题之后，全面深化改革强起来阶段必须摆脱"有理说不出""说出传不开"的困扰，真正解决"挨骂"问题。新时代我们必须讲好中国故事，增强中国实践的感召力，为中华民族伟大复兴营造良好的国际舆论环境。当前世界的总体格局是资本主义、社会主义两种制度并存，且"资"强"社"弱；中国处于正在崛起但尚未真正崛起的艰难阶段，我国和平共赢的主张也往往被霸权思维者解读为侵略扩张、霸权表现。霸权国家的政治霸权、经济霸权和军事霸权也使西方理论拥有国际文化交流的话语霸权，尽管使用西方理论解释中国实践屡屡失败，但我国学术界依然存在用西方话语讲述中国故事的研究惯性。当人类即将进入21世纪的时候，马克思在"千年思想家"评选①中位列榜首，足见马克思对人类文明发展的影响力；虽然马克思主义长期以来遭到资产阶级的攻击，2008年国际金融危机后世界范围内掀起的"《资本论》热"足以证明马克思主义洞悉人类社会发展规律的历史穿透力。2020年，新冠肺炎疫情在全球大暴发，中国迅速取得战疫斗争的伟大胜利，秉持人类命运共同体理念积极参与国际抗疫合作，为其他国家抗击疫情提供防疫战疫经验，给予力所能及的人力、物力和财力的支持。尽管一些西方政客对中国抗疫进行大肆地污蔑、诽谤、抹黑，但中国化的马克思主义理论范畴——人类命运共同体理念在世界范围内得到了广泛的认同。这既彰显了马克思主义的理论魅力，彰显了中国实践的理论富矿特征，也凸显了讲好中国故事的现实紧迫性和重要性。以马克思惯常运用的术语，用马克思建构的科学理论，揭示和阐释习近平新时代中国特色社会主义思想与马克思主义一脉相承的发展逻辑，既是论证"习近平新时代中国特色社会主义思想是21世纪的马克思主义"的有效方式，也是借用马克思对人类文明的影响力讲好并传播好中国故事的有效方式。

讲好中国故事需要深入挖掘新时代的马克思主义理论意蕴。理论挖掘

---

① 当20世纪即将结束时，英国广播公司（BBC）在全球范围举行的一次"千年思想家"网上评选。

越彻底，就越能说服人；故事蕴含理论的丰富性，决定故事的深刻性和传播范围的广泛性。揭示新时代的理论意蕴，重在阐释新时代的思想观点、决策判断、社会实践所体现的具体理论。党的十九大做出的中国特色社会主义进入新时代的重大判断，以及对新时代的实践部署，都体现了对马克思主义基本原理的坚持、运用和创新与发展。党的十九大对人民郑重承诺、向世界庄严宣告，中国特色社会主义最本质的特征是中国共产党领导，中国特色社会主义制度的最大优势是中国共产党领导，这既是对中国特色最权威、最规范的表达，同时也提出了深刻阐释论断中国特色社会主义最本质特征的学理的重大任务。单纯运用改革开放的实践成就作证据，论证中国特色社会主义的本质特征和制度优势，不免存在缺乏理论说服力之嫌；完全运用理论逻辑论证，既面临总结提炼理论范畴的现实难题，也容易使论证遭受抽象理论推导缺乏生动性、直观性的责难；既用理论阐释，又用实践成就，"理论—实践"协同论证，才是最易于被接受和传播的论证方式。据此，深刻揭示党的领导对中华民族实现由富起来向强起来的伟大飞跃起到的不可或缺的重要作用，实质上也是在对中国特色社会主义最本质特征、中国特色社会主义最大优势进行学理阐释和论证。阐释党坚持和发展马克思主义基本原理的现实具体表现，是学习和践行党的创新理论，与恶意曲解和误解中国特色社会主义的种种言论不懈斗争的有效方式。从中国实践中提炼出新时代理论意蕴这一范畴，用以探究新时代的重大判断、新时代的实践要求和实践指向究竟以什么样的方式，坚持和发展了马克思主义的哪些基本原理，这既是力求增强中国故事的理论说服力和新时代的理论感召力，更是深化对习近平新时代中国特色社会主义思想的理解，增强新时代运用新思想指导实践的理论自信和行为自觉。

（三）解决"挨骂"问题依然任务艰巨

中国共产党成立之后，已经领导中国人民成功解决了"挨打""挨饿"问题，目前还未能成功解决"挨骂"问题。我国改革开放取得举世瞩目的成就，用四十多年时间就走过了西方发达国家上百年走过的路程，新时代中华民族迎来从"站起来""富起来"向"强起来"的伟大飞跃，可这一切并未有效转化为解决"挨骂"问题的利器。2020年新冠肺炎疫情全球大暴发，中国不仅自身迅速取得抗疫战疫的胜利，迅速实现经济复苏，而且对国际合作抗疫、为人类最终战胜病毒做出了令人感叹的贡献，这些成就并未有效转化为坚定中国特色社会主义自信的底气，反而成为别有用心者甩锅谩骂中国的"口实"和"依据"。究其原因,对中国实践经验的理论提炼不够,过度依赖西方理论,甚至是沉迷于西方理论,对孕育西方理论的社会土壤、实践基础与中国社会和历史的差异揭示不够,动摇甚至是损毁了解决"挨骂"问题的底气和根基。

解决"挨骂"问题必须深入揭示和挖掘新时代的理论意蕴。社会存在与社会意识的关系,理论与实践的辩证关系原理,无不深刻揭示西方理论、西洋学说在中国会存在"水土不服",西方理论、西洋学说不能成功解释、深入揭示中国实践成就的内在原因。解决"挨骂"问题既要善于借鉴吸收包括西方理论、西洋学说在内的一切文明成果,更要善于从中国实践中提炼理论范畴,用其阐释和揭示中国成功之因。新时代的理论意蕴不仅承担着揭示党的政治判断,新时代的理论主张、理论创新坚持和发展马克思主义基本原理的重大使命,而且承担着论证阐释新时代的重大实践是认识的新的飞跃、蕴含着丰富的马克思主义基本原理的重大使命。用新时代的理论意蕴讲好中国故事,用新时代的丰富实践增强中国故事的生动性,用新时代中国实践的伟大成就增强故事的感染力;以新时代的理论意蕴挖掘为基础和中心,方能有效汇聚解决"挨骂"问题的强大动力。

解决"挨骂"问题必须深入剖析西方理论的理性根基。理论主张、理论观点的分歧往往缘于建构理论的理性根基的差异。"秀才遇到兵,有理说不清"不是说"秀才"讲理,"兵"不讲道理,而是"秀才"和"兵"各自有着不同的理性根基、各自固守自己的讲理方式。依据美国的霸权理性,依据特朗普政府极限施压频频获得预期商业目标的实践经验和思维惯性,对中国施行霸凌主义,在中美贸易磋商中出尔反尔依然是"理性"选择。"理性何等强大,就何等狡猾。理性的狡猾总是在于它的间接活动,这种间接活动让对象按照它们本身的性质相互影响、相互作用,它自己并不直接参与这个过程,而只是实现自己的目的。"① 解决"挨骂"问题,既要正面讲出我们的正确主张,主动讲好"中国故事";还要对谩骂中国的虚假和伪善的理性根基、谬评谬断中国特色社会主义的虚假理论本质进行深入的剖析和透彻的揭批。"平等互利、合作共赢"的理性与"唯我独尊、霸权主义"的理性之间,"文明互鉴"的理性与"文明冲突"的理性之间,中国特色社会主义经济学"以人民为中心"的理性与西方经济学"理性经济人"假设之间的冲突客观存在。虽然理性冲突最终只能依靠实践化解,但

---

① 马克思:《资本论(第1卷)》,北京,人民出版社,2004年版,第209页。

主动揭批论敌理性的虚假性、虚伪性有助于缩短化解理性冲突的历史时长，缓解化解理性冲突的阵痛。新时代的理论意蕴把揭批虚假和伪善理性根基、虚假理论本质融入阐释新时代中国实践的理论依据中，在"真"与"假"、"善"与"伪"、"实"与"虚"的对比中夯实讲好中国故事的底气和根基，既正面讲述中国实践，主动阐释中国成功之因，又揭批谩骂中国的歪理，反驳对中国的歪曲中伤，多方寻求解决"挨骂"问题的出路。

（四）剖析新时代的理论意蕴以彰显马克思主义整体性魅力

习近平新时代中国特色社会主义思想，新时代中国特色社会主义的伟大实践，无不体现对马克思主义基本原理的坚持、运用和发展。揭示新时代的理论意蕴，阐释习近平新时代中国特色社会主义思想与马克思主义中国化理论创新成果之间一脉相承的内在逻辑，这有助于彰显马克思主义整体性的魅力。

彰显马克思主义整体性魅力是做好意识形态工作的要求。巩固马克思主义在意识形态的领导地位，推进马克思主义中国化不断取得新成就，需要从整体上科学地把握和运用马克思主义，而不是片面地在细枝末节上把握马克思主义。频发"在马不言马""姓马不信马"等怪相，一个重要原因就是对马克思主义整体性的魅力缺乏深刻的认知和感悟。近年来，马克思主义整体性研究成为学术研究的一大热点和重点，学者们对马克思主义整体性的内涵、马克思主义整体性的具体表现、马克思主义整体性的研究方法等进行了广泛而深入的研究。学者们之所以对马克思主义整体性的具体表现众说纷纭，缘于不同学者基于不同的视角、运用不同的方法对本是一个有机整体的马克思主义进行解构，然后立足中国特色社会主义建设的实践特色与实践需求，从不同角度、以不同方式再对马克思主义进行整体性的建构。当今深化马克思主义整体性研究，需要立足整体性的某一特定表现和具体要求，对经济社会发展的重大现实问题展开研究。[①] 不可否认，随着社会的发展和文明的进步，当今人类社会的生产关系、人类解放面临的现实问题远比马克思所处时代复杂。像马克思那样，直面人类解放面临的现实问题，对"自然—人—人类社会"形成的有机整体进行深入研究的难度大大增加。把马克思主义整体性作为一种研究方法、研究视

---

① 杜黎明：《中国特色社会主义的民生改善长效机制研究》，北京，学习出版社，2016年版，第6—7页。

域，丰富马克思主义整体性的研究维度和具体表现，深化马克思主义整体性的研究内容，不失为彰显马克思主义整体性魅力、纠正"在马不言马""姓马不信马"等怪相的重要途径。

新时代理论意蕴彰显马克思主义整体性魅力。马克思主义基本原理三大组成部分之间严密的内在逻辑，中国化的马克思主义理论与马克思主义基本原理一脉相承的内在逻辑，都生动昭示了马克思主义整体性魅力。学界有着眼当前背景研究新时代的偏好，新时代的理论意蕴研究既追溯新时代的重大判断的理论渊源，也阐释新时代在当下的理论表现，还从理论的未来发展全面揭示"新时代"的理论价值。新时代的"历史—现实—未来"衔接贯通研究，旨在彰显马克思主义理论在时间维度的整体性魅力。综合运用马克思主义哲学理论、政治经济学理论、科学社会主义理论，揭示新时代的实践创新中蕴含的马克思主义基本原理，意在彰显马克思主义哲学理论的世界观和方法论魅力、马克思主义政治经济学理论洞悉经济社会发展现实的工具理性魅力、科学社会主义理论的价值引领魅力。剖析习近平新时代中国特色社会主义思想对马克思主义基本原理的坚持和发展，揭示新时代的创新理论所蕴含的马克思主义基本原理，意在彰显中国化的马克思主义理论与马克思主义基本原理一脉相承的魅力。新时代的"国内—国际"衔接贯通研究，旨在从空间整体性的维度，揭示中国特色社会主义的"理论—实践"协同魅力。立足国内研究的旨趣在于，创造性应用、创新性发展马克思主义实践观，阐释论证从主要是探索中国特色社会主义道路到主要是走顺走好初步定型的中国特色社会主义道路的转变。着眼国际研究的旨趣在于，创造性应用、创新性发展马克思主义世界史、全球化理论，阐释论证从主要是被动适应和运用国际秩序、国际规则向积极参与国际秩序和规则的完善，推动构建人类命运共同体的转变。国际国内结合研究的旨趣在于，创造性应用和创新性发展马克思主义唯物辩证法，阐释论证社会主义的中国特色从主要是事后比较呈现向主动规划并在实践中彰显的转变。

三、研究述评

梳理总结对"新时代"的研究，也是考察习近平新时代中国特色社会主义思想形成背景、发展历程的一个维度、一种方式。考察理论的形成背景，一是社会存在和社会意识、理论和实践的关系使然。作为精神产品，理论属于社会意识的范畴，社会意识不会凭空产生，总有决定其生成的社会存在和社会实践。依据理论反窥社会存在和社会实践,不仅是要深化对理论本身的认识和理解,也是要促进对社会存在、社会实践的反思和总结。二是洞悉理论创造者的主观能动性使然。社会存在决定社会意识,实践决定理论的产生和发展,不是机械的决定,不是有一定的社会存在、一定的社会实践就会自然而然地产生出与之适应的社会意识和理论;而是强调任何社会意识、理论不是单纯的思维运动的产物,总有其社会存在、社会实践的根基。社会意识生产者、理论创造者的主观能动性,也是社会意识形成、理论产生的重要条件,考察理论的形成背景,也要对理论创造者发挥主观能动性的动因、方式和成就等进行深入的考究,从中获取思想发展的滋养。三是社会意识的相对独立性使然。社会意识、社会科学理论一旦形成,依据其自身内在逻辑而实现发展,从而使社会意识、理论表现出超越社会现实的发展性和先进性;以先进的理论为实践的指导,也是创造历史辉煌的前提和保障。考察理论的形成背景,也是洞悉社会意识、理论超越现实发展,创造历史辉煌内在规律的重要方式和途径。

在党的十九大明确提出"习近平新时代中国特色社会主义思想"这一理论范畴之前,学术界分专题、分领域,展开对习近平新时代中国特色社会主义思想的研究。专题研究主要集中在对"中国梦""四个全面战略布局""五大发展理念""社会主义核心价值观""经济发展新常态""供给侧结构性改革"等的研究中;分领域研究以习近平总书记对政治建设、经济建设、文化建设、社会建设、生态文明建设、国防和军队建设等的重要论述为基础,多维阐释论证新时代中国特色社会主义思想的理论创见。党的十九大之后,学术界除了分领域研究、分专题研究外,还从整体性研究的维度,对习近平新时代中国特色社会主义思想形成的思想渊源、核心要义、丰富内涵、重要特点、体系结构、重大意义、历史地位等展开了广泛而深入的研究。新时代的理论意蕴研究,主要是以习近平新时代中国特色社会主义思想的哲学基础、哲学内涵的形式展开。学界普遍认为,马克思主义哲学、中国优秀传统文化中的哲学智慧是习近平新时代中国特色社会主义思想的基础和来源。习近平新时代中国特色社会主义思想有着坚实的马克思主义理论内核,这主要表现在以下几个方面。

(一)新时代新思想的世界观和方法论内核

世界观和方法论彰显思想学说的特征和底色。习近平新时代中国特色社会主义思想的马克思主义世界观和方法论内核,是新时代新思想研究无法回避的重点。张海波、秦书生教授认为，习近平新时代中国特色社会主义思想实现了世界观与方法论的有机统一，具体体现在：强调应从中国的客观实际出发制定路线方针政策；坚持运用唯物辩证的思维方法分析和处理社会发展的难题；坚持实践第一、理论与实践相统一，在实践的基础上不断进行理论创新；深刻总结历史经验、把握历史规律；坚持以人民为中心的发展思路，尊重人民的主体地位，形成推动各项事业发展的合力。① 侯惠勤教授阐释了"不忘初心、保持战略定力的世界观意义""战略思维、历史思维、辩证思维、创新思维、底线思维的方法论意义""青年兴、青年强的历史观意义"②，揭示了习近平新时代中国特色社会主义思想的哲学意蕴。韩庆祥教授等用"战略辩证法"，即"在战略谋划和实践中运用辩证法，或把辩证法运用于战略谋划和实践中，在战略中有辩证法，在辩证法中有战略"③，阐释习近平新时代中国特色社会主义思想对马克思主义方法论的坚持和发展。郭云泽、刘同舫教授认为，从哲学立场来看，习近平新时代中国特色社会主义思想继承与发展了马克思主义哲学的政治立场、文明立场和时代立场，不断开创新的价值境界、文明形态和时代精神；从哲学方法来看，新思想运用与拓展了唯物辩证法、矛盾分析法、系统分析法。④ 贾立政认为，习近平新时代中国特色社会主义思想具有实事求是、问题导向、从历史认识未来、实践认识论、全球视野等科学思想方法。⑤ 张士海阐释了新思想的中国立场与世界眼光相结合，理论继承与理论发展相结合，科学阐释与整体建构相结合的方法。⑥ 学者们普遍认为，习近平新时代中国特色社会主义思想自觉坚持运用唯物辩证法，形成并体现出了深邃的"战略思维""系统思维""历史思维""辩证思维""创新思维""底线思维"等哲学思维。学者们对新时代新思想的世界观和方法论内核的研究，事实上开启了党的领袖、历史英雄人物主观创造性研究的新

---

① 张海波、秦书生：《习近平新时代中国特色社会主义思想的世界观和方法论意蕴》，《广西社会科学》2017年第11期，第1—6页。
② 侯惠勤：《习近平新时代中国特色社会主义思想的哲学意蕴》，《马克思主义研究》2018年第5期，第5—12页。
③ 韩庆祥、张健：《新时期治国理政的哲学基础：战略辩证法》，《光明日报》2016年1月13日。
④ 郭云泽、刘同舫：《习近平新时代中国特色社会主义思想对马克思主义哲学的继承与发展》，《思想理论研究》2018年第8期，第37—43页。
⑤ 贾立政：《新时代中国特色社会主义的认识论：十九大报告对马克思主义认识论的重大发展》，《人民论坛》2017年第11期（上），第18—23页。
⑥ 张士海：《习近平新时代中国特色社会主义思想的方法论原则》，《中国社会科学报》2018年2月9日。

领域、新境界。历史唯物主义对客观必然性的研究长时期遮蔽着对英雄人物主观创造性的研究,历史规律习惯于被认为是众多历史事件所表现出的趋势,单个历史事件往往被排斥在历史规律研究之外。习近平新时代中国特色社会主义思想是中国共产党集体智慧的结晶,习近平总书记个人主观创造性的发挥,对中国共产党集体智慧的形成有着不可或缺、至关重要的作用。新时代新思想的世界观和方法论内核研究,理应在历史英雄人物、党的领袖个人主观创造性推动历史发展的规律研究上有所建树、有所突破。

(二)新时代的理论意蕴的研究方法

习近平新时代中国特色社会主义思想的理论内核的研究方法也是学者们关注的一个重点。揭示阐释习近平新时代中国特色社会主义思想的理论内核,及其坚持和发展马克思主义的具体表现,既是论证中国共产党的马克思主义政党属性的方法,也是论证中国特色社会主义理论具有与马克思主义一脉相承的内在逻辑的方法。学界对习近平新时代中国特色社会主义思想的理论内核的研究方法、研究方式也进行了研究。有学者把习近平新时代中国特色社会主义思想整体作为一个研究对象,研究其对马克思主义的理论和方法的坚持、运用与发展创新;更多的学者是把习近平新时代中国特色社会主义思想具体内容作为研究对象,论证阐释其对马克思主义基本原理和方法的坚持、运用与发展创新。

学者们从多个维度揭示习近平新时代中国特色社会主义思想的整体性,形成三维度、四维度等整体性学说。杨刘保从共识基因、时间序列、本质特征三个维度揭示新思想的整体性[①]。尚庆飞从中国共产党初心论、人民主体论与科学布局论三个维度论证了习近平新时代中国特色社会主义思想的创新性[②]。胡洪彬从理论、实践和发展三重向度把握新思想的整体性[③]。邵维正从历史和现实的统一、理论和实践的统一、变与不变的统一三个维度把握新思想的整体性[④]。章忠民从时间整体性、空间整体性、实

---

① 杨刘保:《习近平新时代中国特色社会主义思想的三维审视》,《长春市委党校学报》2017年第6期,第5—8页。
② 尚庆飞:《习近平新时代中国特色社会主义思想理论创新的三重维度》,《求索》2017年第10期,第20—27页。
③ 胡洪彬:《把握习近平新时代中国特色社会主义思想的三重向度》,《内蒙古社会科学(汉文版)》2018年第1期,第1—9页。
④ 邵维正:《深刻领会习近平新时代中国特色社会主义思想》,《中共党史研究》2017年第11期,第17—19页。

践整体性、理论整体性四个维度揭示新思想的整体性特征①。陈金龙从思想的形成、体系结构、主要特征、历史地位四个维度揭示新思想的整体性②。李纪才从基本前提、基本内容、基本方略、基本理念、基本价值、基本性质六个维度③，梁仲明则从时代背景、核心内容、根本立场、本质特征、目标指向五个维度④，陈丹从理论、时代、实践、历史、发展五个维度揭示新思想的整体性特征⑤。习近平新时代中国特色社会主义思想的整体性研究本身也呈现出多元化特征，不同学者对其作出的具体阐释和表述、不同的整体性观点学说更多的是体现和反映学者个人的研究旨趣，而在整体性研究方法上的共识并不多。习近平新时代中国特色社会主义思想的整体性理应是马克思主义整体性在当代中国的具体体现，二者无论是在研究范式上还是在具体表现上存在许多相似之处，二者之间必然存在共同的逻辑。总体而言，学界对此的关注还不够，无论是习近平新时代中国特色社会主义思想的整体性研究还是马克思主义的整体性研究，都还有巨大的空间。

罗建文、李晗琦在新思想研究中总结提炼新时代马克思主义哲学方法，强调在理论逻辑和历史逻辑的统一中阐释中国道路中蕴含的"中国智慧"，认为新时代中国化马克思主义哲学只有置身于中国特色社会主义伟大实践，将思考问题、分析问题、解决问题的态度和方法论进一步理论化、系统化，在丰富的社会主义建设实践中获取无穷的营养，才能跃上指导中国社会发展实践的真理和道义之巅。⑥汪信砚教授认为，研究者分析习近平新时代中国特色社会主义思想各个方面的内容分别体现了马克思主义哲学的何种原理或观点是一种"贴标签"的教条主义的研究范式，这会导致对于习近平新时代中国特色社会主义思想哲学基础的碎片化理解；并强调要用"有的放矢"或"实事求是"的态度或马克思主义哲学中国化研

---

① 章忠民：《加强习近平新时代中国特色社会主义思想的整体性研究》，《马克思主义研究》2017年第11期，第20—23页。
② 陈金龙：《关于习近平新时代中国特色社会主义思想的若干思考》，《思想理论教育》2017年第12期，第4—9页。
③ 李纪才：《论习近平新时代中国特色社会主义思想》，《兵团党校学报》2017年第6期，第5—12页。
④ 梁仲明：《论习近平新时代中国特色社会主义思想——中华民族伟大复兴的行动指南》，《党政研究》2017年第6期，第17—21页。
⑤ 陈丹：《五个维度把握习近平新时代中国特色社会主义思想》，《长江日报》2017年12月4日。
⑥ 罗建文、李晗琦：《新时代中国化马克思主义哲学应有的使命与境界》，《青海社会科学》2019年第2期，第19—27页。

究范式,对习近平新时代中国特色社会主义思想的哲学基础进行深入的研究。① 拘泥、停留于"贴标签"的教条主义的研究范式自然难以对新思想的理论内核有全面而深入的理解,但这种"贴标签"的方式也并非不必要。问题的关键不是可不可以"贴标签",而是"标签"是不是"贴"得有理、"贴"得规范,"贴标签"的行为和结果是否真正深化了对新思想的认识和理解,是否有利于更好地践行新思想。对习近平新时代中国特色社会主义思想的任何内容都能够"贴标签",这本身是中国共产党已经把马克思主义内化为自己思维习惯、思维基础的有力证据。"碎片"的不断积累才可能形成有严谨结构的理论框架,习近平新时代中国特色社会主义思想本身是不断在实践中丰富和发展的开放体系,能给不断生成的新思想贴上贴切的、言之成理的标签,这本身就说明了,新思想是坚持马克思主义立场和方法的结果,坚持和发展马克思主义、中国经验的马克思主义化,已经内化为中国特色社会主义建设的习惯。坚持从"理论—实践"协同,从贯通"历史—现实—未来"的要求,揭示具体的习近平新时代中国特色社会主义思想中蕴含的具体的马克思主义基本原理,就是在证明马克思主义中国化具有一脉相承的逻辑。

(三)新时代新思想蕴含的马克思主义具体理论

学者们主要从对社会存在与社会意识辩证关系原理的坚持和运用、对社会基本矛盾运动原理的坚持和运用、对人民群众是历史的创造者的原理的坚持和运用等角度,探究习近平新时代中国特色社会主义思想坚持和发展马克思主义的具体表现,形成了数量颇丰的研究成果。王伟光主编的《开辟当代马克思主义哲学新境界》②,从坚持实事求是、运用辩证法、把握实践和认识的辩证关系,深刻把握历史唯物主义原理等角度,多维度阐释了习近平新时代中国特色社会主义思想对马克思主义哲学原理的坚持运用和发展。在分专题分领域的研究中,肖贵清③、何毅亭④等阐释了新思

---

① 汪信砚:《习近平新时代中国特色社会主义思想的哲学基础研究述评》,《武汉大学学报(哲学社会科学版)》2018年第2期,第5—15页。
② 王伟光:《开辟当代马克思主义哲学新境界》,北京,中国社会科学出版社,2019年版。
③ 肖贵清:《习近平新时代中国特色社会主义思想的重大意义》,《中共中央党校学报》2017年第6期,第40—45页。
④ 何毅亭:《伟大思想理论从何而来——习近平新时代中国特色社会主义思想渊源》,《光明日报》2017年11月17日。

想的马克思主义文化理论内核;孙发平、王亚波①阐释了新思想的马克思主义政党学说内核;陈春琳②、李殿仁③、邸乘光④等从揭示新思想的理论来源的角度,阐释新思想对马克思主义的坚持和发展,尽管他们的具体观点有差异,但都着重强调了新思想的马克思主义理论内核。张占斌和戚克维⑤、彭继红和刘涵⑥、秦书生和张海波⑦阐释了习近平新时代中国特色社会主义思想的马克思主义生态观内涵。

张仙凤从博大精深的中国优秀传统文化、马克思列宁主义基本原理、马克思主义中国化的理论成果、我国社会主义建设的经验教训、改革开放以来国内外的复杂形势、其他社会主义国家的建设实践、世界人类文明发展的优秀成果以及革命家风熏陶与特殊人生历练等八个方面,阐释了习近平新时代中国特色社会主义思想形成的来源及其理论内核。⑧戚嵩、邸乘光将习近平新时代中国特色社会主义思想的辩证唯物论底蕴、唯物辩证法底蕴、唯物史观底蕴分别归结为实事求是、对立统一和以人民为中心。⑨吴兆雪、朱国华从三个维度,探究了习近平新时代中国特色社会主义思想的哲学根基与理论创新:本体论的维度在于,绿水青山与世界科技强国并驾齐驱;认识论的维度在于,以"四个全面"战略布局深化三个规律认识;历史观的维度在于,从中华民族伟大复兴到人类命运共同体的历

---

① 孙发平、王亚波:《习近平新时代中国特色社会主义思想是对党的发展的历史性贡献》,《青海日报》2017年10月30日。

② 陈春琳:《习近平治国理政新理念新思想新战略生成的理论渊源》,《科学社会主义》2017年第5期,第122—126页。

③ 李殿仁:《深刻认识习近平新时代中国特色社会主义思想的理论渊源》,《文化软实力》2018年第1期,第19—21页。

④ 邸乘光:《论习近平新时代中国特色社会主义思想》,《新疆师范大学学报(哲学社会科学版)》2018年第2期,第7—21页。

⑤ 张占斌、戚克维:《论习近平新时代中国特色社会主义思想中的生态文明观》,《环境保护》2017年第22期,第20—22页。

⑥ 彭继红、刘涵:《习近平新时代中国特色社会主义生态文明思想体系的内在逻辑探析》,《云梦学刊》2018年第1期,第14—17页。

⑦ 秦书生、张海波:《习近平新时代中国特色社会主义生态文明思想的唯物史观阐释》,《学术探索》2018年第3期,第29—34页。

⑧ 张仙凤:《习近平新时代中国特色社会主义思想的八个来源》,《探索》2017年第6期,第5—14页。

⑨ 戚嵩、邸乘光:《习近平新时代中国特色社会主义思想的哲学底蕴》,《青海社会科学》2018年第2期,第1—6页。

史胸怀。① 朱哲、魏璐璐认为，习近平新时代中国特色社会主义思想实现了理论与实践的统一，达到认识社会规律与提高主体实践自觉性的统一，诠释了马克思主义中国化历史进程的连续性和中国化马克思主义阶段性成果的统一，彰显唯物辩证法和唯物史观在实践中的统一。② 郭云泽、刘同舫认为，从哲学观点来看，习近平新时代中国特色社会主义思想继承和发展了马克思主义社会基本矛盾理论、发展动力理论、世界历史理论等主要观点，赋予了它们新内容和新内涵。③ 陈金龙认为，习近平新时代中国特色社会主义思想具有强烈的问题意识、深厚的人民情怀、睿智的辩证精神、开阔的国际视野，彰显了21世纪中国马克思主义的特征，对新思想理论内核在新时代的新表现进行了探究。④ 学者们对新思想蕴含的马克思主义具体理论的丰富研究成果，淋漓尽致地彰显了新思想对马克思主义基本原理的坚持和发展。这些研究虽然不可避免地带有"贴标签"的意味，但它们不仅激发了人们学习研究新思想的兴趣，对马克思主义理论、思想政治理论的教学提供了强大的支撑，而且对新思想的整体性研究提供了丰富的素材。正视"贴标签"研究的碎片化缺陷，全面而深刻地揭示新思想同马克思主义中国化的其他具体理论在坚持和发展马克思主义基本原理的学理一致性、在继承中发展的逻辑一致性，无论是对丰富马克思主义理论研究，还是对形成和巩固马克思主义在意识形态领域的指导和主导地位，都有着重大而深刻的意义。

四、研究思路

"新时代的理论意蕴"的研究对象是习近平新时代中国特色社会主义思想坚持发展马克思主义在理论和实践两个维度的具体表现；新时代的理论意蕴，是概括、凝练这二维表现的理论范畴。分析阐释新时代的理论意蕴，既是要致力于丰富和繁荣马克思主义理论，推动中国实践经验的马克思主义理论化，推动马克思主义理论学科的发展与繁荣，也是要力求

---

① 吴兆雪、朱国华：《习近平新时代中国特色社会主义思想的哲学根基与理论创新》，《观察与思考》2019年第4期，第17—27页。
② 朱哲、魏璐璐：《习近平新时代中国特色社会主义思想的哲学意蕴》，《理论探讨》2018年第3期，第12—17页。
③ 郭云泽、刘同舫：《习近平新时代中国特色社会主义思想对马克思主义哲学的继承与发展》，《思想理论研究》2018年第8期，第37—43页。
④ 陈金龙：《关于习近平新时代中国特色社会主义思想的若干思考》，《思想理论教育》2017年第12期，第4—9页。

为新时代的中国特色社会主义事业的发展繁荣提供实践启示，最终形成能对新时代党的政治论断、重大决策进行学理阐释的研究成果。

（一）研究的逻辑框架

新时代的理论意蕴揭示马克思主义的"理论—实践"的协同发展逻辑。揭示新时代的理论意蕴，既是要深化对习近平新时代中国特色社会主义思想的理解，也是要增强运用新思想指导实践的理论自信和行为自觉，还是要凸显中国共产党及中国实践的马克思主义属性。新时代的判断、内涵、时代特征、实践要求富含马克思主义理论意蕴。新时代的"三个意味着""五个时代""八个明确""十四条坚持"，从不同的维度对新时代提出新作为、新跨越的要求，新时代社会主义建设实践指向的"三大转变"，是对这些新作为、新跨越的具体内容进行聚类分析的成果。"三大转变"蕴含马克思主义实践观、唯物辩证法原理、马克思主义世界历史理论，着力推进"三大转变"，是坚持和发展马克思主义具体原理的生动体现。实践出真知，实践经验总结是生成理论的不竭动力；"三大转变"实践经验的理论总结又丰富了新时代的理论意蕴。研究思路的逻辑框架如下图所示：

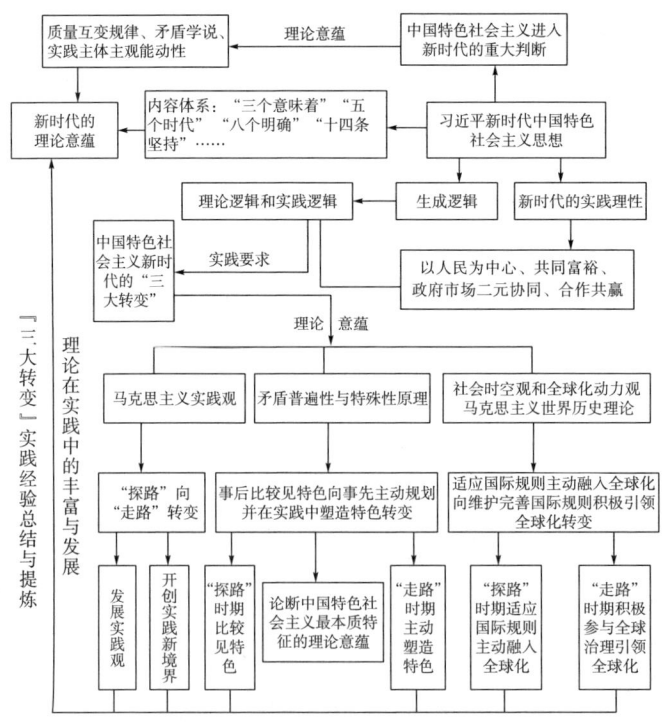

图1 研究的思路图

新时代是习近平新时代中国特色社会主义思想的基本范畴，是本课题的核心范畴。中国特色社会主义进入新时代，这一重大政治判断是研究的起点；揭示这一判断蕴含的马克思主义基本原理，是本课题研究的基础和前提。实践要求的"三大转变"蕴含在新时代这一理论范畴中，对"三大转变"的理论剖析和理论论证，是本课题研究的主体内容。政党信奉的理论彰显政党的属性。中国共产党自成立之时起，就宣称坚持以马克思主义为指导，马克思主义中国化也取得了举世瞩目的实践成就和丰硕的理论成果。总有别有用心的人无视这一事实，顽固地声称，中国共产党仅仅是把坚持马克思主义指导作为政治旗号、作为意识形态宣传的工具，强加给中国共产党诸多污蔑诋毁之词。党的十九大向人民郑重承诺、向世界庄严宣告，中国特色社会主义最本质的特征是中国共产党领导。这既是中国特色展现方式转变的具体表现，也是对别有用心者的正面回击。本课题重点阐释论证中国特色社会主义最本质的特征，既是对新时代理论意蕴的深入挖掘，也是力图以"理论—实践"协同的方式，阐释论证中国共产党的马克思主义政党属性。

（二）研究的任务与内容

新时代理论意蕴研究有四个方面的任务。

一是要阐释新时代的内涵特征及其实践要求的理论内核。深刻理解新时代的历史分期依据，全面阐释新时代的内涵和特征，最大程度地凝聚新时代的共识，是发挥新时代中国特色社会主义建设主观能动性的基础条件和重要保障。二是要阐释新时代重大判断的理论依据。中国特色社会主义进入新时代，是一个融合多重学术论断，体现对多个具体的马克思主义基本原理的坚持和运用的政治判断。阐释新时代重大判断的理论依据，是彰显中国共产党的马克思主义政党属性的有效方式。三是剖析马克思主义基本原理指导新时代社会主义建设的生动表现。新时代对发挥历史创造者的主观能动性提出新的更高要求，中国特色社会主义建设的新时代烙印必然是马克思主义基本原理指导实践的生动表现。揭示阐释这些表现，既是要彰显马克思主义基本原理的实践指导价值，也是要揭示马克思主义从抽象向具体的转化逻辑。四是总结提炼新时代社会主义建设实践经验，并将其上升为理论，丰富中国特色社会主义理论体系的具体内容。揭示马克思主义从具体到抽象的转化逻辑，是中国实践经验马克思主义化的重要任务。

研究的内容包括绪论、第一至第六章和研究总结与展望。绪论明确研究范畴，阐明研究动因和研究的基本思路。

第一章阐释新时代的政治判断的学理依据。从三个方面阐释中国特色社会主义进入新时代这一重大判断的理论意蕴。一是质量互变规律在历史分期中的体现和运用，二是历史分期共识激发实践主体发挥主观能动性，三是矛盾运动规律和矛盾分析方法的生动应用。

第二章揭示新时代的"三大转变"的理论意蕴。一是从习近平新时代中国特色社会主义思想的主要内容中寻求"三大转变"的立论依据，并分别阐释"三大转变"对马克思主义基本原理的坚持和发展。二是从理论和实践两个维度，阐释习近平新时代中国特色社会主义思想的生成逻辑，并从中寻求对新时代推进"三大转变"的实践启示。三是阐释习近平新时代中国特色社会主义思想内隐的四大实践指向及其对新时代推进"三大转变"的实践启示。

第三章揭示新时代坚定中国特色社会主义道路自信的理论意蕴。一是对马克思主义实践观的理论梳理，二是阐释"探路"转向"走路"对马克思主义实践观的坚持和发展，三是对新时代"走路"进程中的容错纠错机制的理论基础和现实建构进行的研究。

第四章揭示新时代彰显社会主义的中国特色的理论意蕴。一是揭示特色展现方式转变蕴含的矛盾普遍性和特殊性原理，二是对"探路"时期事后比较见社会主义的中国特色的回顾与反思，三是对新时代自我规划并在实践中呈现社会主义中国特色进行的探索。

第五章论证阐释中国特色社会主义最本质特征。一是梳理总结中国特色社会主义最本质特征的论断依据，二是对中国特色社会主义最本质特征的彰显机制的探究，三是对党建创新完善中国特色社会主义最本质特征的平台的实践调查，以及对其的反思、总结和提炼，四是从抗击新冠肺炎疫情实践中洞悉中国特色社会主义最本质特征。

第六章揭示新时代积极参与全球治理的理论意蕴。一是阐释全球化发展的马克思主义理论本质，二是揭示"探路"时期努力适应和融入全球化的理论意蕴，三是揭示全面深化改革新时代积极引领全球化的理论意蕴。

研究总结与展望梳理新时代理论意蕴研究的基本结论，并据此展望新时代的理论研究和实践推进。

第一章　中国特色社会主义进入新时代重大判断的理论意蕴

中国共产党的政治判断是三重意境的综合体现。一是理论意境，政治判断彰显党的马克思主义理论立场，融合了党对过去一段时间的实践经验的理论总结。二是实践意境，政治判断表明当前的实践主题，融合了党对立足当前延伸至未来某一时点的特定历史时期内的发展难题、发展任务、发展目标的考量。三是理想和志向意境，政治判断表明党的理想和追求，融合了共产主义的远大理想和中国特色社会主义共同理想现实具体化成果。中国特色社会主义进入新时代的政治判断，是质变量变规律在社会发展历史分期中的应用，对新时代中国特色社会主义建设中社会实践主体发挥主观能动性提出了新的要求，是党运用矛盾分析方法审视经济社会发展的成果。

第一节　中国特色社会主义进入新时代重大判断是质量互变规律在历史分期中的体现和运用

作为哲学范畴，"质"是指一个事物成为自身并区别于其他事物的内部固有的规定性；"量"是事物存在和发展的规模、程度、速度等可以用数量表示的规定性，以及事物构成因素在空间上的排列组合方式。"质"和事物的存在直接同一，"量"在一定范围内的增减并不影响某物之为某物；任何事物都是"质"与"量"的统一体，"质"和"量"统一在"度"这个范畴中。"度"就是一个事物保持自己"质"与"量"相统一的限度。量变是事物数量的增减和场所的变革，是事物在原有性质的基础上，在"度"的范围内所发生的变化；质变是事物性质的变化，是事物由一种质态向另一种质态的转变。量变是质变的必要前提，质变是量变的必然结果，质变体现并保存量变的结果。质量互变规律不仅是认识理解自然发展的重要工具，也是理解社会发展和历史变迁的重要工具。与自然运动是一种自在形式不同，历史运动属于自为形式。经济社会发展是合规律性和合目的性的统一，经济社会发展的质变表现为一个经济体、一个社会在符合历史发展规律的方向上取得具有历史时期标识意义的发展成就，发生了显著性变化。历史分期记载和标识经济社会发生的质变，其核心和关键是确定具有历史里程碑意义的标识性的发展成就，深刻理解取得发展成就的原因。

一、社会发展量变积累促成质变的机理

作为事物变化的两种基本状态或形式，量变与质变总是同时存在于事物发展变化进程中；事物变化发展的阶段究竟是被视为质变还是视为量变，取决于这一变化过程中是质变占据主要地位还是量变占据主要地位。总体量变的过程中有阶段性和局部性的质变，总体质变的过程中也有新质数量扩张和旧质数量收缩的量变。经济社会发生的巨大变化究竟是属于向上向前的质变还是向后向下的蜕变，从根本上讲要由未来的社会实践检验。社会历史领域的质变不像自然事物的质变那样有着客观的评价标准和划分依据，判断经济社会是否发生质变不可避免地带有价值选择、价值评价的成分。社会形态的飞跃、社会基本制度的变迁是最为显著、最为严格的质变，经济社会质变的一般意义是指在社会基本制度稳定的前提下，经济社会取得了具有历史里程碑意义的标识性成就。通常意义的社会质变，是人类迈向彻底解放，最终形成"自由人联合体"的社会进程中的阶段性质变、局部质变。

（一）社会质变、社会蜕变及社会突变的异同

质量互变规律是事物内部矛盾运动推动事物发展的基本路径和内在机理。无论是对事物质的认识和判断，还是促成量变积累向质的飞跃，都需要在事物本身的属性和人们实践需要的统一中去把握。社会历史领域的质量互变比自然事物的质量互变更强调和依赖于人的实践需要和主观能动性的发挥，社会历史活动的量变有着特殊的意义。社会实践中，既要有"低头拉车"积累量变的勇气和毅力，也需要有"抬头看路"把握量变积累的方向的耐心和能力。以往的历史传统和既定的历史条件为新的历史活动提

供了前提，并决定了新的历史活动的大致方向，脱离社会历史发展的连续性和整体性剖析孤立的社会历史事件，难以揭示社会领域量变积累促进质的飞跃的内在机理。与自然界的事物发生的特定的具体量变对事物最终质变的影响难以具体标定不同，历史活动的量变是后续量变的基础和前提，总会对质变直接施加影响。人的主观愿望和质变的动力来源是区分社会质变、社会蜕变和社会突变的重要依据。

社会质变和社会蜕变是对社会发生的重大变化做出的价值判断和评价。同一社会变化是被视为社会质变还是社会蜕变，取决于判断者的立场和价值追求。实现人类解放、最终形成"自由人联合体"的共产主义崇高理想，是马克思主义者识别社会质变和社会蜕变的根本依据。在中国特色社会主义建设进程中，是否有利于维护和巩固中国特色社会主义制度，是否有利于社会生产力发展，是否有利于实现共同富裕，则是识别社会质变和蜕变的基本依据。社会是一个复杂的巨系统，识别判断社会质变和社会蜕变要有大视野，要有长远的眼光，社会整体质变和特定领域、特定范围的蜕变总是同时存在；一定时空条件下，更广范围、更长时间、更多领域的社会质变往往以特定领域的蜕变为条件。未来的共产主义社会必然实行生产资料公有制，构建生产资料公有制、形成完整的工业体系，是新中国实现经济独立、经济"站起来"的标志和物质保障。在社会主义初级阶段、在社会主义制度和资本主义制度同台竞争的格局中，非公有制经济繁荣壮大虽属于局部领域的蜕变，但只要生产资料公有制的主体地位不动摇，非公有制经济繁荣壮大仍然具有显著的社会进步意义。中国特色社会主义新时代，混合所有制经济作为巩固基本经济制度的工具，公有制经济和非公有制经济都可以根据自身条件灵活运用；如果一味强调非公有制经济借混合所有制经济发展之机掌控公有制经济，以发展混合所有制经济之名行蚕食侵吞公有资产之实，借混合所有制经济发展掀起私有化狂潮，则是社会主义经济领域的蜕变。

社会质变和社会突变是从变化的源动力的角度对社会变化做出的区分。事物的质变与突变最本质的区别在于，质变的动力源于事物内部矛盾运动，突变往往是事物外部环境剧烈变化打破事物与环境之间惯常的平衡而使事物性质发生巨大的变化。质变和突变直观表现为事物发生了巨大的变化，发生突变的事物的性质往往也发生了根本性的变化，只是变化的源动力源于外部环境而不是事物内部的矛盾运动。质变是量变的必然产物，而不是自然产物，事物质变的最终发生，往往需要借助于事物外部的力量。社会历史领域，当阶段性质变、局部性质变积累到一定程度，社会实践主体充分发挥主观能动性促成质变，使社会历史在新质的基础上发生量变，是社会进步发展的基本路径。在社会改革发展中，立足自身实际的发展问题倒逼的渐进式改革，是社会量变积累引发社会质变的典型范例；脱离自身实际简单地采用拿来主义，盲目输入外来方案引发的社会动荡则是社会突变，甚至是社会蜕变。中国的经济市场化改革，实现从计划经济向市场经济的飞跃，就是经济体制量变积累引发经济体制质变。苏联解体后俄罗斯"休克疗法"的经济改革引发的经济混乱、经济倒退，实质是由社会突变导致的社会蜕变。

(二) 新时代是社会质变的历史分期

社会历史发展分期，一方面是要对社会实践主体努力促成量变的积累促使阶段性质变和局部质变向总体质变飞跃的巨大努力和现实成果做出总结和肯定，另一方面是要对社会实践主体推动量变向质变飞跃的方式和方法提出新的要求、做出新的部署。新时代的历史分期，既是对我国不走封闭僵化的老路，坚持不懈推进改革开放所取得的历史成就的总结和肯定，也是对我国不走改旗易帜的邪路的警醒、对全面深化改革的时代特征的强调。

中国特色社会主义进入新时代是促成社会质变的历史分期。新时代是改革开放新时期经济社会发展量变积累促成质的飞跃的标志。改革开放使中国告别封闭僵化、孤立发展的旧发展模式，开启积累奔向富强的社会量变的航程。新时期"摸着石头过河"的改革开放，主要采取经济社会各领域问题倒逼、分头推进的方式；新时代全面深化改革，主要采取顶层设计和摸着石头过河相结合的方式，强调改革开放的系统整体性和全面协同性。相较于新时期，新时代改革开放的方式已经发生了质的飞跃；没有新时期积累的改革开放的经验和成果，新时代的改革开放方式不可能有显著的改进。新时代的历史分期，既是对新时期改革开放积累的成果的总结和肯定，也是强调以新的方式、新的要求继续推进新时期开启的改革开放进程。党的十九大做出中国特色社会主义进入新时代的重大判断之后，新时代的起点和标志一度成为社会热议的话题，别有用心者甚至以污蔑、调侃的方式回应新时代起点之问。关于中国特色社会主义新时代的起点和标志的种种非议和模糊认识，实质是把社会发展量变和质变的区别机械化、绝对化，是一种突变思维。党的十八大以来，治国理政新方略新举措的部署落实、经济社会发展取得的巨大成就、党和国家发生的巨大而深刻的变化表明,党的十八大选举产生以习近平同志为核心的党中央,标志着中国特色社会主义开启了新的篇章、进入了新时代;党的十九大做出的中国特色社会主义进入新时代的重大政治判断,是对十八大来以来的发展成就进行的总结和肯定,更是对中国特色社会主义建设在十八大以来取得的发展成就的基础上,推动我国经济社会发展量变向质变飞跃的方式方法和途径提出新的要求、做出新的部署。

中国特色社会主义进入新时代再次警醒和强调中国不会发生改旗易帜的蜕变。马克思主义的创始人深刻论证了"两个必然",也系统阐释了"两个绝不会",当代资本主义的新变化仅仅是"两个绝不会"的现实表现,绝不是对"两个必然"历史趋势的否定。中国已经构建起初步完善的社会主义制度。以改革开放之名行生产资料私有化之实,以学习借鉴国际先进经验、深化对外文化交流之名行泛滥资本主义意识形态之实,不是在推动社会进步而是在开历史倒车使社会发生蜕变。发达资本主义国家对中国崛起的遏制和围堵,和平演变势力对中国经济社会发展的中伤和破坏,国内的西方中心主义者对改革开放有意无意的谬评谬断,意识形态领域尖锐复杂的斗争,形形色色的以改革开放之名破坏社会主义制度根基之实的问题分析和政策建议,使改旗易帜的风险依然困扰新时代全面深化改革。党的十九大向世界庄严宣告,中国特色社会主义已经进入新时代,中国特色社会主义最本质的特征和中国特色社会主义制度的最大优势都是中国共产党领导。这也是向各类以一己之私而企图激发和积累社会蜕变力量的势力再次强调:中国既不会走封闭僵化的老路,也不会走改旗易帜的邪路。新时代的历史分期,把这种宣告和强调浇筑成为一座历史发展的里程碑。

新时代要防止对中国特色社会主义的谬评谬断引发和积累社会蜕变力量。西方中心主义者一是否定在改革开放中自我完善的中国特色社会主义制度,直接将中国特色社会主义曲解为资本主义;二是企图回避中国实践的社会主义本质,以迂回曲折的方式把中国特色社会主义曲解为"非资""非社"的第三条道路;三是故意装出一副摆事实讲道理的样子,不区分社会发展的主流、支流、末流和暗流,片面强调改革开放的独特性而质疑否定中国实践的社会主义性质;四是刻意贩卖恐吓之词,行夸夸其谈之能事,刻意夸大我国面临的挑战和发展中存在的问题而质疑中国特色社会主义的性质。对中国特色社会主义的形形色色的谬评谬断,既缘于西方中心主义的傲慢，也有和平演变势力的刻意追求，还有国内的哗众取宠、标新立异者的无心之失，以及自信缺乏者对西方论断的附和。一些自信缺乏者总是习惯于以怀疑，甚至以质疑的心态看待中国改革开放的实践成就，在质疑而不是考察确证改革开放成绩单的过程中，不自觉地陷入附和西方中心主义，夹带甚至是宣传误解曲解中国特色社会主义的论断以确证自我观点。深入揭批谬评谬断中国特色社会主义的虚假理论本质，揭开其伪善的面纱，将其丑恶的真相大白于天下，既是新时代防止社会蜕变力量积累的客观要求，也是清除社会蜕变力量的罪恶源头、防止其蔓延积累的重要方法。

二、中华民族站起来、富起来、强起来的时空辩证特性

中国特色社会主义进入新时代，中华民族迎来了从站起来、富起来到强起来的伟大飞跃。作为三种诉求，寻求中华民族伟大复兴的中华儿女始终抱有站起来、富起来和强起来的强烈愿望，只不过在不同的历史时期，最强烈、最迫切、最现实的诉求不同。作为三个不同的历史发展阶段，站起来、富起来和强起来前后承接，不可能有顺序上的颠倒，每一个历史发展阶段都有相应的物质基础和物质保障。作为三种实践要求，站起来、富起来和强起来自始至终贯穿在近代以来中华民族进取奋斗、创造历史的社会活动中。站起来、富起来和强起来在时间上继起、空间上共存的时空辩证特征，正是质量互变规律在社会历史领域的体现。

（一）站起来、富起来、强起来在时间上继起

站起来、富起来和强起来直观通俗地刻画了近代以来中华民族谋求复兴的历史进程。站起来、富起来、强起来各有其深刻的内涵、物质基础和显著的标识。新中国之新，重要的标志就是党领导人民打破了帝国主义强加给中华民族的枷锁，结束了自近代以来饱受欺凌的历史，真正站起来，行稳致远，不断实现追求富强的美好愿望。

新中国"站起来"有政治和经济的双重含义。经济基础决定上层建筑，上层建筑反作用于经济基础；只有建构政治上层建筑的经济基础得以夯实之后，才算真正的"站起来"。近代以来，中华儿女为求民族独立，甘洒一腔热血的一幕幕悲壮场景，无不昭示一个道理：没有强大的社会动员，没有优秀中华儿女对普通民众的教育引导和有效组织，"站起来"的美好愿望就变不成现实。中国共产党成立以后，为寻求民族解放，不断开

拓组织动员人民群众的新境界，领导中国人民历经近 30 年的革命斗争，先后经历大革命失败、第五次反"围剿"失败、解放战争等重大考验①，终于取得新民主主义革命的胜利，真正实现民族独立。1949 年 10 月 1 日下午，毛泽东同志在开国大典上向全世界庄严宣告新中国成立，是新中国在政治上"站起来"的标志。从 1949 年到 1952 年，"中国共产党领导全国各族人民为巩固人民民主政权和其他民主改革任务，取得抗美援朝战争的胜利，迅速恢复遭到严重破坏的国民经济，为向社会主义转变进而实现工业化准备了条件。1953 年，党提出过渡时期总路线，开始实行第一个五年计划的大规模经济建设。到 1956 年，基本完成对生产资料私有制的社会主义改造，初步建立起社会主义基本经济制度"②，这标志着我国不仅实现了政治上的"站起来"，也实现了经济上的"站起来"。政治上"站起来"促进、呵护经济上"站起来"，直观生动地体现了历史唯物主义上层建筑对经济基础能动反作用原理在中国实践中的应用。从政治上"站起来"到继续追求经济上"站起来"的过程中，中国共产党领导中国人民在一穷二白的基础上、在百废待兴的过程中经受了抗美援朝战争的重大考验，进一步夯实了政治上"站起来"的根基。这对新时代全面深化党的领导，充分发挥党的组织动员能力，激发和释放人民群众抗击困难的主观能动性，战胜被强加的贸易霸凌有着深刻的启示和借鉴意义。1956 年 4 月 25 日，毛泽东同志在中共中央政治局扩大会议作了《论十大关系》讲话，初步阐释了新中国站起来后的基本方略；1956 年 9 月 15 日至 27 日召开的党的八大指出"国内的主要矛盾已经是人民对于建立先进的工业国的要求同落后的农业国的现实之间的矛盾，已经是人民对于经济文化迅速发展的需要同当前经济文化不能满足人民需要的状况之间的矛盾。党和全国人民的当前的主要任务，就是要集中力量解决这个矛盾，把我国尽快地从落后的农业国变为先进的工业国"③。以毛泽东同志为代表的第一代中国共产党人把构建完整的国民经济体系作为新中国站稳行远的重要基础和保障，尽管社会主义建设在实践中遭受了重大曲折，但改革开放前新中国建

---

① 人民论坛问卷调查中心：《中国共产党历经的九个重大考验》，《人民论坛》2018 年 9 月上，第 12—14 页。
② 中共中央党史研究室：《中国共产党的九十年 社会主义革命和建设时期》，北京，中共党史出版社、党建读物出版社，2016 年版，第 356 页。
③ 中共中央党史研究室：《中国共产党的九十年 社会主义革命和建设时期》，北京，中共党史出版社、党建读物出版社，2016 年版，第 473 页。

成了独立完整的工业体系，形成了工业国的基本架构，为改革开放后迅速打开经济发展的新局面奠定了坚实的基础。

改革开放新时期开启"富起来"的航程。中华民族富起来，既有改革开放新时期取得的经济发展成就做物质保障，也有改革开放中探索形成的中国特色社会主义理论体系做精神支撑。党的十一届三中全会作出把党的工作中心转移到经济建设上来、实行改革开放的历史性决策，开启了我国改革开放和社会主义现代化建设新时期。党的十二大提出建设有中国特色的社会主义重大命题，标志着改革开放全面展开。党的十三大系统阐述了社会主义初级阶段理论，明确社会主义初级阶段的基本路线，确定了社会主义现代化建设"三步走"发展战略。党的十四大明确了建立社会主义市场经济体制的改革目标，提出了20世纪90年代加快改革开放，推动经济社会全面进步的主要任务。党的十五大明确回答了中国改革开放和社会主义现代化建设的一系列重大理论和实践问题，提出党在社会主义初级阶段的基本纲领，进一步阐明了中国特色社会主义的经济、政治、文化的基本特征和基本要求。党的十六大提出全面建设小康社会的具体目标，从经济、政治、文化等方面勾画了全面建设小康社会的宏伟蓝图。党的十七大创造性地提出并深刻阐释中国特色社会主义理论体系，对实现全面建设小康社会的宏伟目标作出全面部署，提出更高要求。改革开放新时期，中国人民对富裕的追求凝聚在一系列发展成就中。首先，我国创造了国民经济连续保持四十多年高速增长的世界奇迹，走过了西方工业化发达国家用上百年走过的历程。从1979年到2012年，我国国内生产总值年均增长9.8%。其次，我国在世界经济格局中迅速实现位次赶超，现已成为世界第二大经济体、第一大工业国、第一大货物贸易国。2005年，我国经济实现对英国和法国的赶超，居世界第四位；于2008年实现对德国的赶超，居世界第三位；于2010年实现对日本的赶超，居世界第二位，成为仅次于美国的世界第二大经济体。第三，我国经济占世界经济的份额大幅提高。1978年，我国经济占世界经济的份额仅为无足轻重的1.8%，2002年上升到4.4%，2007年上升到6.0%，2011年上升到10%。2003年到2005年，我国对世界经济增长的贡献率平均为13.8%；2007年，我国对世界经济增长的贡献率为16%，位居世界第一；2011年，在世界经济3.3%的增长率中，我国的贡献大约是1%，对世界经济增长的贡献率接近30%。第四，我国成为外汇储备第一大国。外汇储备源于贸易顺差和资本净流入，反映一国对外经济交易活力与吸引力的大小，以及该国对外借债与还债信用能力的强弱。1978年底，我国外汇储备余额仅为1.6亿美元，1996年底首次突破1000亿美元，2001年底突破2000亿美元，2003年底突破4000亿美元。第五，我国减贫成就"史无前例"。1978年，中国的贫困人口多达2.5亿，占当时全国人口的1/3；1978年到2003年，我国贫困人口从2.5亿减到2900万，贫困发生率从30%降至3%；2007年底，我国农村绝对贫困人口已减少到1479万，仅占农村居民总人口的1.6%。① 2020年底，农村贫困人口按现行标准全部脱贫。2021年7月1日，习近平总书记在庆祝中国共产党成立100周年大会上庄严宣告："经过全党全国各族人民持续奋斗，我们实现了第一个百年奋斗目标，在中华大地上全面建成了小康社会，历史性地解决了绝对贫困问题。"我国减贫的历史性成就加速了全球减贫的进程，扭转了过去50多年来世界贫困人口一直上升的趋势，使世界贫困人口规模趋于下降。

全面深化改革新时代开启"强起来"的航程。中华民族强起来，既有抢抓以人工智能为代表的新一轮科技革命机遇、"互联网+"全面深入推进产业创新、科技和经济融合发展的物质条件，也体现在愈来愈坚定的中国特色社会主义道路自信、理论自信、制度自信、文化自信的精神风貌中。中国特色社会主义最本质的特征是中国共产党领导，中国特色社会主义制度最大的优势是中国共产党领导；中华民族强起来也体现在中国特色社会主义最本质的特征、中国特色社会主义制度最大的优势的社会共识凝聚之中，以及最本质特征和最大优势在历史创造中的全面彰显之中。党的十八大以来，我国经济延续稳中向好的趋势更明显。2013～2019年，我国经济分别有了7.7%、7.4%、6.9%、6.7%、6.9%、6.6%和6.1%的增长；2019年，中国GDP达99.0865万亿元，接近100万亿元人民币，按年平均汇率折算，人均GDP达10276美元，突破了1万美元大关。② 2013～2018年，我国经济持续较快增长，年均增长率为7.0%，明显高于世界同期2.9%的平均增长率。③ 2013年，我国经济总量占世界经济总量比例上升到12.3%；2015年，我国经济总量占世界经济总量的份额已高达15.5%；2019年超过了16%。2013～2018年，中国对世界经济增长的

---

① 杜黎明：《中国特色社会主义新时代生产力安全发展研究》，成都，四川大学出版社，2019年版，第235-236页。
② 国家统计局：《全国年度统计公报（2013-2019年）》，http://www.stats.gov.cn/tjsj/。
③ 国家统计局：《国际地位显著提高 国际影响力持续增强——新中国成立70周年经济社会发展成就系列报告之二十三》，http://www.stats.gov.cn/tjsj/zxfb/201908/t20190829_1694202.html。

年均贡献率为28.1%，居世界第1位。① 在"强起来"的过程中，"富起来"的根基不断得以夯实，"富起来"的特征也不断得以强化和凸显。2019年，我国深度贫困地区脱贫攻坚取得重大进展，"三区三州"②脱贫攻坚实施方案进展顺利，建档立卡贫困人口由2018年的172万减少到2019年年底的43万，贫困发生率由8.2%下降到2%。③ 2019年的脱贫攻坚进一步聚焦"两不愁三保障"④，重点解决影响贫困人口脱贫的突出问题；重视消除影响脱贫人口返贫的因素，巩固脱贫成果。2020年决战脱贫攻坚取得决定性胜利，现行标准下农村贫困人口全部脱贫，832个贫困县全部摘帽，绝对贫困现象历史性消除，脱贫攻坚全面转轨为乡村振兴。⑤ 中国自身的经济增长、中国经济占世界经济的比例的增加，中国经济对世界经济增长的贡献，以及被国外媒体誉为中国"新四大发明"的高铁、移动支付、共享单车、网购等新成就、新生事物的出现在新时代开启的中华民族"强起来"征程中构筑起一道道亮丽的风景线。

新时代全面深化改革不断释放"强起来"的内源动力。新时代全面深化改革啃下了一个又一个的硬骨头，清除了制约经济社会发展的一系列体制机制性障碍。"在以习近平同志为核心的党中央的坚强领导下，中央深改领导小组把握大局、审时度势、统筹兼顾、科学实施，经济体制和生态文明体制改革、民主法制领域改革、文化体制改革、社会体制改革、党的建设制度改革、纪律检查体制改革6个专项小组改革部署全面展开，各地区各部门迅速统一思想应势而动，改革的步伐向着目标坚定向前。"⑥ "经过3年多努力，一批具有标志性、关键性的重大改革方案出台实施，一批重要领域和关键环节的改革举措取得重大突破，一批重要理论创新、制度

---

① 国家统计局：《国际地位显著提高 国际影响力持续增强——新中国成立70周年经济社会发展成就系列报告之二十三》，http://www.stats.gov.cn/tjsj/zxfb/201908/t20190829_1694202.html。

② 三区三州："三区"是指西藏自治区和青海、四川、甘肃、云南四省藏区及南疆的和田地区、阿克苏地区、喀什地区、克孜勒苏柯尔克孜自治州四地区；"三州"是指四川凉山州、云南怒江州、甘肃临夏州。"三区三州"深度贫困区80%以上区域位于青藏高原区，自然条件差、经济基础弱、贫困程度深。

③ 新华社：《2019年"民生清单"落实如何？中央部委纷纷提交"成绩单"》，http://www.gov.cn/xinwen/2019-12/29/content_5464957.htm。

④ 两不愁三保障：不愁吃、不愁穿，义务教育、基本医疗和住房安全有保障。

⑤ 人民网：《统计局：脱贫攻坚成果举世瞩目 5575万农村贫困人口实现脱贫》，http://rmfp.people.com.cn/n1/2021/0118/c406725-32003221.html。

⑥ 胡浩、罗争光：《搭建改革四梁八柱——党的十八大以来全面深化改革成就综述》，http://www.gov.cn/xinwen/2017-08/09/content_5216978.htm。

创新、实践创新成果正在形成，全面深化改革的主体框架基本确立"①，强起来的制度保障进一步得以夯实。新时代全面深化改革优化了创新驱动发展战略的实施环境和条件，中华民族强起来的科技支撑不断得以充实。"科技是国之利器，国家赖之以强，企业赖之以赢，人民生活赖之以好。"②党的十八大以来，一大批科技创新成果问世，"天眼"探空、神舟飞天、墨子号"传信"、高铁奔驰、北斗组网、超算"发威"、大飞机首飞……见证了中国在创新领域由"追赶"逐渐变为"并跑"甚至"领跑"；中国桥、中国路、中国港、中国车、中国楼……一个个奇迹般的工程，编织起人民走向美好的希望版图，中华民族强起来不再是遥不可及。新时代科研成果涌现，是多年来在科技创新重点领域长期坚持研发取得成果的集中体现；也是全面深化改革激发活力、加强政策引导激励，以及增加科技创新投入等协同推进的结果。全球创新指数报告显示，中国成为进入前25名的唯一中等收入国家。③我国拥有当今世界上最为完整的工业体系，全面深化改革推动的制度创新和科技创新，使我国的工业体系独具孕育和适应产业革命的优势，这也是新时代中华民族强起来的底气和根基。

（二）站起来、富起来、强起来在空间上并存

无论是作为主观愿望，还是作为实践要求，站起来、富起来、强起来都具有紧密的内在联系。中华民族站起来、富起来、强起来的历史三阶段划分，其依据是站起来、富起来、强起来这三种愿望的历史紧迫性、三种实践要求及其对历史创造活动的影响大小。不能站起来，就绝无可能富起来和强起来；求富求强的历史进程中，任由站起来的根基和物质基础被侵蚀，不可能实现持续长久的富强，就算有一时的富一时的强，也只可能是昙花一现。

在富起来、强起来的过程中必须着力维护站起来的根基。站起来、富起来、强起来作为三种实践要求具有空间共存性的特征，在富强来和强起来的过程中必须维护站起来的根基，在强起来阶段必须维护站起来和富起

---

① 习近平:《中央全面深化改革领导小组第三十一次会议上的讲话》, http://www.xinhuanet.com/politics/2016-12/30/c_1120224288.htm。
② 习近平:《为建设世界科技强国而奋斗：在全国科技创新大会、两院院士大会、中国科协第九次全国代表大会上的讲话》，北京，人民出版社，2016年版，第6页。
③ 陈芳、胡喆:《党的十八大以来科技创新成就综述》，http://www.gov.cn/xinwen/2017-10/10/content_5230759.htm。

来的根基。生产资料公有制、完整的工业体系是新中国站起来的根基,必须防止以改革开放之名侵蚀这两大根基。生产力是历史发展的根本动力,虽然共产主义运动可以在资本主义薄弱环节率先取得突破,建立社会主义制度,但社会主义建设、社会主义制度实践绝不可能回避、跳过生产力不发达的环节。社会主义初级阶段,全面激发生产力的发展活力,需要大力发展非公有制经济,更需要防止非公有制经济发展侵蚀挤压公有制经济的发展空间,甚至借改革之名行公有生产资料私有化之实,动摇公有制经济的主体地位。坚持生产资料公有制是社会主义制度区别于剥削制度的显著的特征,更是防止从事生产实践的工人异化为"无用阶级"的根本保障。出生于20世纪70年代的希伯来大学教授尤瓦尔·赫拉利在论述人工智能的阶级影响时,提出了人工智能将使无产阶级沦为"无用阶级"这个颇具思想冲击力的"无用阶级"论。① 这个论点其实并不新鲜,马克思在论述技术进步、资本有机构成提高的影响时就揭示了机器排挤人、相对过剩人口的本质。生产资料私有制的条件下,人工智能的广泛应用,势必导致相对过剩人口规模快速膨胀,使大量从事生产实践"自由得一无所有"的工人成为对资本增值、资本家生产剩余价值的无用群体,甚至长期处于失业状态需要社会"救济"。生产资料公有制,使从事生产实践的工人具有依附于资本的劳动者和生产资料所有者的双重身份,人工智能的广泛应用虽然压缩了从事生产实践的工人发挥劳动者职能的空间,但他们凭借生产资料所有权依然可以公平享受社会生产力发展的成果,获取更多的从事精神生产和消费的"闲暇"时间以提高人全面发展的水平。中华民族在富起来、强起来的阶段,一方面必须毫不动摇地发展公有制经济,巩固公有制经济的主体地位,另一方面必须毫不动摇地发展非公有制经济,促进多种所有制经济共同发展。两个毫不动摇是一个有机整体,必须同时强调,同等发力;任何以偏概全都无益于社会主义建设,借多种经济共同发展而侵蚀削弱公有制经济的主体地位,更是制约和阻碍实现强起来的伟大飞跃。完整的工业体系,是新中国站起来的物质保障,是社会主义生产力发展的支撑。无论是富起来还是强起来阶段,都要防止借改革开放、提高经济效益之名侵蚀、破坏工业体系的完整性。完善社会主义市场经济体制,既要创造资本自由流动的条件和环境,又要防止逐利资本流动、过度的金融创

---

① 蒋红群:《无产阶级会沦为无用阶级吗?》,《马克思主义研究》2018年第7期,第128—136页。

新、过度的经济投机冲击完整的工业体系。产业链条上的局部创新借助产业关联放大创新效应，庞大的市场、人工智能、"互联网＋"等因素协同造就了新时代科技创新和产业创新融合发展的态势，在激烈的国际竞争中落实强起来的实践要求，需要着力维护并巩固世界上最完整的工业体系这一竞争优势。

落实富起来、强起来的实践要求要竭力避免经济发展与生产力发展的过度背离。市场经济条件下，物质财富以商品的形式存在，生产力发展以物质财富创造为中心，而经济发展以货币财富创造为中心。生产力发展是经济发展的物质支撑，经济发展的范围大于生产力发展。生产力发展和经济发展的适度背离，有助于推动生产力发展和经济发展，二者的过度背离，会危及生产力安全发展。新时代落实强起来的实践要求，无论是供给端的产业体系创新，还是需求端的消费升级；无论是促进人全面发展的个性张扬，还是需求满足和能力实现，都要服务于把生产力发展和经济发展背离控制在一个合理的范围。

党的领导是站起来、富起来、强起来最重要最核心的根基。中华民族在伟大复兴的艰难求索中选择了中国共产党，中国共产党自我革命保持初心不变，既把伟大复兴历史重任和宏伟目标分解落实到站起来、富起来和强起来三个历史阶段的社会实践中，也把坚持中国共产党的领导这一历史选择延续为现实的选择和未来的选择。中华民族强起来阶段，既要应对外部势力对中华民族求富的非议和干扰、对中华民族崛起和强大的遏制，又要妥善处置中华民族内部由富引致的自我迷失。党在新时代的自我革命和全面深化改革，是应对富强历程中的外部干扰势力和内部风险的中流砥柱和压舱石。正如政治独立和经济独立是站起来不可或缺的条件，政治强大和经济强大是强起来不可或缺的条件。历史和现实无不昭示，只有独立方能自主，寄希望于别人永远不如寄希望于自己踏实可靠，"政治侏儒"就算有经济的繁荣也难以拒绝和抵抗被强加的经济霸凌。中国共产党的领导，中国共产党对广大人民群众的动员和组织，不仅是中国走向政治独立的基础和前提，也是中国走向经济独立的基础和前提。当今世界，没有哪一个政党能够像中国共产党那样彻底、那样卓有成效地推进理论批判、实践批判和自我批判，与时俱进地推进自我革命和党的建设。任何以对外交流、经验借鉴、改革创新、思想自由、创造文明之名行否定中国共产党领导之实的企图和行为，都是在侵蚀和动摇中华民族站起来的根基。全面从严治党，加强和改进党的建设，既要深入推进党的自我革命，也必须防止和及时清除对中华民族站起来根基的侵蚀。

第二节　中国特色社会主义进入新时代重大判断对实践主体发挥主观能动性提出了新要求

质量互变规律是认识和理解经济社会发展历程的重要工具。质变之所以是量变的必然结果而不是自然结果，其深刻原因在于实现质的飞跃有赖于社会实践主体充分发挥主观能动性，抓住机遇主动促成质变。近代以来，久经磨难的中华民族在新时代迎来从站起来、富起来到强起来的伟大飞跃，就是一场深刻的社会质变。这场质变绝不是轻轻松松、敲锣打鼓就可以实现的，更不可能是自然而然就会实现的，而是需要中华民族凝神聚气，充分发挥主观能动性，努力奋斗方能实现。新时代的历史分期，也是对投身中国社会主义建设的实践主体发挥主观能动性提出的新的更高的要求。

一、实践主体发挥主观能动性的条件和途径

实践主体发挥主观能动性促成社会质变是意识对物质的能动反作用的生动体现。意识的计划性引导实践主体活动聚焦，意识的选择性引导实践主体优化资源配置，意识的创造性促进实践主体自我超越。新时代必须有新作为，这就是对新时代发挥主观能动性提出的新的更高要求。从党的十九大到党的二十大，将是"两个一百年"奋斗目标的历史交汇期；既要全面建成小康社会、实现第一个百年奋斗目标，又要乘势而上开启全面建设社会主义现代化强国的新征程，向第二个百年奋斗目标进军。实现卓越的历史成就、履行伟大的历史使命必然要求历史创造主体创新发挥主观能动性的方式和方法，以新的精神面貌、新的作为回应历史使命。"新时代"吹响新作为的号角，就是要催人奋发作为，积极发挥创造历史、书写新篇章的主观能动性。

（一）发挥主观能动性认识新时代的历史发展大势

主观能动性是人的实践活动与动物的本能活动之间最本质的区别。"动物只是按照它所属的那个种的尺度和需要来建造，而人懂得按照任何一个种的尺度来进行生产，并且懂得处处都把内在的尺度运用于对象；因

此，人也按照美的规律来构造。"① 人的"有意识的生命活动",在"物的尺度"是"合规律性"的活动,在"人的尺度"是"合目的性"的活动。"物的尺度"与"人的尺度"、"合规律"与"合目的"之间的张力,驱使社会实践主体去发现历史规律、适应并创造性地运用历史规律,丰富历史规律的内涵。

洞悉历史发展规律,把握历史发展大势,是社会实践主体发挥创造历史的主观能动性的首要表现。历史发展有着不以人的意志为转移的一般规律。客观规律总是隐藏在纷繁复杂的表象之中。洞悉历史发展规律,既要从现实的具体的历史现象、历史事件中抽象出历史规律,把握规律抽象的普遍性;又要把规律抽象的普遍性转化为具体的普遍性,即历史规律在特定背景和条件下的时空特征。二者在能动的社会实践中实现统一的过程,也就是实践主体的个体理性认同普遍理性、个体理性与普遍理性的辩证融合过程。马克思主义创始人所揭示的人类社会发展最基本的"生产力—生产关系""经济基础—上层建筑"原理,是解释经济社会发展变迁的一般规律,是对历史发展动力的高度抽象。立足时空条件变化,揭示一般规律的时代特征,重在分析高度抽象的一般规律在经济社会发展现实中的具体表现。历史唯物主义既要研究人类社会历史发展规律在特定历史时期的现实表现,也要研究特定历史时期所独有的历史发展规律。历史发展规律形成并实现于人的活动中,脱离人的社会实践、在人们从事某种历史活动之前就有的历史发展一般规律以及特殊历史时期的独有规律并不存在。总结历史经验教训的"从后思索"抽象出来的历史一般规律,绝不提供可以适用于各个历史时代的"药方"和"公式",它通过对实践主体发挥主观能动性施加影响而体现其实践应用价值。实践主体主观能动性的发挥,不仅直接关系实践成果,也关系到历史规律的形成、发现和运用。实践主体发挥创造历史的主观能动性,既要立足时代发展条件,把既往"从后思索"抽象出的一般规律转化为现实的实践原则,推进历史发展一般规律的时代化发展;又要及时总结提炼实践经验,形成和"创造"这个时代的独有规律。规律的"创造"过程,实质是"理论—实践"协同发展的过程。这一过程直接表现为,创造历史的社会实践主体立足时代条件、着眼时代发展目标,遵循已经被认识的历史发展规律,设计创造时代辉煌的实践规划和

---

① 中共中央马克思恩格斯列宁斯大林著作编译局:《马克思恩格斯选集(第1卷)》,北京,人民出版社,1995年版,第47页。

方案，在具体落实规划和方案的实践中检验对历史发展规律的认识，并依据现实的实践成果修正和完善规划和方案，及时总结提炼实践经验并将其上升为理论和规律。

实践主体创造历史的主观能动性的发挥受制于个体自我意识与社会意识的辩证融合。社会不是有着自己思想意识的个体人的简单集合，社会意识反映和体现个体意识，但绝不是个体意识的简单的汇总。拥有自我意识的人总是处于一定的社会关系中，个体自我意识具有明显的社会性。社会自我意识是社会成员个体、社会群体、社会组织等社会结构单元形成的对社会认识的共识，不同的社会结构单元对这个共识的形成的影响存在显著差异。个体自我意识与社会自我意识的辩证融合过程，"也就是个体自我意识'认同'社会自我意识、社会自我意识'认可'个体自我意识的双向生成过程"。[①] 个体自我意识在其现实性上，则总是蕴含着社会性的自我意识。个体自我意识总是具有社会内容的人生价值观、社会正义、伦理道德、法律规范、历史规律、人类未来等关涉行为选择的思想意识；个体自我意识总是蕴含具有社会性质的真理标准、价值尺度、审美原则和人性根据等源自灵魂深处的拷问。个体自我意识既有自身的内源性的意识，也有输入的外源性意识，总是直接表现为不可穷尽的差别性和难以捕捉的任意性。社会结构单元享有的威信和被认同性，源于历史发展、社会实践对该结构单元关于社会的认识的正确性、真理性检验。近代历史选择中国共产党，根本原因在于中国共产党对中国社会的认识经受住了实践的检验，基于这种认识形成的社会实践方案实现了预期目标，取得了丰硕的成果。新时代的社会实践主体，只有把个体自我意识融入已经形成的新时代的时代共识之中，才能实现自我的价值追求。新时代的历史分期的价值也就在于，引导社会实践主体形成并规范自我个体意识。

社会实践中的主体客体化和客体主体化辩证统一，融合汇聚成为推动社会进步和历史发展的强大动力。与动物只能依据"物的尺度"本能地复制自己的生命活动不同，人依据"物的尺度"和"人的尺度"在能动的实践中进行自己的生命活动。"实践活动的'合目的性'，本质是以'人的尺度'去要求客观世界，实践活动的'合规律性'，则是以'物的尺度'去

---

① 孙正聿等：《马克思主义基础理论研究》，北京，北京师范大学出版社，2011 年版，第 190 页。

规范人的目的与活动。"① 实践活动承载着两重使命,一方面,实践主体以"人的尺度"去要求实践客体,把自己的"目的性要求"变成现实的存在,完成使客体变成主体所要求的客体的主体客体化使命;另一方面,实践主体又以"物的尺度"去规范自己的思想与行为,按照"客观规律"去进行实践活动,完成使主体成为掌握客观规律的主体的客体主体化使命。进行社会生活、历史创造的社会实践主客体都是人。个体人的社会属性体现在其作为社会实践主体、社会实践客体的主体客体化和客体主体化双重使命的统一中。人民群众是历史创造者,名垂青史的则往往是历史英雄人物,这种现象在社会实践的主体客体化和客体主体化分析中得到了很好的解释。历史英雄人物作为社会实践主体,在社会实践中其意愿和主张内化到英雄人物的社会实践客体——普通民众的头脑中,借助于主体客体化,使普通民众按照历史英雄人物的希望和预期投身于历史创造活动之中。当然,历史英雄人物成就伟业必须具备相应的基础和前提,即发现、反映、汇聚和集成普通民众分散的诉求和愿望,通过客体主体化使其成为普通民众的代言人。就特定时空条件的社会实践而言,不同个体间存在着主体客体化和客体主体化二者间的侧重分异;人的社会角色及职业身份、社会职能差异,是其承载主体客体化和客体主体化这两重使命的内容和各自侧重的现实体现。社会精英、历史英雄人物侧重于主体客体化,普通群众侧重于客体主体化;社会精英和历史英雄人物主体客体化的成就必然要接受普通群众客体主体化的检验,社会精英和历史英雄人物的主体客体化和普通群众客体主体化耦合度越高,社会发展、历史进步的动力就越强。中国共产党治国理政中,党是实践主体,普通群众是实践客体;全面从严治党、加强党的自我革命,就是作为特殊实践主体的中国共产党的主体客体化能力建设;深化对党的方针路线和战略的理解和认识,践行社会主义核心价值观,就是普通群众的客体主体化能力建设;深入开展群众路线教育实践,就是社会发展、历史创造中主体客体化和客体主体化的耦合能力建设。

(二)把握个体意识和社会共识的辩证关系

在社会发展中,个体意识最终要汇聚到社会共识中,个体意识也只有在其汇聚到社会共识之后,才能得到社会承认并借助社会关系而得以稳

---

① 孙正聿等:《马克思主义基础理论研究》,北京,北京师范大学出版社,2011年版,第205页。

固。社会共识体现和反映个体意识，但绝不是个体意识简单的求同存异。社会共识和个体意识之间存在着相互影响相互制约的关系，个体人的社会威望、社会知名度在社会共识和个体意识之间的互动发展中有着重要的影响。社会共识一旦形成，必然会引导和规范个体意识发展，促使个体对自我发展的追求符合社会整体的要求。把握个体意识和社会意识的辩证关系，既要巧借个体的从众心理使个体意识自觉服从体现时代要求的社会共识，又要防止以所谓的"国际共识"扰乱个体意识。

加强和改善意识形态工作要善于利用从众心理。马克思主义认为，社会性是人的本质属性；社会生活中，个体人希望融入社会、得到他人认同，这正是人的社会性的体现。从众就是一种求得他人认同、社会认同的简易而保险的方式，意识形态工作要重视并善于利用从众心理。现代社会中，个体人的许多行为选择并非受理性思考的驱使，而是受习惯和从众心理驱使。宣传文化工作强调唱响主旋律，使主旋律成为个体人跟随的社会共识，从众心理自然驱使个体意识服从于主旋律，驱使个体行为选择服务于社会整体发展。在信息爆炸而个体人的信息识别意愿、识别能力又不够强大的情况下，"意见领袖"在从众心理形成中扮演了重要的角色。社会共识虽然是在个体意识相互碰撞、影响的过程中逐渐形成，但社会共识往往是以"意见领袖"的认识为基础和蓝本；合理利用从众心理的重点在于培育和引导"意见领袖"。"意见领袖"是具有较高知名度和认同度的信息生产者和信息发布者，既有权威的、得到国家授权和认可的正式"意见领袖"，也有民间的非正式的"意见领袖"。加强和改善意识形态工作，首先是正式"意见领袖"及时主动发声，不断创新意见的表达和传播方式，避免社会公众对正式"意见领袖"的"审美疲劳"。然后是培育和引导民间非正式"意见领袖"，既要运用法治手段，对制造谣言、传播虚假信息的民间"意见领袖"及时给予惩罚；又要运用经济手段、道德力量，广泛使用物质奖励、给予荣誉称号等方式，对传播正能量、弘扬主旋律的民间"意见领袖"给予支持和鼓励。

繁荣发展社会科学要坚决反对以社会共识为名的固执与偏见。实践是检验认识真理性的唯一标准，社会共识仅仅是表明不同个体对特定对象的认识达成了统一，并不能作为判定认识真理性的依据。社会共识不一定体现和反映矛盾的普遍性，社会共识并非真理。社会上一些人总是以所谓的"国际共识""国际惯例"作为评判中国实践的依据，这事实上是把"国际共识"当成了真理，拿所谓的"国际共识"作为自己误评误断中国实践的借口。依据历史唯物主义社会存在决定社会意识、社会意识具有相对独立性的原理,社会科学理论大致可以分为两类,一类是源于客观物质条件、特定社会实践经验的理论总结和理论提炼;一类是以该学科的基础范畴为依据,借助思维的力量,通过逻辑推演的方式生产出的理论。在社会科学研究中借鉴国际经验、引用国际话语,往往需要对国际经验和国际话语进行形而上的抽象之后,再结合中国实际进行本土转化,照抄照搬国际经验、简单套用国际话语不免会走入研究的误区。党的十九大强调,"世界上没有完全相同的政治制度模式,政治制度不能脱离特定社会政治条件和历史文化传统来抽象评判,不能定于一尊,不能生搬硬套外国政治制度模式"①。尽管党和国家一再强调要批判性借鉴吸收西方社会科学研究成果,仍有执政合法性研究者,沿袭西方执政合法性研究的理论和范式,得出了质疑中国共产党执政地位的结论,以及实行多党制是民主发展的现实要求等似是而非的结论。究其根源,执政合法性这一范畴源于多党制的社会存在,是对多党制的政治实践中一个政党获取执政地位的实践要求进行的理论抽象;不做特别的内涵界定,不问"法"的来源,不问谁的"法"、什么"法",简单提出"中国共产党执政合法性"这一范畴本身就存在理论的缺陷。中国共产党的执政地位是其领导革命取得的胜利成果、是各民主党派认同的历史选择,"中国共产党执政合法性"不是表述其怎么获得执政地位的范畴,而是如何提高中国共产党执政能力和执政效率,增强对中国共产党执政的认同的范畴。不能脱离党领导革命孤立谈论党的执政,党领导革命和党的执政不可分离。新民主主义革命时期,党在革命根据地的局部执政奠定新民主主义革命胜利的基石。新中国成立既是党领导新民主主义革命的终点,也是党全面执政的起点。自此,党的建设、党的自我革命成为党长期执政的基石和根本保障。党在与时俱进的自我建设和自我革命中不断巩固和提升长期执政能力,不断强化人民群众对党长期执政的认同,那种人为割裂党领导人民革命、建设、改革的历史统一性,割裂中华民族站起来、富起来和强起来的历史统一性,认为党需要实现从革命党向执政党转化的观点实乃似是而非。选择指导社会实践的具体理论,必须深入考察具体理论的来源及其产生方式;脱离社会存在、脱离物质条件的认识之辩和理论纷争不免有沦为自欺欺人的观念运动的风险。一些所谓的

---

① 习近平:《决胜全面建成小康社会 夺取新时代中国特色社会主义伟大胜利——在中国共产党第十九次全国代表大会上的报告》,北京,人民出版社,2017年版,第36页。

"国际共识"与中国实践脱节,既有这些"国际共识"和"国际惯例"体现先发国家的利益,反映国际垄断资本的意志,产生这些认识的社会存在、物质条件与中国的客观现实有着显著差异的原因,也有这些共识的传播、惯例的实施凭借的是霸权和强权,而不是真正的认同的原因。

(三)新时代的历史分期共识汇聚实现中国梦的磅礴力量

习近平总书记用实现中国梦概括近代以来中华民族求索国家和民族出路的艰苦努力。习近平总书记指出:"实现中华民族伟大复兴,是近代以来中国人民最伟大的梦想,我们称之为'中国梦'";"中国梦是一种形象的表达,是一个最大公约数,是一种为群众易于接受的表述,核心内涵是中华民族伟大复兴,可以适当拓展,但不能脱离中华民族伟大复兴这个主题。"党的十九大对新时代实现建成社会主义现代化强国的中国梦做出了具体部署,使新时代的历史分期共识承载了三重使命:一是新时代历史分期共识引导中国特色社会主义建设的实践主体科学设置发展目标,二是新时代历史分期共识化解实践主体间的矛盾与冲突,三是新时代历史分期共识引导和深化对新时代社会主义建设实践的经验总结与反思。新时代的使命崇高、任务艰巨,需要坚强的领导核心统筹规划、统一部署新时代的伟大实践,把人民群众追求人生出彩的分散力量汇聚成为实现国家富强、民族振兴的磅礴力量。

新时代历史分期共识的三重使命彰显新时代的历史辩证法。阐释新时代的理论意蕴也是要理解新时代的辩证法。唯物辩证法是马克思主义活的灵魂,自觉坚持和运用辩证法是马克思主义者的重要品格。唯物辩证法既以概念运动表达事物的矛盾、运动和发展,又以客观事物的现实发展修正和完善概念运动,并在二者的统一中获得对客观事物的真理性认识。唯物辩证法的真理观要求从本体论、认识论和价值论的统一中去发现和理解真理。剖析新时代的理论意蕴,是要深刻理解新时代的实践,获得对新时代的真理性认识,并用以指导新时代的实践。一方面,要自觉运用新时代真理性认识的理论逻辑审视和校正新时代的实践;另一方面,又要强调在新时代的实践中深化和完善对新时代的理论认识。历史总是在解决老问题、提出新问题中前进,历史辩证法要在对历史的连续性和因果性的理解中把握历史发展规律。新时代首先要决胜全面建成小康社会,然后在此基础上基本实现现代化,最后是要在基本实现现代化的基础上全面建成富强民主文明和谐美丽的社会主义现代化强国,实现国家治理体系和治理能力现代化。历史辩证法揭示新时代继往开来的发展逻辑，旨在深化对中国共产党执政规律、社会主义建设规律和人类社会发展规律的认识。

宏伟远大而又现实具体的中国梦激发新时代的历史发展动力。党的十九大用2035年基本实现现代化目标、本世纪中叶建成社会主义现代化强国的目标描绘出实现中国梦的宏伟远大蓝图，把中华民族伟大复兴、引领人类文明发展的特性和要求分解落实到新时代的一系列建设目标和具体任务中。历史创造者发挥主观能动性，把理想和现实之间的矛盾冲突张力转化成为推动历史发展的动力，是历史发展的基本规律。新时代在全面建成小康社会的基础上，分两步建成社会主义现代化强国，在新时代的伟大实践中体现和运用唯物辩证法。首先，社会主义现代化强国目标与不平衡不充分的发展现实之间的冲突的张力转化为新时代的发展动力，把唯物辩证法的矛盾对立统一规律镌刻在新时代的伟大实践中。其次，能动的历史创造者把远大目标分解为前后协调连贯的阶段性目标，既用阶段性发展成果、局部发展成果鼓舞人激励人，又集聚阶段性质变促成总体质变、整体质变的动力，把唯物辩证法的质量互变规律内隐在新时代的科教兴国、人才强国、创新驱动发展、乡村振兴、区域协调、可持续发展和军民融合战略的分解落实、细化实施之中。第三，中国梦不是空洞的口号，是国家梦、民族梦、个人梦的有机统一，实现中国梦是要让每一个中国人都享受人生出彩的机会，新时代把中国梦的远大目标分解落实到一系列具体的战略安排中，落实到每个人追求人生出彩的行动中，生动体现唯物辩证法普遍联系原理和质量互变规律中微小量变积累促成质的飞跃的规律。

实现宏伟远大的中国梦必须坚持党的领导。中国梦绝不是敲锣打鼓、轻轻松松就可以实现的。实现中国梦，既面临投资和贸易保护主义抬头、霸权国家对中国和平崛起的遏制和围堵等国际挑战，也面临经济增长速度换挡期、结构调整阵痛期、前期刺激政策消化期"三期叠加"以及经济转型等国内挑战。正如大海航行靠舵手把方向，化解中国实现中国梦所面临的国内外的诸多风险，需要一股力量举旗定向、凝神定气、组织团结分散的力量。历史选择了中国共产党，中国共产党全面从严治党，深入推进自我革命，不断彰显先进性和纯洁性，不断增强自身的动员组织社会分散力量的能力，堪当实现中国梦的领导者。党的十九大明确指出，坚持中国共产党领导是中国特色社会主义最本质的特征，是中国特色社会主义制度最大的优势。新时代实现中国梦的过程，就是这一本质特征和最大优势在实践中的彰显。

培育践行社会主义核心价值观，汇聚实现中国梦的现实具体力量。"中国梦归根到底是人民的梦，必须紧紧依靠人民来实现，必须不断为人民造福"[①]；中国梦让每个中国人都能享受人生出彩的机会，实现中国梦的路途中没有旁观者。社会主义核心价值观是当代中国精神的集中体现，有机融合了国家、社会和个人层面的价值追求。把社会主义核心价值观融入经济社会发展各方面，转化为人们的情感认同和行为习惯，人人践行社会主义核心价值观，使个人奋斗目标和实现中国梦的目标有机契合，自然就会形成个人努力和实现中国梦的需要有机融合的格局，社会自然会给个人更好地实现人生出彩提供机会，每个人自然就能公平分享国家社会发展成果。形成实现中国梦的这种"自然格局"，既有赖于坚持中国共产党的领导，为人人践行社会主义核心价值观创造条件、提供保障；也需要每个中国人不负这个伟大的时代，努力成为践行社会主义核心价值观的行动者。

二、发挥主观能动性促进新时代的科技和经济融合发展

以信息技术和人工智能为代表的新一轮科技革命，正在引发产业体系、社会生产生活方式的深刻变革，这对历史创造主体发挥主观能动性提出新的要求。实施创新驱动发展战略，是新时代发挥创造历史的主观能动性的生动体现。习近平总书记号召："要以只争朝夕的紧迫感，切实把创新抓出成效，强化科技同经济对接、创新成果同产业对接、创新项目同现实生产力对接、研发人员创新劳动同其利益收入对接，形成有利于出创新成果、有利于创新成果产业化的新机制。"[②] 习近平总书记不仅用"只争朝夕的紧迫感"阐释新时代科技和经济融合发展的现实紧迫性，而且明确提出科技和经济融合发展的"对接"思路。

（一）内源型科技创新是科技与经济融合发展的根基

文明总是在相互交流中实现共同发展。科学技术作为人类文明的重要内容，本应在相互交流中更好地造福人类。科学技术发展总是建立在庞大的研发投入的基础上，在资本参与科技发展，甚至是资本左右科技发展的

---

① 习近平：《在第十二届全国人民代表大会第一次会议上的讲话》，北京，人民出版社，2013年版，第5页。

② 中共中央文献研究室：《习近平关于社会主义经济建设论述摘编》，北京，中央文献出版社，2017年版，第144页。

背景下，科技发展成为资本增殖的工具。工业化以来，科学技术日益成为国家竞争的核心要素，科学技术发展被打上越来越深的政治烙印，先发国家总是把先进技术研发及运用作为政治工具加以利用。

坚持自主创新、走内源型的科技创新发展道路，是改革开放实践的重要经验和启示。马克思主义高度重视科技创新对人类社会发展的推动作用，"科技是国之利器，国家赖之以强，企业赖之以赢，人民生活赖之以好"①。改革开放初期，我国科学技术水平不高、科技研发能力不强，遵循比较优势、以市场换技术在我国科技和经济发展中发挥了较大的作用。西方霸权国家把掌控高新技术作为实现其霸权的手段和途径，改革开放的实践表明，以市场换不回核心技术、高新技术。迷信以市场换技术，科技发达的先发国家对我国进行先进技术封锁的格局不可能得以根本性改变。特朗普政府对我国发动"贸易战"的背后，是迟滞我国科技创新以遏制我国和平崛起的图谋。与改革开放初期西方发达国家力图通过向我国转移即将被淘汰的成熟技术、落后技术，借以分享我国经济快速发展红利并企图掌控我国经济发展命脉不同，当今坚持独立自主、自主创新并日益强大的中国使西方发达国家感到他们的图谋难以实现。一方面是西方对中国刻意的技术封锁，另一方面是我国崛起需要前沿高新核心技术，这都决定我国科技创新必须加快从外源型向内源型的转变。"核心技术是国之重器"，习近平总书记用人人都懂的砌墙盖房子作喻，"在别人的墙基上砌房子，再大再漂亮也可能经不起风雨，甚至会不堪一击"，形象生动地阐释了坚持自主创新、内源型的科技创新发展的重要性。

坚持自主创新、走内源型的科技创新之路才能支撑"四化"并联发展。西方发达国家走的是一条工业化、城镇化、农业现代化、信息化顺次"串联式"发展道路。客观存在的后发优势，以及把"失去的二百年"找回来实现后来居上的发展激情和发展豪情，"决定了我国发展必然是一个'并联式'的过程，工业化、信息化、城镇化、农业现代化是叠加发展的"②。工业化、信息化、城镇化、农业现代化的"四化"并联发展，要求我国科技创新既要有分领域分门类的单兵突破，更要有跨领域跨门类的融合创新。与西方发达国家"四化"串联发展呈现出的"先科技研发，再

---

① 习近平：《为建设世界科技强国而奋斗：在全国科技创新大会、两院院士大会、中国科协第九次全国代表大会上的讲话》，北京，人民出版社，2016年版，第6页。
② 中共中央文献研究室：《习近平关于科技创新论述摘编》，北京，中央文献出版社，2016年版，第25页。

科技应用推广"发展态势相比,我国"四化"并联发展提出"科技－经济"联动融合发展的现实要求。要适应这种要求,只有坚持自主创新、走内源型的科技创新之路。

(二) 新时代促进科技和经济融合发展的依据

科学技术是推动历史发展、人类进步的革命性力量。21世纪以来,以航空航天、电子技术、核能、计算机、互联网为里程碑的技术革命,极大提高了人类认知自然、利用自然的能力和社会生产力水平。新一轮的科技革命和产业变革与我国加快转变经济发展方式的历史合流,形成了科技与经济融合发展的态势,这必将开创新时代实现伟大梦想、成就伟大事业的新境界。

科技和经济融合发展是中国特色社会主义现代化道路的重要特征。在西方发达国家的"串联式"发展进程中,科技和经济社会作为两个相对独立的发展系统而存在。无论是科技发展系统先行产生科技创新成果,再寻求科技创新成果在经济社会发展系统中的实际运用,还是经济社会发展系统先提出技术需要,科技发展系统再提供满足经济社会发展技术需要的技术供给,都是行之有效的"科技－经济"联动模式。这是西方发达国家能够形成"不紧不慢、从容自在"的"文明习惯"的重要原因。沿着"串联式"发展道路,西方发达国家用了二百多年时间发展到目前的水平。我国在开放发展背景下走出的"并联式"现代化发展道路,以现代化空间拓展实现现实历程的缩短,体现了时空转化的辩证法。科技与经济融合发展极大地压缩了科学技术转化为现实生产力的时空阻隔,成为工业化、信息化、城镇化、农业现代化"四化"并联发展的核心支撑。"并联式"发展一方面使我国在现代化进程中实现追赶跨越,另一方面又使国人普遍患上一种"速度焦虑和速度饥渴症"。时不时涌现的"急功近利"案例不仅滋生了一部分人对我国科技发展和经济社会制度安排的不满情绪,甚至成为其论断"西方文明优雅,中国文明粗俗"的论据。在串并联发展的对比中审视西方的文明习惯和当前社会发展中存在的一些不良现象,不仅有助于深刻理解中国现代化道路的特色,而且有助于增强中国特色社会主义道路自信、制度自信、理论自信和文化自信。

科技和经济融合发展是突破西方霸权国家遏制中国和平崛起的现实选择。中国正处于从中等收入国家迈向高收入国家的发展阶段,后发国家既不可能沿用先发国家致富的套路,还要面临先发国家的遏制与打压。一方面，中国不可能重复高收入国家当初依靠经济殖民、借助不公平的国际经济规则谋取利益，甚至是挑起别国内乱，发动战争以扩大军售而获利的发展道路；另一方面，以信息技术为代表的当代科学技术的发展又使我国经济发展获得"弯道超车""高平台跳跃摸高"的机会。第二次世界大战以后，霸权国家一方面对低收入的后发国家给予附加条件的经济援助，以便从低收入后发国家的经济发展中获取利益，另一方面，又对发展势头迅猛的后发国家予以遏制，以防止后发国家挑战其经济霸权。霸权国家往往对后发工业化国家设置一道打压门槛，当后发国家工业能力、工业发展水平达到一定程度就对其不遗余力地打压遏制。霸权国家为从我国工业发展中获利，在我国工业发展尚未达到其所设定的重拳打压、严格遏制线前，对我国工业发展保持相对的"宽容"态度。我国计划经济时期建立起的完整工业体系，再加上信息化和工业化融合的新型工业化道路使我国工业实现了超乎霸权国家预料的发展速度，国际反恐所带来的地缘政治格局变化分散了霸权国家对我国工业发展的注意力，使我国工业化在霸权国家预定的"宽容"期内取得异乎寻常的发展，在其还未来得及对我国工业发展给予重拳打压、严格遏制之前，我国工业快速实现对其赶超，获得了对冲霸权国家遏制的"特殊机遇"。促进科技和经济融合发展，是我国突破西方霸权国家遏制的成功经验，也是铸造新时代伟业的实践遵循。

（三）充实新时代科技和经济融合发展的保障

科技革命必然引发产业革命。新技术突破加速带动产业变革，势必对世界经济结构和竞争格局产生重大影响。新时代推动科技和经济社会发展深度融合，打通从科技强到产业强、经济强、国家强的通道，就必须适应时代要求，多层次、多维度地深刻把握科技和经济融合发展的内在规律，构建战略融合、规划融合、政策融合等全方位、多角度的科技与经济融合发展的保障体系，因时因地制宜选择科技和经济融合发展的路径和方式。

准确把握新时代科技发展和经济融合发展的机遇。科技创新与经济规模之间的关系，既是一个理论问题，也是一个实践问题。科技创新是经济发展的不竭动力，经济发展既为科技创新提供投入保障，又为科技成果运用创造条件。习近平总书记深刻剖析近代中国屡屡被经济总量远不如我们的帝国主义国家打败的原因，全面揭示世界大国兴衰更替的历史经验与启示。他强调指出，"经济大国不等于经济强国。一个国家长期落后归根到底是由于技术落后，而不取决于经济规模大小"① "我们在国际上腰杆能不能更硬起来，能不能跨越'中等收入陷阱'，很大程度取决于科技创新能力的提升"②。新时代面临的机遇不再是简单纳入全球分工体系、扩大出口、加快投资的传统机遇，而是倒逼我们扩大内需、提高创新能力、促进经济发展方式转变的新机遇。新一轮科技革命和产业变革与我国全面深化改革、加快转变经济发展方式形成的历史性交汇，成为推动科技创新发展、实施创新驱动发展战略的重大机遇。

科技创新速度成为新时代建设现代化经济体系的重要因素。科学技术既是改造提升劳动者、劳动工具和劳动对象的渗透性生产力要素，也是创造新产品、培育壮大新产业的关键核心要素，还是新的生产生活方式的支撑和依托。创新是引领发展的第一动力，创新速度是竞争制胜的法宝。现代化经济体系的国际竞争力取决于科学技术的创新速度，也取决于科学技术的产业化开发速度。党的十九大把"加快建设创新型国家"作为"贯彻新发展理念，建设现代化经济体系"的重大战略、重大任务，突出强调了科技创新速度、科学技术产业化开发速度在现代化经济体系建设中的重要性。前瞻性基础研究、引领性原创成果重大突破，前沿引领技术、颠覆性技术的研发速度是经济竞争制胜的先决条件；由创新文化孕育、科技体制改革、产学研的深度融合等因素共同决定的创新技术产业化开发速度，是经济竞争制胜的现实条件。

信息技术支撑新时代"计划经济"发展。计划和市场都是发展经济的手段，都是资源配置方式。虽然手段和方式本身不存在孰优孰劣的问题，但存在着客观条件是更有利于计划手段发挥作用还是市场手段发挥作用的问题。资源家底清晰、资源配置目标明确、劳动者有着高昂的劳动积极性和提高劳动生产效率的主动性，计划者拥有强大的权威，是计划体制有效发挥作用的条件。新中国成立初期，对翻身做主人的政治身份认同极大地刺激了劳动者的劳动积极性、提高劳动效率的主动性，"一穷二白"的家底，以及构建完善的工业体系，实现从农业国向工业国转变的明确目标，使计划经济体制在社会主义经济建设中大放异彩。计划经济体制在社会主义建设中走向僵化，根本原因在于计划经济体制未能适应客观条件的变

---

① 中共中央文献研究室：《习近平关于社会主义经济建设论述摘编》，北京，中央文献出版社，2017年版，第126页。

② 中共中央文献研究室：《习近平关于科技创新论述摘编》，北京，中央文献出版社，2016年版，第26页。

化。信息技术的发展，人工智能、"互联网＋"的广泛运用，在一定程度上为新时代"计划经济"发展创造了良好条件，形成了运用计划手段促进科技与经济融合的发展优势。与实质是以行政命令和政治动员配置资源的传统计划经济不同，信息技术支撑的"计划经济"是市场主体依托大数据、各类交易平台及时获取和掌握市场需求信息，依据及时动态变化的市场需求制订实施生产计划，突出强调市场配置资源的及时性和针对性的经济。私人定制、产品需求者参与设计、按照需求者个性化需求设计和生产，是这种新型计划经济的重要特征。

第三节　中国特色社会主义进入新时代重大判断是党对矛盾运动规律和矛盾分析方法的生动应用

矛盾是事物的存在方式，矛盾消除意味着事物的消亡，事物发展意味着旧的矛盾对立统一体被新的矛盾对立统一体所代替。中国之所以能建成社会主义和谐社会，不仅在于社会矛盾冲突可以缓和化解，可以转化为社会发展的动力而不是成为撕裂社会的张力，而且在于冲突尖锐激烈的矛盾可以转化为冲突平缓的矛盾。理想源于现实又高于现实，理想和现实之间的矛盾冲突所形成的张力转而成为追求发展的动力。"我们不能因现实复杂而放弃梦想，不能因理想遥远而放弃追求。"[①] 一个有着坚定信念、崇高理想的执政党，总能从理想和现实的张力中寻找治国理政的新方略。党的十九大描绘了新时代实现中华民族伟大复兴的中国梦、分两步走在21世纪中叶建成富强民主文明和谐美丽的社会主义现代化强国的路线图，为追求人生出彩的中国人树立人生理想，把理想和现实的张力汇聚成为实现中国梦的磅礴动力指明了方向。

一、矛盾不平衡发展规律的丰富表现

矛盾是一种特殊的联系，是联系主体借助特定联系媒介所形成的"既见不得、又离不开"的关系。唯物辩证法认为，万事万物之间都存在联系。社会实践中，如果物质对象间借助于特定联系纽带所形成的联系结果

[①] 习近平：《决胜全面建成小康社会　夺取新时代中国特色社会主义伟大胜利——在中国共产党第十九次全国代表大会上的报告》，北京，人民出版社，2017年版，第58页。

不能对联系主体施加显著影响，那么联系主体往往被视为分散、孤立的主体。矛盾统一性就是矛盾对立双方间联系纽带的体现，矛盾斗争性体现的矛盾冲突成为破坏旧的联系纽带、催生新的联系纽带的动力，事物发展表现为旧的矛盾对立统一体消失和新的矛盾对立统一体产生。事物内部往往存在多对矛盾，事物内部的具体矛盾区分为根本矛盾和非根本矛盾、主要矛盾和非主要矛盾，矛盾对立的双方区分为矛盾的主要方面和矛盾的次要方面，是矛盾不平衡发展规律的生动表现。根本矛盾决定事物质的规定性，根本矛盾和非根本矛盾是从质的角度，对矛盾体系中的具体矛盾进行的区分和考量；主要矛盾决定事物量的规定性，主要矛盾和非主要矛盾是从具体矛盾作用范围大小的角度，对矛盾体系中的具体矛盾进行的区分和考量。

（一）社会根本矛盾与社会主要矛盾

矛盾是事物运动变化的根本动力。人类社会在社会矛盾运动的驱使下实现社会形态变迁和人类文明进步。生产力和生产关系的矛盾运动，既是人类社会存在的表征，也是社会形态变迁的动力；人类社会从原始社会到奴隶社会到封建社会到资本主义社会，最后到共产主义社会的形态变迁，就是生产力与生产关系矛盾运动的结果。生产力和生产关系之间的矛盾，是人类社会的基本矛盾；这个基本矛盾在不同的社会形态，在不同国家，在同一国家的不同历史阶段，有着不同的具体表现。现实的社会矛盾，正是社会基本矛盾在某一方面的具体表现。特定时空条件下，社会基本矛盾不同维度的表现形成社会矛盾体系；社会发展规律反映和体现了生产力和生产关系的矛盾运动的时代特征和时代烙印。互联网、人工智能给社会生产力和社会生产关系带来广泛而深刻的影响，揭示和阐释新时代的社会发展规律，一项重要任务就是揭示生产力和生产关系的矛盾运动在互联网、人工智能时代的现实具体表现。

社会根本矛盾体现和反映社会形态类型、社会制度的性质，社会主要矛盾是在特定社会中作用和影响的范围最广泛的矛盾。对社会根本矛盾的判断体现和反映认识主体的立场，对社会主要矛盾的判断体现和反映认识主体适应社会、影响社会运行的能力。在社会主义初级阶段，生产资料公有制和非公有制之间、公有经济和非公有经济之间的矛盾是社会经济领域的根本矛盾，城乡区域之间的矛盾、一定范围内存在的经济发展效率和经济发展公平之间的冲突，是社会经济领域内的非根本矛盾；马克思主义思想和反马克思主义思想之间的矛盾，是社会思想领域的根本矛盾。① 社会主要矛盾是社会供给和社会需要之间的矛盾，在经济社会发展的不同阶段，其现实具体表现存在差异。对社会主要矛盾的主观认识和判断与客观现实一致，推动经济社会发展的实践就能取得显著成就，就能很好地实现预期，反之，社会实践就可能遭受损失，实践预期就会落空。生产力发展是推动历史前进的根本动力，经济发展是国富民强的物质保障；而经济领域的具体矛盾，既有根本矛盾又有非根本矛盾。意识形态领域的矛盾不外乎是赞成或否定社会主义制度的激烈冲突，拥护或反对中国共产党领导的尖锐对立，因而直接表现为社会的根本矛盾。习近平总书记在 2013 年全国宣传思想工作会议上强调的"经济建设是党的中心工作，意识形态工作是党的一项极端重要的工作"②，就深刻揭示了经济领域的具体矛盾和意识形态领域的具体矛盾之间存在的这种分异。

（二）社会矛盾的普遍性和特殊性

矛盾普遍性和特殊性辩证关系的原理，是认识客观世界的重要工具。矛盾的普遍性即矛盾的共性，矛盾的特殊性即矛盾的个性。任何现实存在的事物的矛盾，都是共性和个性的有机统一；共性寓于个性之中，没有离开个性的共性，也没有离开共性的个性。自然现象、自然物质对象的个性和共性是客观事实，无关乎价值判断；科学原理、科学实验能够快捷、准确地检验关于自然现象、自然物质对象矛盾普遍性和特殊性认识的真理性。社会矛盾终归是人的矛盾，认识主体的认识能力、认识方法、价值取向、价值选择等都会影响对社会矛盾普遍性和特殊性的认识。社会现象、社会存在的矛盾普遍性和特殊性的认识真理性，往往需要经受较长历史时期的实践检验。

矛盾普遍性和特殊性辩证关系的原理是马克思主义普遍真理和各国具体实际相结合的哲学基础。马克思主义中国化强调把马克思主义的基本原理和中国具体实际相结合，就是对矛盾普遍性和特殊性辩证关系的直观体现。中国共产党总是自觉运用"矛盾普遍性－特殊性"原理开创党的事业发展的新局面；"我们党深刻认识到，实现中华民族伟大复兴，必须建立

---

① 杜黎明：《规范与建构：毛泽东对马克思主义社会矛盾学说的贡献》，《三明学院学报》2020 年第 5 期，第 1—8 页。
② 中共中央文献研究室：《习近平关于全面深化改革论述摘编》，北京，中央文献出版社，2014 年版，第 86 页。

符合我国实际的先进社会制度"①,就把"符合我国实际"这一强调矛盾特殊性的要求,与"先进社会制度"这一遵循矛盾普遍性的原则有机结合,融合成新时代的实践要求。在我国对外开放的过程中,总有人借用所谓的"国际惯例""国际共识"对中国特色社会主义实践妄加批评。当今的国际秩序和国际规则仍然是强权者、霸权者主导建立起来的秩序和规则;许多所谓的"国际惯例""国际共识"也是体现强权者意志的惯例、霸权者利益的共识,并借助于其强权和霸权所传播和维护的话语。这种惯例和共识是与人类的解放、形成"自由人联合体"的方向和要求相悖的惯例和共识;是需要高举和平、发展、合作、共赢的旗帜,奉行平等互利、合作共赢原则的共产主义运动逐步化解与改造的惯例和共识。正如"存在总是有原因,但存在并非一定有道理","国际惯例"和"国际共识"并不一定反映人类社会发展的矛盾普遍性,并不一定体现人类社会发展的一般原则和客观规律。如果不站在马克思主义的立场,不运用马克思主义方法和观点审视"国际惯例"和"国际共识",盲信"国际惯例"和"国际共识",的确存在"改旗易帜"的风险,也必然会使中国特色社会主义建设蒙受损失。

二、新时代社会主要矛盾判断对矛盾分析方法的生动应用

社会矛盾是特定时空条件下的社会存在,不以人的主观意志为转移。历史发展规律是对社会矛盾运动的系统总结。只有正确认识、深刻理解社会矛盾,才能充分发挥历史创造主体的主观能动性。中国共产党是坚持运用矛盾分析方法的政党,党的历史上,既有因误判社会主要矛盾而给党的事业带来损失的深刻教训,更有正确认识社会主要矛盾而推动党的事业大发展的生动实践。

(一)动态把握社会主要矛盾

矛盾分析是唯物辩证法提供的认识和改造世界的基本工具。中国共产党一贯重视矛盾研究、矛盾分析,早在第二次国内革命战争时期,毛泽东同志就写下了《矛盾论》的光辉篇章。在《矛盾论》中强调:"一个政党

---

① 习近平:《决胜全面建成小康社会 夺取新时代中国特色社会主义伟大胜利——在中国共产党第十九次全国代表大会上的报告》,北京,人民出版社,2017年版,第14页。

要引导革命到胜利，必须依靠自己政治路线的正确和组织上的巩固。"①全面深刻地认识和把握社会矛盾运动，对社会主要矛盾及其变化做出准确的判断，是政治路线正确的基本前提。正是因为深刻认识和顺应了社会矛盾的变化，中国共产党才能领导人民不断地取得革命和建设的胜利。"历史充分说明，党和国家事业能不能顺利发展，同我们能否随着社会历史条件的变化准确认识和把握社会主要矛盾，能否在这个基础上制定正确的政治路线和战略策略，紧紧联系在一起。坚持从我国社会实际状况出发，在诸多社会矛盾中和矛盾全局中敏锐地抓住主要矛盾，并自觉围绕主要矛盾部署党和国家全局工作，是我们党自觉运用马克思主义矛盾学说分析解决中国革命、建设、改革具体问题的一条成功经验。"②正是因为有党的八大对我国社会主要矛盾已经是人民对于建立先进的工业国的要求同落后的农业国的现实之间的矛盾的正确认识，才有建立独立完整的工业体系的伟大实践，才使新中国继政治上站起来之后实现了经济上站起来，为实现富起来、最终真正实现强起来奠定了坚实的物质基础。正是因为有党的十一届六中全会对我国社会主要矛盾是人民日益增长的物质文化需要同落后的社会生产之间的矛盾的新认识新判断，才有使中国人民富起来的以经济建设为中心、坚持生产力标准的社会主义改革开放伟大实践。党的十九大审时度势，对社会主要矛盾再次做出了新判断，并基于这种判断做出中国特色社会主义新时代的战略部署和安排，为中国人民继富起来之后实现全面的、真正的强起来提供了充分保障。

（二）运用矛盾分析法正确认识社会存在

中国特色社会主义新时代，是中华民族伟大复兴进程中最为关键的时期，"新时代"是历史分期的标志和成果。历史分期的"分界线也同自然界和社会中所有的分界线一样，是有条件的、可变的、相对的，而不是绝对的。我们只是大致地以那些特别突出和引人注目的历史事件作为重大的历史运动的里程碑"③。党的十八大以来，我国经济社会发展取得的巨大成就，党和国家发生的巨大而深刻的变化表明，党的十八大选举产生以

---

① 毛泽东：《毛泽东选集（第1卷）》，北京，人民出版社，1991年版，第303页。
② 冷溶：《正确把握我国社会主要矛盾的变化》，《人民日报》2017年11月27日，http://theory.people.com.cn/n1/2017/1127/c40531-29668491.html。
③ 中共中央马克思恩格斯列宁斯大林著作编译局：《列宁专题文集 论资本主义》，北京，人民出版社，2009年版，第92页。

习近平同志为核心的党中央，标志着中国特色社会主义开启了新篇章、进入了新时代。党的十九大明确提出中国特色社会主义进入新时代，是对十八大以来的发展成就进行梳理、总结和肯定，更是对中国特色社会主义建设在十八大以来取得的辉煌发展成就的基础上，推动经济社会发展由量变向质变飞跃的方式和途径提出新的要求、做出新的安排和部署。

社会主要矛盾是不以人的主观意愿为转移的客观存在。历史证明，只有正确认识这种客观存在并依据这种客观存在制定实施经济社会发展战略，社会主义建设才能取得预期的成就。1956年，党的八大认为我们国内的主要矛盾是人民对于建立先进的工业国的要求同落后的农业国的现实之间的矛盾、人民对于经济文化迅速发展的需要同当前经济文化不能满足人民需要的状况之间的矛盾。1957年，党的八届三中全会修改了党的八大对社会主要矛盾的认识，认为无产阶级与资产阶级、社会主义道路与资本主义道路的矛盾是中国社会主要矛盾。1958年，党的八大二次会议更是认为，在整个过渡时期，也就是说，在社会主义社会建成以前，无产阶级同资产阶级的斗争，社会主义道路同资本主义道路的斗争，始终是我国内部的主要矛盾。这个矛盾，在某些范围内表现为激烈的、你死我活的敌我矛盾。正是因为没有坚持党的八大对社会主要矛盾的正确认识，社会主义建设才遭受困境，才有"文化大革命"这一巨大的历史挫折出现。1979年3月30日，党的理论工作务虚会做出判断，我们生产力发展水平很低，远远不能满足人民和国家的需要，这就是我们目前时期的主要矛盾，解决这个主要矛盾就是我们的中心任务。1981年，党的十一届六中全会认为，在社会主义改造基本完成以后，我国所要解决的主要矛盾，是人民日益增长的物质文化需要同落后的社会生产之间的矛盾。党通过深入的自我批判、理论批判和实践批判，修正了对社会主要矛盾的错误认识，对社会主要矛盾做出了正确的判断，党才有"一个中心、两个基本点"的基本路线，中国才有改革开放四十多年时间走过西方发达国家上百年走过的路程的伟大创举。从认识和把握社会主要矛盾这种客观存在的角度，新时代的历史分期正是正确认识客观存在的成果。

（三）弥合关于社会主要矛盾的认识分歧

对同一社会问题、社会现象产生不同认识，既有认识角度、认识能力不同的原因，也有认识主体立场、价值取向、利益诉求等方面不同的原因。对同一社会问题的认识分歧长期得不到统一，任由各种似是而非的观点无序碰撞和传播，放任以讹传讹，极易引发思想混乱，诱发和导致社会动荡和社会分裂。对社会主要矛盾的认识分歧长时期不能得到弥合，既不利于形成社会发展共识，也会对经济社会发展战略的制定和实施带来负面影响。进入21世纪以来，社会各界对我国社会主要矛盾的认识分歧大致表现在十个方面：一是认为"生产增长与物质文化相对需求不足的矛盾"是社会主要矛盾①；二是认为"社会主义与市场经济的矛盾"是带有全局性、普遍性和长期性等特点的社会主要矛盾②；三是认为我国社会除了有"社会生产不能满足人民需要"的主要矛盾之外，还有"经济社会发展同人口、资源、环境压力之间的矛盾"③；四是认为社会主要矛盾是"公众日益增长的公共品需求同公共品供给短缺低效之间的矛盾"，其依据是近年来在教育、医疗、收入、住房、养老以至"三农"和社会秩序等领域有诸多问题，产生这些问题的总根源是公共品供应严重短缺或供应无效④；五是认为"公平与经济发展之间的矛盾"是社会主要矛盾⑤；六是坚持"贫富差距扩大主要矛盾论"⑥；七是坚持"经济社会发展不协调主要矛盾论"，其依据是当前中国社会结构严重滞后于经济结构，导致经济社会发展不平衡、不协调成为社会主要矛盾⑦；八是坚持"社会主义公有制和资本主义私有制两种主要矛盾论"，认为社会主要矛盾的根源在于所有制，中国的基本经济制度内部存在着社会主义公有制与资本主义私有制，并在此基础上形成了性质根本不同的两类生产关系，相应地产生了两种不同的社会矛盾⑧；九是对政治发展和人民群众的政治诉求予以特别强调，把"人民日益增长的政治需要同不能满足人民需要的政治发展之间的矛盾"也看作社会主要矛盾，认为随着中国社会经济的发展，社会物质需要基本

---

① 刘嗣明：《中国社会主要矛盾与主要任务的新形态——相对需求不足与扩大相对需求》，《江汉论坛》2004年第6期，第51—54页。
② 张纪、来丽梅：《对当前我国社会主要矛盾的新认识》，《理论探讨》2004年第6期，第5—8页。
③ 黄铸：《解决制约发展的主要矛盾》，《人民日报》2006年3月31日。
④ 杨鹏：《中国社会当前的主要矛盾》，《理论参考》2006年第5期，第6—7页。
⑤ 谢地、刘佳丽：《中国社会主要矛盾转型与经济发展方式转变》，《四川大学学报（哲学社会科学版）》2010年第6期，第97—104页。
⑥ 王伟：《建设社会主义和谐社会面临的主要矛盾与问题——谈贫富差距与扩大"中间阶层"》，http://kyj.cass.cn/llsd/shzfyj/201507/t20150707_2568205.shtml。
⑦ 陆学艺：《经济社会发展不协调是当前要解决的主要矛盾》，《中国社会科学院院报》2013年5月16日，http://sociology.cssn.cn/shxr/mjfc/lxy/lw/201305/t20130516_1979195.shtml。
⑧ 吴宣恭：《根据所有制实际重新分析当前阶段的社会主要矛盾》，《政治经济学评论》2012年第1期，第80—92页。

上得到了满足,而在政治领域的若干方面还不能满足人们愈来愈强烈的需要[1];十是把"人们日益增长的各种需要和相对落后的社会生产之间的矛盾"看作社会主要矛盾,认为人的需要是多方面的,不是仅限于"物质文化需要",中国当前的社会生产应该表述为"相对落后"[2]。这些论断在一定程度上体现和反映了社会公众的利益诉求和价值取向的分异,给维护社会安定团结带来不可忽视的负面影响。党的十九大正面回应了这些分异,用公有制与市场机制的有机结合、加强和改进党的建设、全面深化党的领导,澄清和纠正社会主要矛盾认识中投射经济建设和政治建设的认识误区,用社会需要扩容提质和供给增效弥合对社会主要矛盾认识的分歧。党的十九大对社会主要矛盾做出的新判断融合了过去一段时间内关于社会主要矛盾的这些彼此存在显著冲突的认识,是中国共产党运用矛盾分析方法化解意见分歧、统一社会认识、引领社会思潮的生动体现。对新时代社会主要矛盾的判断弥合了长期以来关于我国社会主要矛盾的认识分异,凝聚了社会发展共识,夯实了民族团结、社会和谐的思想基础。

三、新时代社会主要矛盾判断彰显党的优良作风

坚持矛盾分析,既是一种唯物主义立场,也是一种理论品格和行为原则。对新时代社会主要矛盾的判断,客观真实地反映了我国社会内部不平衡的矛盾运动现实,彰显了党坚持实事求是的思想路线和工作方针、以人民为中心的发展思想,以及高度自信的优良作风。

(一)坚持实事求是的优良作风

实事求是是中国共产党的思想路线、工作方针,也是中国共产党的优良品格。全面坚持实事求是,就是坚持一切从实际出发来研究和解决问题,坚持理论联系实际来制定和形成指导实践发展的正确路线方针政策,坚持在实践中检验真理和发展真理。党史国史已经充分地证明,党的事业坚持实事求是的思想路线就必然会取得重大的成就,违背实事求是的思想路线就会遭受重大损失。党的十八大以来,以习近平同志为核心的党中央直面经济社会发展、全面深化改革、党的建设等领域存在的顽疾、面临的

---

[1] 张荣华、赵华:《对当前我国社会主要矛盾的新认识和新表述》,《中国石油大学学报》(社会科学版)2005年第1期,第52—55页。

[2] 康伟:《我国当前社会主要矛盾表述的新思考》,《学习时报》2012年7月16日,http://theory.people.com.cn/n/2012/0716/c49154-18523503-1.html。

新形势新困难新挑战,以巨大的政治勇气和强烈的责任担当,提出一系列新思想新战略,出台一系列重大方针政策,推出一系列重大举措;以钉钉子的坚韧精神、壮士断腕的果敢,狠抓新理念的践行和新战略新政策的落实,解决了许多长期想解决而没有解决的难题,办成了许多过去想办而没有办成的大事,取得了全方位、开创性的成就,把发扬和彰显实事求是的优良品格推到了一个新高度。

坚持实事求是离不开理论批判、实践批判和自我批判。没有批判和反思,就不可能真正做到实事求是。马克思主义之所以能够在实践中不断丰富发展,正是在于马克思主义者、马克思主义政党在不懈的批判和反思中把实事求是的思想路线和工作方针真正落到实处。个人的思想观点总有正误之分,在马克思主义者个人的观点和学说中,只有经受了理论逻辑验证,并反复在实践中得以检验的正确观点才会被纳入马克思主义的范畴。具体的社会实践总是存在局限,马克思主义的批判和反思既及时剔除原本错误、但因经受存在缺陷的实践检验而纳入马克思主义体系的观点学说,也推动那些经受特定时空条件下的实践检验、但因环境和条件的变化而变得不尽合时宜的观点学说在新的实践中丰富和完善。马克思主义的三大批判中,马克思主义者、马克思主义政党的自我批判尤为重要,是实践批评和理论批判得以深入展开、理论与实践得以协同发展、发生异化的实践得以纠正的重要条件和保障,是真正坚持和贯彻实事求是思想路线和工作方针的前提和保障。党的十八以来,全面从严治党推动"四个全面"战略布局稳步落实,沉着应对长期执政考验、改革开放考验、市场经济考验、外部环境考验四大考验,妥善处置"精神懈怠、能力不足、脱离群众、消极腐败"四大危险,生动直观地彰显了党坚持自我批判的实践功效。

党对人民诉求的判断体现对实事求是的坚持。改革开放之初,我国大面积地区在贫困线附近挣扎,吃饱穿暖是大多数中国人最紧迫最现实的诉求。党的十一届六中全会指出:"在现阶段,我国社会的主要矛盾是人民日益增长的物质文化需要同落后的社会生产之间的矛盾。"这既客观真实地反映了中国特色社会主义建设初期人民群众诉求层次低、内容简单,主要集中在满足基本生存的物质产品的事实,也客观真实地揭示了我国虽有相对独立和完整的工业体系,但满足人民诉求的物质保障条件不好、能力不强的事实。四十多年的改革开放大幅提高了我国生产力水平,我国实现了由低收入国家向中等收入国家的跨越并即将迈向高收入国家,科学技术也经历了主要依靠"市场换技术"向自主研发核心技术推动科学技术全面赶超的转变，对传统文化精髓的挖掘、文化对外交流也使国人文化价值理念发生了深刻的变化。不断提高的居民收入水平、不断改善的技术条件、不断丰富发展的文化生活大大拓展了人民诉求的范围，提高了人民诉求的层次；过去被忽视的生态环境诉求得以广泛发现和充分激活，被忽视的文化娱乐等精神诉求得以重视，被压抑的个人发展诉求也得以深度激发和充分释放，人民诉求实现从满足生存需要向满足发展需要、自我价值实现需要的转变，总体呈现出多元化、个性化、动态化的特征。党的十九大用美好生活需要表述人民诉求，不仅客观真实地反映了人民群众需要内容扩展、需要层次提升，需要追求更高品质、更高标准的事实，而且客观真实地揭示了人民群众需要动态变化的趋势。

  党对国家满足人民诉求能力的判断体现对实事求是的坚持。新中国建立在一穷二白的基础上，普遍的物资短缺一度是我国社会的常态。计划经济时期，国家成立专门的物资管理部门，以物资配给管理的方式一方面保障人民群众最基本的物质需要，防止物资短缺引发社会混乱，另一方面抑制人民诉求的膨胀，以适应国家满足人民诉求能力不高的现实。改革开放以来，我国社会生产力得以持续快速发展，终于在20世纪末告别普遍物资短缺，由"全面短缺经济"过渡到"普遍过剩经济"。我国目前已经成为名副其实的"世界工厂"，拥有世界上最齐全最完善的工业体系和最强大的工业品制造能力，稳居世界第一制造大国地位。"500余种主要工业产品中有220多种产量位居世界第一，56家制造企业进入2015年世界500强企业榜单。"[①] 我国"粮食生产自2013年首次突破1.2万亿斤大关，已连续4年站稳这个台阶"[②]，粮食生产能力也名列世界前茅。据世界旅游组织（UNWTO）统计，"2016年，中国大陆游客的境外消费总额为2610亿美元，同比增长了12%，占总消费额的20.9%。出境旅游的游客数量同比增长6%，达到1.35亿人次。自从2004年以来，中国游客的境外消费总额每年的同比增幅均达到了两位数"[③]。中国居民火爆的境外消费，一方面说明人民收入水平增长、生活质量的改善，另一方面也暴露出

---

① 孙博洋：《我国稳居制造大国之首 主要工业品四成左右产量全球第一》，http://finance.people.com.cn/n1/2017/0217/c1004-29089535.html。

② 农业部新闻办公室：《农业部、中农办就党的十八大以来农业农村工作进展情况答记者问》，http://www.moa.gov.cn/ztzl/xy19d/xwbd/201709/t20170930_5832934.htm。

③ 华丽志、江帆：《世界旅游组织2016年境外游客消费数据：中国大陆境外消费居首》，http://www.traveldaily.cn/article/113299。

我国社会生产和人民需求不完全适应的现实情况。从科技是第一生产力的角度,我国科学技术已经呈现"领跑""并跑"和"跟跑"并存的格局,高铁、网购、移动支付、共享单车被旅居中国的外国人誉为中国"新四大发明",生产力水平已不再是"落后的社会生产"所能概括和描述的,而是"领跑"的领域数量不多,更多的"跟跑"急需转变为"并跑"乃至"领跑"的现实。党的十九大在判断我国社会主要矛盾时,用"不平衡不充分的发展"代替"落后的社会生产"表述党和国家满足人民诉求的能力,既揭示了我国满足人民需要的条件大大改善、能力突飞猛进的现实,也揭示了人民需要和满足需要的条件和能力之间存在结构性失衡的现实。

(二)坚持以人民为中心的优良作风

以人民为中心,是马克思主义的阶级性和基本立场的中国化表达。党的十八届五中全会明确提出并特别强调了"坚持以人民为中心的发展思想"的重大命题,"这一重大命题,遵循了马克思主义唯物史观基本原理,坚持了马克思主义政治经济学的根本立场,是中国共产党发展思想的继承和发展。坚持以人民为中心的发展思想,就是坚持人民主体地位,坚持人民至上,坚持发展为了人民,发展依靠人民,发展成果由人民共享"①。坚持以人民为中心,是中国共产党"全心全意为人民服务"的立党宗旨的生动体现,是中国共产党区别于世界上其他执政党的优良品格。

以人民为中心,与我国传统文化中的"民本"思想,与西方国家的以"民众"为中心有着本质的区别。传统文化中的"民本"思想,体现和坚持的是"官-民"主客体二分对立思维,"官"以"民"为本,实则要以顺民心顺民意为手段,维护和加强"官"对"民"的统治,使"民"更好地服务于"官",服从于"官"的意志。以人民为中心,坚决摒弃作为执政者的"官"和作为施政对象的"民"主客体二分对立思维,把执政的落脚点和归宿归结为满足人民群众对美好生活的需要,而不是实现执政者独立于、凌驾于普通民众需要的特殊诉求。西方多党制条件下的政党以"民众"为中心,实质是政党争取选票的手段;他们试图以最能吸引民众眼球和关注的短期利益、局部利益的承诺赢得民众手中的选票,不同的政党关注不同的民众群体,政党竞选纲领和策略分歧实质是不同民众群体在利益

---

① 孙存良、祁一平、贺霞:《深刻理解坚持以人民为中心的发展思想》,《光明日报》2015年12月27日。

取向和关注上的纷争,政党政治引发和拉大社会分裂也就在意料之中。与资产阶级政党的以"民众"为中心不同,中国共产党的人民性、以人民为中心是要坚持人民群众的整体利益和根本利益,是长远利益和短期利益的统一、全局利益和局部利益的统一。中国共产党彰显人民性的过程,就是各级党组织、广大党员干部以其先进模范示范行为,在最广范围、最大程度寻求利益最大公约数的过程,在不同个体之间、个体和群体之间、不同群体之间加强沟通交流、化解分歧,实现个体分散利益诉求集成的过程。

以人民为中心,是对"以人为本"的继承和发展。科学发展观坚持的"以人为本",是相对于过去一段时间内,在大力发展社会生产力的过程中坚持"以物为本""见物不见人"的发展而言。从作为执政者的"官"和作为施政对象的"民"主客体二分的角度,"以人为本"以人全面发展的共同诉求整合、统一"官""民"的诉求差异,体现"官""民"主客一体,强调无产阶级先锋队成员和普通群众的统一性。以人民为中心要求"主"随"客"便,"官"发现、收集、汇聚、集成并实现"民"意,"官"受"民"的驱使和牵引,强调无产阶级先锋队成员超越普通群众的先人后己、舍己为人的先进性、特殊性,要求广大党员干部以其彰显先进性、纯洁性的作为,示范带动广大人民群众追求自我价值实现,汇聚实现中国梦的磅礴力量。

坚持以人民为中心蕴含习近平新时代中国特色社会主义思想的实践理性。习近平新时代中国特色社会主义思想彰显了四大实践理性,一是超越理性经济假设的以人民为中心的实践理性,二是超越两极分化的共同富裕实践理性,三是超越"政府—市场"对立的二元协同实践理性,四是超越霸权主义的合作共赢实践理性。① 以人民为中心是四大实践理性中最核心最本质的理性。理性经济人的行为决策坚持成本最小化、利润最大化原则,以人民为中心把维护人民根本利益、整体利益、长远利益作为追求个体利益的前提。无论是政府"守夜"以放任市场,还是政府弥补市场不足,其内在逻辑都是坚持政府和市场作为两个独立主体,各安其分。从亚当·斯密的市场万能,到凯恩斯主义的政府干预,到新自由主义的放松政府管制,再到2008年国际金融危机之后的国家干预,体现的都是政府作为和市场作为此长彼消的思维惯性。生产资料私有条件下,优胜劣汰的市

---

① 杜黎明:《习近平新时代中国特色社会主义经济思想对邓小平社会主义本质论的继承和创新》,《江西社会科学》2018年第4期,第53—60页。

场竞争机制使理性经济人追求利润最大化和成本最小化的结果必然导向两极分化。坚持以人民为中心，就必须坚持以生产资料公有制为主体，坚持政府和市场二元协同，使市场在资源配置中起决定性作用并更好地发挥政府作用，实现有为政府和有效市场的优势叠加，克服和扭转市场竞争的极化效应，培育、激发和释放共同致富的动力，最终实现人民的共同富裕。"政府—市场"二元协同，把互利合作共赢的正和博弈价值取向融入市场竞争机制运行，既开创国内区域合作的新境界，也因超越霸权主义的零和博弈思维，为国际区域合作、顺应融入和引领经济全球化创造良好条件，充实和完善以人民为中心的实现机制。

坚持以人民为中心体现在党对人民需要的激发中。需要由人的欲望引致，而人的欲望无止境，人的需要总是处于从低到高的不断增长之中。需要有潜在和现实之分、隐性和显性之别。社会生活中，需要的滋生、激发和膨胀具有典型的示范引导特性，一个人往往在社会供给、其他人行为示范的作用下，发现自己的潜在隐性需要。与马斯洛从个体人心理动机变化的角度，将人的需要区分为生理、安全、感情、尊重和自我实现不同，马克思从社会人（既包括个体人，也包括群体人及整个人类）从事社会实践、处理社会关系的角度，把人的需要分为生存、发展、享受三个层次。党的十一届六中全会立足于当时人民需要主要还是局限在生存层次的现实，一是将人民的需要概括为"物质文化需要"，二是强调人民需要日益增长的特性。现实显性的物质文化需要的范围相对固定，需要层次的提升也较为缓慢。美好生活需要包含大量潜在隐性需要的内容，始终处于范围快速扩张、层次大幅提升之中。相较于物质文化需要，美好生活的需要个体间差别更大，趋同性趋势更弱；满足美好生活需要必然要面对"众口难调"的现实，其难度更大、挑战更多。在判断和表述社会主要矛盾时，党的十九大用"美好生活需要"代替十一届六中全会的"物质文化需要"，彰显了党以顺应人民诉求发展而不是方便自身工作、兑现自己对人民的承诺为重的决策特征。为中国人民谋幸福、为中华民族谋复兴的初心和使命，始终是激励中国共产党人不断前进的根本动力。习近平总书记带领十八届中共中央政治局常委与中外记者第一次见面时就庄严承诺，"人民对美好生活的向往，就是我们的奋斗目标"。党的十九大把习近平总书记的庄严承诺载入对社会主要矛盾的判断和表述中，这既充分显示了以习近平同志为核心的党中央不忘初心和使命、尽心为人民的情怀和担当，也直观地体现了习近平总书记个人对习近平新时代中国特色社会主义思想形成和发展不可或缺的重要作用。

坚持以人民为中心体现在党和国家满足人民需要的作为中。表述社会主要矛盾时，党一直是以需要而不是需求表达人民的诉求。需求是有货币支付能力的需要，需求满足强调需求者个人努力、以市场化的方式实现，需要满足则更强调政府的责任，强调政府以公共服务的方式满足人民需要。民生发展是人民美好生活需要满足的衡量标尺，党和国家满足人民需要的作为具体表现在民生改善战略和政策设计之中。党的十九大在阐释民生发展战略时强调，"必须始终把人民利益摆在至高无上的地位，让改革发展成果更多更公平惠及全体人民，朝着实现全体人民共同富裕不断迈进"①，将以人民为中心作为民生战略设计和政策安排的根本原则。党的十九大强调，保障和改善民生要抓住人民最关心最直接最现实的利益问题，既要坚守底线、突出重点、尽力而为，又要引导预期、量力而行，使人民获得感、幸福感、安全感既充实有保障，又可持续，既适应了人民美好生活需要不断扩张的特性，也体现了党极尽可能满足人民需要，坚决禁止为取悦民众、哗众取宠而随性承诺、乱开空头支票的务实特征。中国特色社会主义最本质的特征、最大的优势就在于党的领导。党谋划民生发展所展现的尽力务实担当风格，既是以人民为中心的优良品格的生动体现，也是中国特色社会主义最本质特征和最大优势的重要佐证。

坚持以人民为中心是要在团结组织民众的过程中集成创造历史的最大合力。以人民为中心，必然要关注和回应绝大多数个体民众的利益诉求，但绝不是个体利益诉求的简单汇总。以人民为中心是以人民的总体利益、根本利益、长远利益为中心，必然要摒弃"理性经济人"的自私自利追求，把分散的人民群众个体组织团结成为一个有机整体。"理性经济人"假设一方面认定个体是斤斤计较私人利益的，另一方面认定个体之间以利益为纽带可以实现合作。事实上，如果利益分配达不成共识就必然无法合作。"理性经济人"假设存在背离客观现实的致命缺陷。坚持以人民为中心，是要以党员干部对大局的关照引导创造历史的个体分力实现最有效的合成，避免斤斤计较个体私人利益制约和妨碍各个分力按照合力最大化的方向实现合成，克服和超越"理性经济人"思维对创造历史合力集成的制约。正如马克思主义经典作家所号召的"把工人团结成为规模巨大、坚强

---

① 习近平：《决胜全面建成小康社会 夺取新时代中国特色社会主义伟大胜利——在中国共产党第十九次全国代表大会上的报告》，北京，人民出版社，2017年版，第45页。

有力、很好地发挥作用的、能够在任何条件下都很好地发挥作用的组织，团结成为坚持阶级斗争精神、明确认识自己的目标、树立真正马克思主义世界观的组织"①。以人民为中心，是要在全面从严治党、加强和改善基层党建，以共产党员的先进性和纯洁性示范和带动普通民众，实现党小组建设和作业小组、工作小组建设的无缝对接、有机协同，使分散的民众个体团结组织成为历史创造主体。

（三）保持高度自信的优良作风

理论是行动的指南，表明行为的方法和原则，不是僵化的行为教条。理论只有用于指导实践方能彰显其活力和价值，理论只有及时吸纳实践的经验总结才能得到丰富和发展。理想是对未来的想象和希望，表明对行为选择的理论思考；没有伟大而正确的理论作指导，就不可能萌生崇高的理想。自信是对自己选择的理论、对理想的追求的自我肯定；只有选择的理论不断为实践成果所证实，追求理想的行为不断收获硕果，才可能有对自己选择的自信。近代中国积贫积弱的状况是在中国共产党成立之后、在中国共产党坚持运用马克思主义基本原理指导革命和建设实践不断取得新胜利的过程中逐步改变的。对自己的选择保持高度的自信，是中国共产党的优良品格。

直面而不是回避挫折和社会矛盾体现了党的自信。中国共产党具有高度的理论自信，坚信马克思主义是真理，坚信马克思主义和中国实际相结合不仅能改变中国的现实，也能丰富和发展马克思主义。中国共产党具有高度的历史自信和实践自信，坚信自己只要不忘初心，牢记使命，及时总结实践经验和教训，就算在实践中暂时遭受挫折也能得到人民的体谅和支持，而不必刻意掩盖和粉饰自己的实践失误。就算中国与世界发达国家先进水平暂时有显著的差距，中国共产党也能团结带领人民实现追赶超越，实现贫困生活向美好富裕生活的转变，而不必开具空头支票以口头承诺、美好设想暂时取悦人民。改革开放之初，中国共产党直面我国生产力水平不高、综合国力不强，人民的需要依然是被压抑、限制在维持基本生存的水平的现实，以化解人民生活水平提升面临的社会生产力制约为中心，制定实施经济社会发展战略。当今中国，已经成为世界第二大经济体，社会

---

① 中共中央马克思恩格斯列宁斯大林著作编译局：《列宁专题文集 论资本主义》，北京，人民出版社，2009年版，第67—68页。

生产力和综合国力大幅提升，中国共产党直面城乡区域之间，政治、经济、文化、社会、生态之间的不平衡发展，优势领域、短板领域的不充分发展制约人民追求美好生活的现实，把促进平衡发展和充分发展作为制定实施经济社会发展战略的重点。

　　化解矛盾冲突的能力评估体现了党的自信。改革开放之初，中国共产党认识到，社会生产落后是一切社会矛盾的根源，清楚地认识到自己满足人民需要的能力还亟待提高，在国际交往中也希望因发展落后、人民生活贫困而得到外援。中国共产党人以"杀出一条血路"的革命勇气，以"摸着石头过河"的自信励精图治、奋发作为四十余年，把中国特色社会主义推进了新时代。中国共产党在新时代化解社会矛盾的能力已经大大提高，中国共产党不仅坚信自己能够满足人民日益增长的美好生活需要，而且坚信自己负责任的大国担当能有效推动人类命运共同体的构建；不仅坚信自己能够化解国内矛盾，而且坚信自己在化解人类面临的共同矛盾、完善国际规则和秩序、提高国际治理水平中也能大有作为；坚信自己能为人类文明发展、解决人类问题贡献中国智慧，提供中国方案。

第二章　新时代社会主义建设指向转变的理论意蕴

新时代，中国特色社会主义建设指向发生重大而深刻的变化：一是中国特色社会主义道路从探索向走顺走好初步定型的道路的转变；二是社会主义中国特色从事后比较见特色向事前主动规划并在实践中塑造特色的转变；三是从适应国际规则向维护和完善国际规则引领全球化的转变。习近平新时代中国特色社会主义思想的生成逻辑，习近平新时代中国特色社会主义思想内隐的以人民为中心、共同富裕、"政府—市场"二元协同、合作共赢四大实践理性为社会主义建设指向的"三大转变"[①]凝聚了共识。

第一节　新时代社会主义建设指向转变的立论依据及内容

新时代"三个意味着"的时代内涵、"五个时代"的时空方位、"八个明确"的核心要求、"十四条坚持"的战略安排彰显新时代社会主义建设指向的"三大转变"。新时代的重大判断、深刻内涵、时代特征、实践要求等有着坚实的马克思主义理论内核，"三大转变"是坚持和发展马克思主义基本原理的生动体现，是马克思主义基本原理在实践中的发展，"三

---

① "三大转变"观点的由来："三个意味着""五个时代""八个明确""十四条坚持"以不同的方式、从不同的角度，提出新时代中国特色社会主义建设的目标、任务和要求。先以"解构"的方式从"三个意味着""五个时代""八个明确""十四条坚持"中解析出新时代社会主义建设的具体目标、具体任务、具体要求，然后再对这些具体目标、具体任务和具体要求进行"聚类"分析，进而得到"三大转变"的学术观点和主张。

大转变"实践经验的理论总结又丰富了新时代的理论意蕴。

一、新时代实践指向转变的立论依据

内隐在"三个意味着""五个时代""八个明确""十四条坚持"中的"三大转变",是新时代正在经历并必将取得硕果的重大实践。"三大转变"是紧密关联的有机整体,是中国特色社会主义理论逻辑和实践逻辑的辩证统一。从改革开放新时期探索中国特色社会主义道路,到全面深化改革新时代走顺走好初步成熟定型的中国特色社会主义道路的转变,是其他两个转变的基础和前提,其他两个转变则是"探路"向"走路"转变的具体表现。"三大转变"中,"探路"向"走路"转变是最核心最根本的转变,走顺走好初步定型的中国特色社会主义道路,就是在用生动的实践彰显社会主义的中国特色,用具体行动维护和完善国际秩序与规则。

(一)"探路"向"走路"转变的立论依据和标志

中国特色社会主义道路,是在改革开放的实践中摸索出来的。中国特色社会主义道路,不是主观设计的产物,不是简单沿袭、照抄照搬的产物,而是改革开放的实践经验结晶。"当代中国的伟大社会变革,不是简单延续我国历史文化的母版,不是简单套用马克思主义经典作家设想的模板,不是其他国家社会主义实践的再版,也不是国外现代化发展的翻版。"① 改革开放的总设计师邓小平同志的两句名言——"摸着石头过河""不问黑猫、白猫,能抓住老鼠就是好猫",就直观生动地体现了中国特色社会主义道路的探索性特征。改革开放新时期,以化解人民实现富裕的现实制约为中心,中国共产党主要采用问题倒逼、各领域分散突破的方式,在实践中探索出一条适合中国国情的中国特色社会主义道路。改革开放实践经验的总结,深化了对中国特色社会主义的认识。党的十八届三中全会强调,全面深化改革要"加强顶层设计和摸着石头过河相结合,整体推进和重点突破相促进"②,"顶层设计"和"整体推进"突出了新时代中国特色社会主义建设的目标导向和事先规划特性,直观生动地体现了新时代的"走路"特征。

---

① 习近平:《在哲学社会科学工作座谈会上的讲话》,北京,人民出版社,2016年版,第21页。

② 中共中央文献研究室:《十八大以来重要文献选编(上)》,北京,中央文献出版社,2014年版,第514页。

新时代的时代内涵和实践要求,标志着中国特色社会主义正在经历从"探路"到"走路"的转变。中国特色社会主义新时代之所以意味着中华民族迎来了从站起来、富起来到强起来的伟大飞跃,正是因为在改革开放实践中探索出并得以检验的中国特色社会主义道路已经初步成熟定型。改革开放意味着打破现状,意味着必须面对未知的不确定性,新时代之所以能突出强调以顶层设计推进全面深化改革,实乃改革的方向和目标、通向目标的路径已经初步明确,改革是要清除通向目标的路径中的绊脚石。"三个意味着""五个时代"描绘出新时代的美好前景,提出中国特色社会主义建设的任务和努力方向;"八个明确"正面回应对中国特色社会主义的非议和妄评,澄清思想理论界关于中国特色社会主义的模糊认识,系统回答"新时代坚持和发展什么样的中国特色社会主义"这一根本问题;"十四条坚持"的基本方略全面而系统地回答"新时代怎样坚持和发展中国特色社会主义"这一现实问题。明确给出新时代的根本问题和现实问题这两大问题的答案,就是"探路"向"走路"转变的依据和标志。

(二)"比较见特色"向"主动塑造特色"转变的立论依据和标志

理论源于实践,实践出真知。"摸着石头"探索中国特色社会主义道路,不可能事先规划出社会主义的中国特色。改革开放进程中,中国特色社会主义的"特色",主要是通过总结中国特色社会主义建设经验,以事后比较的方式呈现出来。事后比较呈现特色,在全方位、多角度总结特色的同时,也存在把差异混同于特色的问题,滋生了对中国特色社会主义的诸多曲解、误解。近年来,国内外有些舆论提出中国现在搞的究竟还是不是社会主义的疑问,对中国特色社会主义、对中国特色社会主义伟大实践成就做出了许多错误的解读。中国特色社会主义是社会主义而不是其他什么主义,就在于中国共产党始终坚持马克思主义基本原理,始终坚持马克思主义立场、马克思主义方法,信奉马克思主义的价值追求和基本观点。中国特色社会主义的特色在于中国社会主义建设的现实起点、实践条件、面临的国际国内环境等与马克思主义创始人的设想、与其他国家的社会主义建设相比存在很大的差异;在于中国共产党因时因地制宜创造性地坚持马克思主义基本原理,而不是简单机械套用马克思主义基本原则。中国特色社会主义是科学社会主义理论逻辑和中国社会发展历史逻辑的辩证统一。中国特色社会主义之所以是社会主义,就在于中国无论怎么改革、怎么开放,都始终坚持科学社会主义的基本原则,坚持共产主义的价值追求，坚持马克思主义中国化。

党的十九大胜利召开，标志着社会主义的中国特色实现从事后比较中呈现到事前系统设计并在实践中展现的转变。党的十九大向人民郑重承诺、向世界庄严宣告，中国共产党的领导是中国特色社会主义最本质的特色，是中国特色社会主义制度的最大优势。中国共产党更加重视自己主动表达、并在实践中彰显社会主义的中国特色，而不是任由他人胡乱评说社会主义的中国特色。新时代，社会主义的中国特色就是党统揽伟大斗争、伟大工程、伟大事业、伟大梦想所表现出的与众不同、别具一格的中国风采。任何脱离开"四个伟大"谈论、总结社会主义的中国特色，不是一孔之见，就是恶意曲解，根本不可能得到正确的结论。我国改革开放不断取得重大成就，使社会主义的中国特色成为广受国内外理论界关注的命题。以邓小平同志为代表的中国共产党人以"杀出一条血路"的勇气，"摸着石头过河"的沉着和智慧，在开启中国特色社会主义的航程之际，不可能主观臆断社会主义的中国特色。这给西方中心主义者采用事后比较的方法，通过差异罗列的方式曲解、甚至是恶意中伤中国特色社会主义带来可乘之机。党的十九大的庄严宣告，是对迷失在西方中心主义中囿于西方话语体系总是企图用西方理论揭示中国奇迹的成因、总结社会主义中国特色的西方中心主义者的正面回击。

（三）"努力适应国际规则"向"积极完善规则"转变的立论依据和标志

新时代推动构建人类命运共同体，推动建设相互尊重、公平正义、合作共赢的新型国际关系，是中国从努力适应、被动接受国际规则向主动运用、积极完善国际规则的转变的立论依据和标志。对外开放之初，我国主要是适应和遵守国际规则，主动融入国际潮流实现自我发展。国际规则从来都不是与生俱来的良法善治，必须依靠各国积极努力参与和表达才能达至均衡、公正。21世纪以来，世界多极化、经济全球化、社会信息化、文化多样化深入发展，人类面临的共同挑战日益增加，世界面临的不稳定性、不确定性突出，加速推进全球治理体系和国际秩序变革势在必行。霸权主义、单边主义、民粹主义、贸易保护主义不时泛起，对完善全球治理和国际秩序形成严重制约。新时代的中国秉持共商共建共享的全球治理观，恪守维护世界和平、促进共同发展的外交政策宗旨，以政策沟通、设施联通、贸易畅通、资金融通、民心相通为抓手，着力打造国际合作新平台,率先垂范,推动人类命运共同体及新型国际关系建构迈出坚实步伐。

中国特色社会主义建设指向由"探路"转变为"走路",社会主义的中国特色才可以在"走路"的实践中事先宣告,并用"走路"的行为、实践的成果具体彰显,进而避免事后比较、事后评说对中国特色的曲解和恶意中伤。能够在"走路"中展示社会主义的中国特色,这不仅彰显了科学社会主义在21世纪的活力,而且是中国日益走近世界舞台中央,能够给世界上那些既希望加快发展又希望保持自身独立性的国家和民族提供全新选择,为解决人类问题贡献中国智慧和中国方案的根本原因。"三大转变"中,"探路"向"走路"的转变最为核心和根本,它既使总结中国实践经验、丰富和发展科学社会主义一般原理得以实现,也是规划设计并在实践中具体展现社会主义中国特色的基础和前提;彰显社会主义中国特色的途径和方法的转变,必然大大增强中国实践的国际感召力和影响力,进而奠定示范引领发展推动构建人类命运共同体的坚实基础。

二、新时代"探路"向"走路"的转变

新时代"探路"向"走路"转变,是对马克思主义实践观的坚持和发展。实践是马克思主义哲学的基础范畴。对哲学家历史使命的重新认识,是马克思能够为人类文明发展贡献唯物史观的重要原因。"哲学家们只是用不同的方式解释世界,问题在于改变世界"[①];改变现实的世界不是单纯的思维运动可以实现的,现实世界必然是在人的社会实践中得以改变。马克思论证了社会生活的本质是实践,实践活动的开展和推进总是受到客观条件的制约,不可能随心所欲,必然遵循客观规律。实践活动在时间维度上的展开形成人类的历史,历史发展有其内在的物质力量的推动,必然遵循不以人的主观意志为转移的客观规律,历史唯物主义的使命和任务就是揭示历史发展的客观规律,揭示推动历史发展的物质力量在现实中的具体表现。马克思主义坚信世上没有"救世主",改变自己的命运只能依赖人自身的实践。中国共产党坚信理论源于实践,理论只有用于指导实践才能检验其真理性并不断得以丰富发展。总是依据理论和实践的辩证联系制定实施战略和政策,这是中国的改革开放、中国经济社会发展之所以能够取得其他发展中国家难以企及的成就的重要原因。

---

① 中共中央马克思恩格斯列宁斯大林著作编译局:《马克思恩格斯文集(第1卷)》,北京,人民出版社,2009年版,第502页。

(一)"探路"实践的认识本源理论意蕴

中国特色社会主义道路在改革开放的实践进程中逐渐探索成型,在"探路"历程中不断丰富的理论成果生动地说明了认识的实践本源。无论是"杀出一条血路",还是"摸着石头过河",都直观生动地体现出中国特色社会主义的实践性特征。中国共产党坚信"抽象的真理是没有的,真理总是具体的"[①],生搬硬套马克思主义的教条,简单借用外来经验,都不可能取得实践的成功。中国的改革开放不是基于某种理念设计一套方案,再通过特定程序使方案取得合法性,最后按照方案"照单抓药""按图施工";而是在总结提炼党和国家顺应人民群众需要的实践经验的基础上形成试点方案,在多层次试点的基础上形成全国性的方案。改革开放以来,党以化解影响人民群众期盼和诉求满足的现实难题为中心,不断推进实践创新,及时总结提炼实践创新的经验,不断深化对中国特色社会主义道路的理论认识,形成具有严密内在逻辑的中国特色社会主义理论体系。

总结提炼"探路"实践经验是生成中国特色社会主义理论的基本方式。中国共产党领导人民群众克服对社会主义的僵化认识,深刻总结改革开放的实践经验,凝练人民群众追求美好生活的实践经验,科学回答改革开放实践提出的"什么是社会主义,怎样建设社会主义"的问题,形成了结构严谨、内容丰富的邓小平理论。以江泽民同志为代表的中国共产党人,面对因苏联解体、东欧剧变而提出的社会主义去向何方的时代之问,以改革开放的骄人成绩回应"历史终结论"的傲慢,深刻总结提炼新的历史条件下的改革开放实践经验,把中国特色社会主义事业成功推向21世纪的新起点,科学回答时代提出的"建设什么样的党,怎样建设党"之问,形成了"三个代表"重要思想。以胡锦涛同志为代表的中国共产党人,沉着应对国际国内局势的深刻变化,领导人民群众迅速战胜"非典",创造"5·12"汶川大地震抗震救灾和灾后重建的人间奇迹,科学回答"实现什么样的发展,怎样发展"等时代之问,形成科学发展观。邓小平理论、"三个代表"重要思想和科学发展观,为中国特色社会主义理论在实践中的发展树起三座里程碑,为习近平新时代中国特色社会主义思想的形成和发展奠定坚实的理论基础。

---

① 中共中央马克思恩格斯列宁斯大林著作编译局:《列宁专题文集 论辩证唯物主义和历史唯物主义》,北京,人民出版社,2009年版,第338页。

(二)"走路"实践的认识飞跃理论意蕴

党的十八大以来,以习近平同志为核心的党中央在实践中坚持和发展中国特色社会主义,用"中国梦"汇聚中国特色社会主义建设的磅礴力量,用"社会主义核心价值观"凝聚中国特色社会主义建设的共识,以协调推进"四个全面"战略布局、统筹推进"五位一体"总体布局定型中国特色社会主义道路探索的成果,推动中国特色社会主义进入新时代。党的十九大明确了新时代的总目标、总任务、总体布局、战略布局和发展方向、发展方式、发展动力、发展步骤、政治保障,新时代"三个意味着"的时代内涵、"五个时代"的时空方位、"八个明确"的核心要求、"十四条坚持"的战略安排,构建了初步完善的新时代中国特色社会主义实践机制,为中国特色社会主义道路烙下定型化特征。中国特色社会主义新时代,历史创造者的使命就是,在走顺走好初步定型的道路中催生和释放更充足的物质力量,凝结更多更大的实践成果。

新时代"走路"顺应了治国理政的新形势新要求。党治国理政正面临新的形势和要求:"一是从相对分散、孤立地谋划人民需求满足向全面、系统、统筹谋划人民需求满足转变;二是从主要是建立发展难题倒逼导向向综合考虑当前和未来发展需求的转变;三是从单独谋划中国的发展向以中国发展促进人类命运共同体建立的转变。"①

三、新时代展现社会主义中国特色的方式转变

矛盾普遍性与特殊性关系原理是特色分析的重要理论工具。准确把握事物的一般性,是揭示事物特殊性的基础和前提,对事物一般性、矛盾普遍性的认识需要在实践中进行检验和修正。科学把握社会主义的一般性,正确理解和准确表述科学社会主义的一般原则,是认识社会主义中国特色的现实要求。认识理解社会主义的一般性和特殊性既是一个理论难题,也是一个现实难题。社会主义道路探索时期,我国正是因为把马克思主义创始人提出的科学社会主义理论原则当作社会主义实践原则,对社会主义的一般性作出了机械化教条式的理解,社会主义建设才遭受曲折。中国特色社会主义的实践性特征与要求,使中国特色社会主义得以克服和超越一般

---

① 杜黎明:《容错的正面清单与纠错的对策清单》,《人民论坛》2017年第9期(中),第40—41页。

性认识的局限。中国特色社会主义实践表明，矛盾的一般性不一定就是所谓的"共识"、所谓的"国际惯例"。马克思主义的创始人和资本主义学者事实上存在"生产资料私有制适应市场经济""市场化私有化自由化三化统一"的共识。中国特色社会主义则摆脱和超越了这个共识，走出了公有制和市场经济相结合的经济发展道路。

（一）"探路"时期"从比较见特色"的理论局限

"探路"就是在实践经验总结中发现和明确应该坚持走下去的路。没有"探路"实践经验的积累，也就不可能有实践经验的总结。在"探路"过程中，中国特色社会主义的"特色"更多是以事后比较的方式，在与其他国家社会主义建设实践、与资本主义的比较中，在中国实践与科学社会主义一般原则的比较中呈现中国特色。事后比较见特色，在展现中国发展的成就的同时，也给误解、甚至是刻意歪曲中国特色社会主义带来可乘之机。"探路"时期，无论是直接将中国特色社会主义曲解为资本主义，还是把中国特色社会主义曲解为"非资""非社"的第三条道路，都是脱离社会主义的本质，拘泥、停留于社会主义建设的表象，无视中国改革开放实践坚守社会主义本质要求，回应时代之问的客观事实作出的谬评谬断。无论是以强调中国特色社会主义独特性之名行质疑其社会主义性质之实，还是过分夸大我国面临的挑战和发展中存在的问题而质疑中国特色社会主义的性质，都是对中国改革开放具体实践进行刻意的裁剪和筛选，以主观猜度的方式作出对中国特色社会主义的误评谬断。

（二）"走路"时期主动塑造中国特色的理论指引

新时代事先规划并在实践中彰显中国特色。事先规划、主动宣告中国特色，用中国特色社会主义建设的实际行动、实践成果实证中国特色，坚持用实践检验对矛盾普遍性和特殊性的认识，是揭批对中国特色社会主义的肆意曲解、恶意歪曲的有效方式。党的十九大明确了新时代中国特色社会主义的基本方略，已经把社会主义的中国特色描绘在规划蓝图上；在决胜全面建成小康社会、建成富强民主文明和谐美丽的社会主义现代化强国的征程中，用落实规划蓝图的实践、实践成果回答中国特色究竟是什么的问题是我们的责任和担当。中国特色社会主义新时代，是全面从严治党，实践彰显党的先进性、纯洁性的时代，是党全面领导中国特色社会主义建设最终建成富强民主文明和谐美丽的社会主义现代化强国的时代。中国共产党向全国人民郑重承诺、向全世界庄严宣告，中国特色社会主义最本质的特征是中国共产党领导，中国共产党也有信心、更有能力在治国理政的实践中彰显这一特色。

新时代是用伟大理论指导伟大实践的时代。"没有革命的理论，就不会有革命的运动"①，新时代之所以能够、之所以必然成就伟业，正是因为有伟大的思想和理论指引新时代的实践。习近平新时代中国特色社会主义思想的"八个明确"，是走顺走好新时代中国特色社会主义道路的思想基础，也是新时代塑造社会主义中国特色的基本遵循。"八个明确"的要求和方针一是本世纪中叶分两步走完成社会主义现代化和中华民族伟大复兴的两大任务；二是顺应社会主要矛盾变化彰显社会主义的共同富裕本质和马克思主义中人的全面发展的旨归；三是在落实"五位一体"和"四个全面"两大布局中彰显道路自信、理论自信、制度自信和文化自信；四是在实现全面深化改革、全面推进依法治国、强军的三维目标中彰显目标规划特色；五是大国外交彰显建构人类命运共同体的担当；六是加强和改善党的领导彰显最本质的特征。中国共产党领导是中国特色社会主义最本质的特征。也正因为有这一特征，社会主义的中国特色才得以在政治建设、经济建设、社会建设、文化建设、生态文明建设、国防军队建设等领域具体彰显。"八个明确"的基本遵循中，任何一个"明确"都从不同的角度凸显党的优良品格，都是新时代"走路"进程中要凸显的社会主义的中国特色。

四、新时代融入经济全球化的方式转变

马克思主义认为，时间和空间是物质运动的存在方式。社会历史研究只能从一定时间一定空间内的真实实践活动出发，从假设出发、从抽象的理念反思出发研究社会历史，最终必然导致历史虚无主义。新时代有着深邃的时空考量，从时间维度看，党总结中国实践经验的时间起点回溯到党成立之初，谋划发展的时间安排向后延展至21世纪中叶；从空间维度看，推动构建人类命运共同体，把关注发展的范围延展至人类赖以生存的地理空间。改革开放新时期，我国主要是接受和适应国际经济秩序和规则以主动融入经济全球化；全面深化改革新时代，融入经济全球化的方式则逐步

---

① 中共中央马克思恩格斯列宁斯大林著作编译局：《列宁专题文集 论无产阶级政党》，北京，人民出版社，2009年版，第39页。

转变为积极参与全球治理，推动国际经济秩序和规则的完善，引领全球化持续健康发展。新时代应对国际秩序和规则的方式转变，充分体现了党对马克思主义社会时空观、全球化动力演进的把握，体现了人的解放的理论旨归。

（一）"探路"历程中努力适应国际规则

中国一直是国际秩序和规则的拥护者和建设者。秩序和规则总是体现其倡导者和制定者的意愿和利益。现行的国际规则和国际秩序体现了对第二次世界大战的反思、维护世界和平与发展的意愿，但也不可避免地包含了以美国为首的西方大国的霸权思维。改革开放以来，我国主动适应国际秩序和国际规则，积极探索中国特色社会主义开放经济发展道路，以融入全球化的发展空间拓展换取实现现代化时间的缩短，用四十多年时间走过西方发达国家现代化进程中上百年走过的历程，成为世界第二大经济体和对世界经济增长贡献最大的国家。开放发展的辉煌成就和探路历程的艰辛，使中国共产党对共商共建共享的全球治理、对公平的国际秩序和规则有着更深刻的理解和迫切的期盼，为新时代"走路"历程中积极参与国际治理，推动国际秩序、国际规则完善积累了经验。

（二）"走路"历程中积极推动国际规则完善

构建人类命运共同体是通向人类解放之路。党的十九大强调，世界命运握在各国人民手中，人类前途系于各国人民的抉择；并向世界庄严承诺，中国人民愿同各国人民一道，推动人类命运共同体建设，共同创造人类的美好未来。构建人类命运共同体涵盖政治、经济、安全、文明和生态多个领域，本需要各国通力合作，可当前却不得不面对强国钩心斗角、恃强凌弱、巧取豪夺、横行无忌，甚至为一己之私而不惜践踏其主导建立的国际规则和国际秩序带来的挑战。与修昔底德陷阱所描述的新崛起的大国挑战既有秩序和规则，守成大国则致力于维护既有秩序和规则不同，当今世界是新崛起的社会主义中国遵守、维护和完善国际规则和国际秩序，守成大国挑战、违背、破坏其主导建立的国际规则和秩序。与修昔底德陷阱相悖的发展现实，实乃因全球化的主动力经历社会大生产推动世界分工体系发展、资本运动空间扩张，当前正向科学技术的空间转移演变，这使得既有秩序和规则难以适应霸权国家的诉求。新时代的中国不因现实复杂而放弃梦想，不因理想遥远而放弃追求；中国继续发挥负责任大国作用，积极参与全球治理体系改革和建设,积极推动构建更加公平公正的国际秩序,稳步推进亚洲基础设施投资银行、"一带一路"国际合作等承载构建人类命运共同体期望的载体建设,尽力彰显马克思主义人类解放的理论旨归。

第二节 习近平新时代中国特色社会主义思想的生成逻辑指引"三大转变"

习近平新时代中国特色社会主义思想,是对马克思列宁主义、毛泽东思想、邓小平理论、"三个代表"重要思想、科学发展观的继承和发展,是马克思主义中国化的最新成果,是中国特色社会主义理论体系的重要组成部分。习近平新时代中国特色社会主义思想的产生和发展,有其内在的实践逻辑和理论逻辑。习近平总书记个人的实践历练,中国特色社会主义制度实践、形成和维护党的核心的历史实践,从实践维度揭示了习近平新时代中国特色社会主义思想形成和发展的必然性。习近平新时代中国特色社会主义思想具有的"基本原理+社会现实+理论创新"的内容结构,新思想的理论创新品质,从理论维度揭示了习近平新时代中国特色社会主义思想形成和发展的必然性。

一、习近平新时代中国特色社会主义思想的实践逻辑

习近平总书记是习近平新时代中国特色社会主义思想不可或缺的贡献者;用他个人的名字命名集体智慧的结晶,是对他个人在这套思想体系形成和发展中的重要作用的肯定和尊重。实践出真知,人类历史其实就是"通过实践发现真理,又通过实践而证实真理和发展真理"[①] 的过程,习近平新时代中国特色社会主义思想有其产生和发展的实践必然性。习近平总书记所接受的家庭文化熏陶及其在丰富的从政经历中的历练,中国特色社会主义的制度实践特别是党和国家领导人选拔制度实践,形成和维护领导核心的历史实践,全方位、多维度地揭示了习近平新时代中国特色社会主义思想生成的实践逻辑。

---

① 毛泽东:《毛泽东选集(第1卷)》,北京,人民出版社,1991年版,第296页。

(一) 习近平总书记个人的实践历练

家庭是人成长的第一环境,家风总是在潜移默化地影响着一个人的成长。"家庭是人生的第一个课堂,父母是孩子的第一任老师……家长特别是父母对子女的影响很大,往往可以影响一个人的一生。"[①] 习近平总书记出生在一个红色革命家庭,父母都是信仰坚定,久经考验,一生追随共产党、追求真理的老革命。家庭生活中受到的浓郁革命氛围的熏陶,从小就受到的革命传统教育,使他具有远大理想和坚定信念。革命家庭中得到的生活历练,是习近平总书记人生发展的宝贵财富,是他日后形成丰富的治国理政思想的重要条件。

习近平总书记丰富的从政经历,是习近平新时代中国特色社会主义思想的实践基础。从1969年下乡当知青到2012年在党的十八大当选总书记的44年中,他从下乡知青逐步成长起来,从大队党支部书记到党的总书记,从普通公民到国家主席,从一般军官到军委主席,习近平总书记的从政经历遍及党、政、军各个领域,历经村、县、地、市、省、直辖市,直至中央等所有层级的主要岗位。每一层级都历经几年、都扎扎实实、都政绩卓著,每一岗位都干在实处、走在前列。作为省级行政区域主政者,其先后治理过福建省、浙江省、上海市。福建省是内部差异大、脱贫任务艰巨的沿海地区,是落实祖国统一大计的前沿阵地;浙江是我国非公有制经济发育最早、发展最快的地区;上海市是我国自近代以来的经济中心。这三个发展特色迥异的地区面积之和超过世界上绝大多数国家的国土面积,承载人口规模比世界上绝大多数国家的人口规模还大,经济总量规模也比世界上绝大多数国家大。丰富的从政经历锤炼了习近平总书记认识和把控复杂局势的能力,使他对经济社会发展、对国家治理有着一种高度的直觉和敏感,能"危"中见"机",化"险"为"安",展露出卓越政治家的风采。亚洲基础设施投资银行,"一带一路"国际合作倡议等重大战略构想取得的发展成就,正是习近平总书记敏锐的国家治理直觉、卓越的领导才能和治理能力的明证。

习近平总书记从政实践的多样性成就思想的丰富性。多岗位、多区域的主政经历,使习近平总书记在政治、经济、军事、文化、生态文明、社

[①] 习近平:《习近平谈治国理政(第2卷)》,北京,外文出版社,2017年版,第354—355页。

会治理等方面的现代治理能力得到全面历练、展示和提升，成就了习近平新时代中国特色社会主义思想体系内涵丰富、博大精深的特征。习近平总书记后来提出的许多思想与重大战略，滋生孕育于并实际体现在很多年以前的从政实践中，前后既一脉相承又与时俱进，这成就了习近平新时代中国特色社会主义思想的历史继承性和时代创新性特征。"正是经过一步步丰富而长期的实践锻炼，厚植了他治国理政的根基，一经站上领导党、国家和军队的最高岗位，就立刻展现出非同凡响的伟人气魄和领袖风范。这种气魄和风范是一种无形的力量，一种可以把全党全军全国各族人民凝聚和团结在周围的力量，一种能够鼓舞和感召 13 亿多中国人民为实现共同目标而戮力奋斗的力量"①。人民群众创造历史，人民群众个体分散力量的合力推动历史发展。"无论历史的结局如何，人们总是通过每一个人追求他自己的、自觉预期的目的来创造他们的历史，而这许多按不同方向活动的愿望及其对外部世界的各种各样作用的合力，就是历史。"② 杰出人物对历史发展的重要作用，既在于他相较于普通个体人而言有更大的历史推动作用，更在于他把人民群众个体分散力量朝着合力最大的方向汇聚。在参与、组织、领导人民群众创造历史的进程中，习近平总书记逐渐成为带领人民群众创造历史、凝聚人民群众集体力量的大国领袖。中国共产党的"领袖是在群众斗争中自然而然地产生的，而不能是自封的。同过去剥削阶级的领袖相反，工人阶级政党的领袖，不是在群众之上，而是在群众之中，不是在党之上，而是在党之中。正因为这样，工人阶级政党的领袖，必须是密切联系群众的模范，必须是服从党的组织、遵守党的纪律的模范"。③ 从梁家河到中南海，习近平总书记始终把人民群众放在心中最高位置，始终严格遵守党的纪律，加之其丰富的从政经历、从政实践的多样性，成就了习近平新时代中国特色社会主义思想的丰富性，成就了习近平总书记的大国领袖地位。

---

① 《学习时报》特约评论员：《习近平总书记的成长之路》，《学习时报》，2017 年 7 月 28 日，http://cpc.people.com.cn/n1/2017/0728/c64094-29433685.html?d=123。
② 中共中央马克思恩格斯列宁斯大林著作编译局：《马克思恩格斯文集（第 4 卷）》，北京，人民出版社，2009 年版，第 302 页。
③ 邓小平：《邓小平文选（第 1 卷）》，北京，人民出版社，1994 年版，第 234—235 页。

(二) 中国特色社会主义制度实践

中国特色社会主义制度实践始终遵循唯物辩证法的要求，在坚持"求变"和"求稳"、"原则性"和"灵活性"的辩证统一中推动实践发展，推进制度完善。中国特色社会主义制度实践中，一方面及时总结提炼实践经验，把成功的实践经验用制度设计、制度安排的形式稳定下来，另一方面又根据实践中遇到的新情况新问题，在制度实践中修正制度设计和完善制度安排。

中西制度实践有着明显的差异。中国特色社会主义制度实践坚持形式和内容、程序和实质的辩证统一，评判和检验制度成效的标准是实践成果，而不是先验的、抽象的制度原则。这与西方制度实践过分甚至是不计后果地固守程序和形式形成鲜明的对比。以国家领导人选拔制度为例，西方国家将候选人公开拉票竞选，选民公开投票决定竞选结果的程序民主作为不可动摇、必须坚守的原则。知和行、说和做的分离，为西方国家屡屡出现竞选者虽赢得公开直接投票选举却难以兑现选举承诺的现象埋下伏笔。除了用下次选举的选票惩罚外，选民无法对竞选者难以兑现选举承诺进行责任追究。与西方公开投票直接选举产生国家领导人不同，中国政治制度安排采用领导人的选拔和培养合二为一的制度设计。将选拔和培养有机结合，领导人的胆识、才干和领导能力都是在实践中形成并得到检验，这是中国的国家治理效能能够得以持续改进的重要原因。

我国领导人选拔制度实践内在契合了我国的现实国情。我们国家历史悠久、地域广阔、人口巨量、民族多样，内部发展差异突出；发达区域与欠发达区域并存，先进领域和落后领域对照，长板优势和短板制约并立的二元结构性特征突出。创写中国的历史要求党和国家领导人必须具有熟知国情、了解百姓、胸怀全局、把握实际的基本特质，以及对顶层设计、系统思考、战略谋划、统筹兼顾的掌控能力。这种特质和能力形成，必须经过多层级、多系统、多领域的实践历练和长期积淀，而非单纯通过接受教育可为，短期可速成之功。中国的制度安排使习近平总书记和他领导的执政团队成员都有着丰富的从政经历，我国执政者的政治智慧、治理能力是领导人个人的努力成果，更是制度实践的结晶。治国理政必然会遇到各种突如其来、未曾预期的问题，也面临稍纵即逝的机遇，相较于缺乏实践磨炼的领导人，一个在实践中成长起来的领导人更有识别和应对问题、发现和把握机遇的敏感和能力。国人曾忧心忡忡的"南海仲裁"大剧出人意料的剧情反转,"亚投行"超乎常人想象的火爆,"一带一路"倡议出乎意料的应者云集,无不昭示以习近平总书记为核心的执政团队对时局发展的直觉和敏感,治国理政的胆识和智慧。

(三) 形成和维护核心的历史实践

习近平新时代中国特色社会主义思想是形成和维护社会运动的核心的历史实践成果。近代中国的社会运动,有过没有核心、一盘散沙,招致外敌入侵、积贫积弱、人民徘徊在生死线的悲惨经历。这种格局是在形成中国共产党这个社会运动的领导核心之后才逐渐得以改变。中国共产党百年风雨历程昭示了一个真理,完成党的历史使命需要有一个党内核心,开创党的事业必须自觉维护核心的权威。恩格斯以直观形象的方式阐释了领导核心的权威在科学社会主义运动中的作用,"能最清楚地说明需要权威,而且是需要专断的权威的,要算是在汪洋大海上航行的船了。那里,在危险关头,大家的生命能否得救,就要看所有的人能否立即绝对服从一个人的意志"[1]。中国共产党在社会运动中的领导核心地位在历史上是自然形成的,自然形成并不能为长期保持提供担保;要长期保持党的领导核心地位,就必须持续不断地深化党的建设,坚持全面从严治党,依据时空条件的变化,把党全心全意为人民服务的宗旨具体化到党的施政纲领中,细化落实到每一个党员干部的具体言行中。

领导干部个人行为是关系党的领导核心地位的公共行为。习近平总书记坚信,办好中国的事情关键在党;增强党的领导力和号召力,核心和关键在于领导干部个人行为示范所释放的感召力和影响力。一方面,"领导干部要用科学理论、组织原则、思想武器、人格魅力,切实管好自己"[2],从己做起,以上率下。另一方面,党的建设要抓"关键少数";抓党风、促政风、带民风,必须加强领导干部的作风建设。领导干部带头树立"八

---

[1] 中共中央马克思恩格斯列宁斯大林著作编译局:《马克思恩格斯文集(第3卷)》,北京,人民出版社,2009年版,第337页。
[2] 习近平:《领导干部要切实管好自己》,《今日浙江》2005年第4期,第4—5页。

个方面良好风气"①,就必须"要树立正确的理念,牢记根本宗旨;要落实到德行上,在实践中修身养性;要落实到用权上,正确行使手中的权力;要落实到自律上,经受住各种诱惑和考验;切实从理念、德行、用权和自律等方面严格要求自己,以身作则、率先垂范,一级做给一级看,一级带着一级干"②。让人民群众从领导干部的言行中感受到中国特色社会主义的前途和信心。

习近平新时代中国特色社会主义思想是延续中国文化传统的结晶。中国人在家庭生活、在单位集体生活中,习惯于在能够代表整体利益、集体利益的主心骨带领和安排下活动,这种"主心骨"文化传统与文化偏好正是对社会运动领导核心的权威的认同。领袖在党内的核心地位,从来都是在实践中形成的,而不是依据特定制度安排选举,更不是人为指定产生。以习近平同志为核心的党中央是中国共产党发挥其在中国社会运动中的领导功能的过程中自然形成的,习近平新时代中国特色社会主义思想,是形成核心的社会实践成果、历史运动结晶,也必将在核心领导下的未来社会运动中得以进一步丰富和完善。

二、习近平新时代中国特色社会主义思想的理论逻辑

习近平新时代中国特色社会主义思想是以习近平同志为核心的中国共

---

① 2007年1月9日,胡锦涛同志在中央纪律检查委员会第七次全体会议上强调,在各级领导干部中大力倡导八个方面良好风气:一是要勤奋好学、学以致用,牢固树立终身学习的思想,坚持理论联系实际的马克思主义学风,努力在建设学习型政党和学习型社会中走在前列,把学习的体会和成果转化为全面建设小康社会、构建社会主义和谐社会的能力,转化为推动党的执政能力建设和先进性建设的能力。二是要心系群众、服务人民,牢固树立马克思主义的群众观点,始终坚持党的群众路线,时刻摆正自己和人民群众的位置,在思想感情上贴近人民群众,下大气力解决好群众反映强烈的突出问题,下大力气做好关心困难群众生产生活的工作,多办顺应民意、化解民忧、为民谋利的实事。三是要真抓实干、务求实效,发扬求真务实精神、大兴求真务实之风,增强工作的责任感和紧迫感,一步一个脚印地把我们的事业推向前进,使各项政绩真正经得起实践、群众、历史检验。四是要艰苦奋斗、勤俭节约,牢记"两个务必",带头发扬艰苦奋斗、勤俭节约的精神,带头反对铺张浪费和大手大脚,带头抵制拜金主义、享乐主义和奢靡之风,在各项工作中都要贯彻勤俭节约原则,真正把有限的资金和资源用在刀刃上。五是要顾全大局、令行禁止,自觉维护中央权威和中央大政方针的统一性和严肃性,确保党的理论和路线方针政策的贯彻落实,确保党和国家工作部署的贯彻落实,同时善于把中央精神与地方和部门实际结合起来,创造性地开展工作。六是要发扬民主、团结共事,严格执行民主集中制的各项制度规定,自觉接受党组织、党员和群众的监督,共同推动形成心齐气顺、风正劲足的局面。七是要秉公用权、廉洁从政,自觉遵守党的纪律和国家的法律法规,严格执行领导干部廉洁从政的各项规定。八是要生活正派、情趣健康,讲操守,重品行,注重培养健康的生活情趣,保持高尚的精神追求。

② 习近平:《领导干部要带头树立八个方面的良好风气》,《党建研究》2007年第5期,第6—8页。

产党坚守马克思主义立场，运用马克思主义基本原理指导马克思主义价值实现运动的实践经验总结，是马克思主义在实践中的丰富和发展。其理论逻辑既体现在具体思想的内容结构中，也体现在对马克思主义立场的坚守和对马克思主义价值追求的践行中，还体现在结合中国实际坚持和创新马克思主义具体原理的理论创新范式中。

（一）具体思想内容中体现的理论逻辑

习近平新时代中国特色社会主义思想的理论逻辑内含在具体思想的理论架构中。社会存在决定社会意识，思想理论反映了社会实践中对社会存在的认识，揭示了实践主体顺应社会存在，对社会存在施加主观影响的规律。习近平新时代中国特色社会主义思想不是书斋里闭门造车的学问，而是关照现实、有着强烈使命感的思维成果。具体思想的内容有着"基本原理+社会现实+理论创新"的"三位一体"结构，任何一条具体的思想都有马克思主义基本原理的内核，都针对具体的现实问题，都包含运用理论内核作为分析工具，解剖现实问题，提出解决问题的思路，并对作为分析工具的理论内核进行丰富和发展的成分。实践基础上科学性和革命性的统一，是马克思主义的基本特征。"三位一体"结构鲜明地体现了马克思主义的这一特征，也体现了思想生成的理论逻辑。"三位一体"结构提出了学习领会和践行习近平新时代中国特色社会主义思想的三大要求和三重任务：一是明晰理论内涵，弄明白内含在思想内容中的马克思主义具体理论；二是明晰现实指向，弄明白该思想是为解决什么样的现实问题而提出的，切忌将思想内容作为到处乱贴的理论标签；三是明晰创新表现，弄明白该思想从哪些维度、哪些方面，对作为解剖现实问题工具的马克思主义基本原理进行了怎样的丰富和发展。

（二）立场和价值追求中体现的理论逻辑

习近平新时代中国特色社会主义思想的理论逻辑内含在它的立场和价值追求中。坚持马克思主义基本立场，始终不渝地践行马克思主义价值追求，是避免社会分裂、成就中国奇迹的重要原因。当前西方实行多党制的一些国家陷入社会分裂的泥潭，就在于政党缺乏一以贯之的立场和价值追求，不同政党在谋求选票的过程中又走上利用社会分裂、甚至是恶意制造社会分裂的不归路。马克思主义的价值追求，实现人自由全面发展、人的解放中的"人"，是包括现实的个体人、若干个体人依据某种联系而形成的群体人、整个人类三重意义，是完整意义上的人。共产主义运动，就是化解实现人的自由全面发展、人的解放所受现实制约的社会实践，马克思主义也在不断总结提炼社会实践的过程中得以丰富发展。个性张扬是人自由发展的题中之义，具有个性的个体人组成的社会一定会存在分化。社会的分化的过程也是群体人的解构和重构的过程。推动社会发展既要正视社会阶层分化的现实，又要着力防止阶层固化。中国共产党以"全心全意为人民服务"为立党宗旨，坚持"始终代表最广大人民群众的利益"，着力推进"以人民为中心"的发展，就是在坚守马克思主义基本立场、实现马克思主义价值追求中维护社会的和谐稳定，避免阶层固化导致社会分裂。

习近平新时代中国特色社会主义思想推进马克思主义人民立场现实化、具体化。习近平总书记深刻地认识到，"我们党对人民群众的根本利益的认识和实践是随着社会主义改革和建设的不断发展而不断深化的"①。在不同的发展阶段，不同的时空条件下，人民群众内部构成存在分异，其根本利益的现实表现也存在明显的差异，党要代表、实现中国最广大人民的根本利益，就必须深刻认识并妥善应对这种分异。早在21世纪之初，习近平总书记就强调，使人民群众不断获得切实的经济、政治、文化利益，"要突出把握好两个关键环节：一是要协调和处理好经济利益、政治利益、文化利益各自的内部关系，统筹兼顾不同层次、不同阶层、不同社会团体、不同地区、不同行业、不同单位、不同个人的利益以及近期与长远、全局与局部的利益，使之协调一致，得到充分实现和发展；二是协调和处理好经济利益、政治利益、文化利益彼此之间的关系，实现三者的有机结合，防止出现顾此失彼的现象，并建立一套科学的运行、调节机制，保障人民群众的'三大利益'关系协调一致，使人民群众根本利益得到最大化实现和最优化发展"②。在地方治理中，习近平总书记形成了坚守马克思主义立场、实践马克思主义价值追求必须正视并顺应社会分化的现实的理念，这在习近平新时代中国特色社会主义思想中得到了充分的体现。他一再强调，中国梦是每一个人的梦，全面小康是不落下一个人的小康，直观生动地诠释了他既关注人民群众整体利益，又关注人民群众个体

---

① 习近平：《使人民群众不断获得切实的经济、政治、文化利益》，《求是》2001年第19期，第31—34页。

② 习近平：《使人民群众不断获得切实的经济、政治、文化利益》，《求是》2001年第19期，第31—34页。

利益实现的人民情怀。

坚持人民立场必须高度重视人民群众的社会实践主体地位。人总是在能动的社会实践中发现并满足需求、张扬个性、彰显能力，不断提高自由全面发展的层次和水平，坚持以人民为中心的发展既要把人民利益作为党一切工作的根本出发点和落脚点，又要领导人民群众在其能动社会实践中实现自身的利益追求。坚持人民立场不是脱离人民群众的实践一味地提供社会福利，而是要"引导和动员他们积极参与社会主义改革和建设，使他们承担起社会主义改革和建设的历史重任，防止将社会主义改革和建设由全体人民群众主动参与和积极发挥作用的伟大社会实践，变为由少数社会精英主导、主演，广大人民群众在一旁观看或被动服从的贵族式的上层社会活动，从而将全体人民的事业变成少数人的事业"[①]。习近平总书记强调人民群众全员参与社会主义建设，人人共享发展成果，以共建充实共享的根基，把马克思主义立场和价值追求细化落实到人民群众社会实践主体地位的培育和保障之中。

（三）理论创新中体现的理论逻辑

习近平新时代中国特色社会主义思想"三位一体"的内容结构不仅体现其理论创新方法，也体现其生成的理论逻辑。以习近平总书记为核心的执政团队总是坚持以马克思主义经典理论为工具，分析经济社会发展难题，及时总结提炼化解发展难题的实践经验以推进理论创新。这种理论创新的途径和方法本身就是习近平新时代中国特色社会主义思想的生成逻辑。这种生成逻辑赖以存在的基础是习近平总书记坚定的马克思主义理论自信，自觉运用马克思主义方法进行的理论研究和实践探索。

坚定的马克思主义理论自信源于对经典文献的研读。从思维发展的相对独立性的角度，家庭文化熏陶、经典文献研读，成就了习近平总书记坚定的马克思主义理论自信。习近平总书记在实践中坚持学习马克思主义经典文献，结合经济社会发展的现实需求，深挖马克思主义经典文献的时代价值，自觉运用马克思主义基本原理阐释和指导中国特色社会主义建设实践，并用中国实践经验丰富和发展马克思主义基本原理。早在20世纪90年代中期，国内学界大规模引进、传播西方经济学理论，马克思主义经济

---

① 习近平：《略论〈关于费尔巴哈的提纲〉的时代意义》，《中共福建省委党校学报》2001年第9期，第3—10页。

学被边缘化的形势日益严峻的背景下，习近平总书记发表《论〈政治经济学批评〉序言的时代意义》(《论〈政治经济学批评〉序言》简称《序言》)，既深刻阐释《序言》原理对社会主义改革和建设的现实指导意义，又重点剖析我国社会主义改革和建设的伟大实践对《序言》原理的突破与创新①，这不仅显示了习近平总书记坚定的马克思主义信仰，也体现了他研读经典的独特方法。

坚定的共产主义信仰和高度的马克思主义理论自信是明辨言论是非、保持战略定力的前提。针对经济市场化改革过程中泛市场化思潮，以市场化之名行全盘西化之实的言论，习近平总书记早在世纪之交就强调："社会主义市场经济与资本主义市场经济有着本质上的区别，这就是社会主义市场经济是社会主义基本制度与市场经济管理体制的有机结合，是用市场经济这一手段来发展社会主义的基本制度，也即在两者的关系中社会主义是基础、是根本，因此社会主义市场经济与资本主义市场经济的本质区别，就在于社会基本制度的不同。"②针对马克思主义过时论，借否定计划经济之名行否定社会主义制度之实的论调，习近平总书记指出："如果说马克思在《资本论》中揭示的关于资本主义生产的基本原理和规律难以适用于社会主义条件下的计划经济的话，那么，对于我们当前正在大力发展的社会主义市场经济，却仍然具有重要的指导意义。"③习近平总书记的马克思主义信仰也体现在他对马克思主义方法，特别是唯物辩证法的自觉运用中。针对不计政治抓经济的言行、经济发展"一肥遮百丑"的论调，习近平总书记强调："经济发展不仅仅是一个经济问题，而且也是政治、文化和历史问题，经济发展的成功与否既取决于经济因素，同时也取决于政治、文化、历史传统等其他方面的因素。"④习近平总书记早年主政地方时研读马克思主义经典文献，在实践应用中丰富和完善马克思主义基本原理，为他带领执政团队迅速开创治国理政新局面，形成习近平新时代中国特色社会主义思想奠定了坚实的基础。

---

① 习近平：《论〈政治经济学批判〉序言的时代意义》，《福建论坛（经济社会版）》1997年第1期，第1—7页。

② 习近平：《发展经济学与发展中国家的经济发展——兼论发展社会主义市场经济对发展经济学的理论借鉴》，《福建论坛（经济社会版）》2001年第9期，第4—9页。

③ 习近平：《社会主义市场经济和马克思主义经济学的发展与完善》，《经济学动态》1998年第7期，第3—6页。

④ 习近平：《发展经济学与发展中国家的经济发展——兼论发展社会主义市场经济对发展经济学的理论借鉴》，《福建论坛（经济社会版）》2001年第9期，第4—9页。

三、习近平新时代中国特色社会主义思想生成逻辑对"三大转变"的启示

实现"三大转变"是新时代的历史任务和实践要求,及时总结提炼促进"三大转变"的实践经验,又是新时代理论创新的重要途径和方法。只有加强和改善党的建设,全面从严治党,新时代推进"三大转变"的实践才有主心骨;深入推进马克思主义的理论批判、实践批判和自我批判,新时代推进"三大转变"的实践才能步稳行远。

(一)党的建设伟大工程锻造"三大转变"的主心骨

中国共产党一经成立,中国人民谋求民族独立、人民解放和国家富强、人民幸福的斗争就有了主心骨,中国人民就从精神上由被动转为主动。主心骨对实践努力方向的指引,对人民群众的组织和领导,是顺应"三大转变"的历史趋势,并最终实现"三大转变"的基础前提和根本保障。主心骨的方向指引能力、组织领导能力并非与生俱来、自然生成,党的建设新的伟大工程,就是主心骨的能力建设工程。实现从"探路"向"走路"的转变,既需要主心骨指引方向,也需要主心骨动员组织全社会的力量,以克服路途中的艰难险阻。实现从事后比较见特色向事先规划并在实践中彰显特色的转变,既要注重讲好中国故事,说清说透中国特色,及时批驳、澄清对中国特色的曲解误解,更要注重用新时代的社会主义建设行动彰显中国的特色。主心骨能力建设工程,就是彰显社会主义中国特色的伟大工程。党沉着应对执政考验、改革开放考验、市场经济考验、外部环境风险考验的实践,防范化解精神懈怠危险、能力不足危险、脱离群众危险、消极腐败危险的实践,就是在实践中彰显社会主义的中国特色。中国共产党是为中国人民谋幸福的政党,也是为人类进步事业而奋斗的政党。实现从被动接受国际秩序和规则向主动维护完善国际秩序和规则的转变,需要主心骨及时准确把握世界局势的变化,高举和平、发展、合作、共赢的旗帜,将正确的义利观体现在合作利益的分配与共享中、落到对国际事务的应对中。

(二)揭示"三大转变"对马克思主义具体原理的坚持和发展

"三大转变"是运用马克思主义基本原理审视新时代的实践主张,顺应"三大转变"的历史趋势、推进"三大转变"的实践经验总结必然丰富

和发展马克思主义基本原理。"探路"向"走路"转变的论断坚持了马克思主义实践观,促进"探路"向"走路"转变的实践经验总结也必然丰富和发展马克思主义实践观。剖析实践主体主观能动性在"探路"向"走路"转变中的具体表现、发挥作用的具体方式,旨在丰富主观能动性影响实践方案形成、实践进程、实践效果的理论主张。主观能动性的激发和发挥必然受制于现实条件,剖析新时代的历史条件激发实践主体主观能动性的方式和机理,旨在丰富主观能动性生成机理的理论主张。剖析事后比较见特色向事先规划并在实践中彰显特色的转变,旨在揭示人的立场、价值追求在认识社会事物、社会现象的矛盾普遍性和特殊性中的重要作用,以及社会事物、社会现象的矛盾普遍性和特殊性的认知机理。剖析从被动顺应和遵守国际秩序和规则向主动维护和完善国际秩序和国际规则的转变,旨在揭示国际化的动力变迁趋势和规律,揭示基于霸权主张和霸权实现的国际秩序和国际规则对人类社会发展的制约和危害,阐释马克思主义人的解放旨归、中国奉行的平等互利合作共赢的国家交往准则,以及共享国际合作时秉承正确义利观的理论价值和实践影响。

(三)深入推进马克思主义的理论批判、实践批判、自我批判

马克思主义的理论批判、实践批判和自我批判是马克思主义科学性的重要保障。三大批判中,马克思主义者、马克思主义政党的自我批判尤为重要,是实践批判和理论批判得以深入展开,理论与实践得以协同发展,发生异化的实践得以纠正的重要条件和保障。党的十八大以来,全面从严治党推动"四个全面"战略布局稳步落实,沉着应对长期执政考验、改革开放考验、市场经济考验、外部环境考验,妥善处置"精神懈怠、能力不足、脱离群众、消极腐败"四大危险,就是自我批判实践功效的生动写照。党的代表大会报告、政府规划中,工作回顾就集中体现实践批判成果,未来工作的指导思想集中体现理论批判的成果,发展任务的具体部署和安排则反映和体现了中国的马克思主义者自我批判的成果。

习近平新时代中国特色社会主义思想是推动"三大转变"的实践指导。思想指导实践的过程,既是认识的第二次飞跃,也是抽象理念的现实具体化,还是对思想的实践检验和丰富发展的过程。对习近平新时代中国特色社会主义思想的理解,对"三大转变"的实践条件的认知,以及促进"三大转变"的实践主体主观能动性的发挥都直接影响"三大转变"的实践进程和实践结果。马克思主义的批判为马克思主义时代化的创新成果出

场铺平道路,"出场学视域就是在总体上与时俱进地把握马克思主义的研究范式"①。缺乏反思与批判的实践必然存在异化的风险,新时代的理论批判、实践批判、自我批判纠正和规避促进"三大转变"的实践异化,形成"理论—实践"协同促进"三大转变"的发展格局。

第三节 习近平新时代中国特色社会主义思想的实践理性指引"三大转变"

实践理性是实践主体高度认同、主动遵循的行为原则。实践理性自然而然地蕴含、体现在社会实践中。理论是行动的先导,实践理性源于实践主体的理论信仰。习近平新时代中国特色社会主义思想是当代中国的马克思主义,蕴含了以人民为中心、共同富裕、"政府—市场"二元协同、合作共赢四大实践理性。② 四大实践理性体现落实在和融会贯通在习近平新时代中国特色社会主义思想对三重关切的具体回应之中,一是对马克思主义基本原理的坚持,二是深刻剖析中国具体的现实国情,三是提出新的具体理论主张。

一、超越"经济人"假设的以人民为中心的实践理性

坚持以人民为中心的发展,蕴含客体主体化的哲理。在治国理政实践中,人民群众居于实践客体地位;以人民为中心的发展,是要把人民群众的诉求内化于治国理政实践主体的思维决策中,使满足人民群众的美好生活需要成为实践主体的实践准则。习近平同志当选党的总书记后首次与中外记者见面就强调,"人民对美好生活的向往就是我们的奋斗目标";十八届三中全会把"促进社会公平正义、增进人民福祉"作为全面深化改革的出发点和落脚点,明确提出坚持以人民为中心的工作导向;国家"十三五"规划把"坚持人民主体地位"作为基本原则贯穿始终;党的十九大把"坚持以人民为中心"作为新时代"十四个坚持"的基本方略。"以人民为中心的发展思想,不是一个抽象的、玄奥的概念,不能只停留在口头上、

---

① 任平、山港:《走向出场学视域的马克思主义哲学研究:创新路径与未来趋势——任平教授访谈》,《学术月刊》2008年第9期,第155—160页。
② 本节主要内容参见:杜黎明:《新时代超越于西方的经济理性研究》,《党政研究》2020年第5期,第119—128页。

止步于思想环节,而要体现在经济社会发展各个环节"①;以人民为中心,是马克思主义阶级性、价值追求和人民立场的生动表达,既是以习近平同志为核心的党中央治国理政的基本遵循,也是中国特色社会主义政治经济学迥异于西方经济学的重大原则。

(一)西方"经济人"假设利润最大化实践理性的缺陷

理性"经济人"假设利润最大化的实践理性根源于西方特定的市场经济发展路径。西方资本主义市场经济的起点是不断扩大的商品生产和交换使单个的生产资料占有者成为分散独立的市场主体,市场机制和市场规则是分散的市场主体在交换中形成的共识。自然而然地,强调个体私人利益也就成为市场主体最原始的动机和最初的共识。西方经济学的"经济人"假设是对经济生活中追求个体私利的经济主体的抽象,是建构理论、分析经济问题的前提。约翰·斯图亚特·穆勒最先给予其明确的定义,认为"经济人"就是会计算、有创造性、能寻求自身利益最大化的人。"经济人"假设包括三个方面的内容,"一是个人完全理性,能够列出全部备选方案并确定其中每一方案的后果,在评价这些后果后选出最优方案;二是效用最大化,'经济人'根据主观上的价值判断,追求行为或物品的效用最大化;三是完全信息,'经济人'有能力并且能够完全了解并掌握行为决策所需的信息"。②为弥补理性"经济人"假设解释经济现实的不足,西方经济学又先后提出有限理性"经济人"假设、异质性有限理性"经济人"假设,使理性"经济人"假设与稀缺性假设一道,奠定西方经济学理论建构的基石,契合西方经济学家利用数理工具对经济学的完美形式和"科学性"追求。

历史唯心主义的理性"经济人"假设是对现实具体人的过度抽象。抽象法是经济研究的惯用方法。在马克思看来,经济学运用抽象法不是阐明所谓"人类社会的一般规律",而只是把不同社会的那些共同的抽象的规定当作进一步研究"具体"的前提;首先阐明这些属于"生产一般"的内容,只是为了后面的叙述不再重复。"马克思还特别明确地批判资产阶级经济学家们总是用抽象代替具体,将资产阶级生产关系偷偷塞进'生产一

---

① 习近平:《习近平谈治国理政(第2卷)》,北京,外文出版社,2017年版,第213—214页。

② 吴易风:《马克思主义经济学与西方经济学比较研究(第1卷)》,北京,中国人民大学出版社,2009年版,第174页。

般'的概念之中,从而将资本主义所特有的各种关系'装扮'成人类社会经济发展的一般规律。"① 理性"经济人"假设把社会生活中的现实具体人计较个人利益的行为动机抽象为经济学原则,这种抽象明显存在着两大缺陷:一是以偏概全,以部分代整体,把利益算计作为行为决策的唯一动机,没能真实反映人的行为动机的复杂性,无视社会环境、制度条件对人的行为选择的巨大影响,事实上是把特殊的生产资料私有制当成人类社会的一般制度;二是以静代动,无视特定制度背景下的同一个人的行为动机也会随着时空条件、人生发展阶段、个人社会地位等因素的变化而变化。马克思主义认为,人最本质的属性是社会性,人的行为决策动机实质是社会性的现实体现,在不同的社会场景中,人的行为决策动机不同。马克思主义坚持抽象和具体的辩证统一,强调以历史的人、现实的人或社会的人作为理论分析的基础和前提,反对无视具体人之间的现实差异,一味地强调用固定、静止的人性假设作为理论推导的前提和依据。

(二) 利润最大化原则的实践反思

理性"经济人"假设为资本主义制度提供合理性辩护。理性"经济人"追求利润最大化、成本最小化的西方经济学经济实践理性为生产资料私有制条件下的劳资对立、两极分化披上一层合理的外衣,资本主义制度因而必然是以资本为中心的制度。尽管西方经济学用精美的自由、平等、民主的美誉之词修饰资本主义制度,但是追求资本利润最大化的市场竞争必然使以资本为中心的经济理性现实表现为以少数资本家为中心,最终形成"贫者愈贫、富者愈富"的财富占有两极分化格局。占领华尔街运动打出的"反对0.1%的人占有社会99.9%的财富"口号,《21世纪资本论》对资本主义国家自工业革命以来收入及财富分配历史的回顾与揭示,无不是对西方市场经济学理性"经济人"假设中利润最大化、成本最小化经济实践理性的实践结果的直观反映。特朗普政府试图凭借国力赤裸裸地行使霸权,无论是频繁退群不惜挑战第二次世界大战后美国倡导和制定的国际秩序和国际规则,还是挥舞关税大棒、贸然发动贸易战,看似荒诞无稽,实则是西方市场经济学"经济人"的实践理性的体现。只不过当今世界"国家"已不仅仅属于"上层建筑"的政治范畴,具有了越来越重要、越

---

① 邱海平:《再论中国政治经济学的创新问题——兼论"研究政治经济学"与"政治经济学研究"的关系》,《江苏行政学院学报》2012年第2期,第59—63页。

来越强大的经济职能和社会职能,国家治理需要考虑的因素、需要协调的关系远比追求个体私利的商人需要考虑的因素、需要协调的关系更为复杂多样。商人工于个体私利计较的思维模式和行为方式简单移植到国家治理中,必然引发混乱。追求"美国第一"的特朗普政府在国际上的"撒谎外交",在国内的"欺骗政治",不是非理性的,而是抽象的"经济人"实践理性的现实具体表现。

西方市场经济学的经济实践理性曾借道我国经济市场化改革,一度在我国改革开放的实践中产生负面影响,导致了一些腐败问题和社会丑恶现象。以习近平同志为核心的党中央把坚持人民主体地位作为经济社会发展的基本原则,把实现以人民为中心的发展作为治国理政、推动经济社会发展的实践要求既量力而行又尽力而为地改善民生,不断提高人民群众的发展水平和发展能力。"以人民为中心"也就成为超越西方理性"经济人"假设、扬弃利润最大化、成本最小化原则的中国特色社会主义政治经济学的经济实践理性。

(三)以人民为中心对西方市场经济实践理性的扬弃

以人民为中心,是以人民的总体利益、根本利益、长远利益为中心,既要关注和回应绝大多数个体民众的利益诉求,又不是个体利益诉求的简单汇总;这必然要摒弃理性"经济人"的自私自利追求,把分散的人民群众个体组织团结成为一个有机整体。

社会主义市场经济的发展逻辑必然扬弃利润最大化的经济实践理性。追求利润最大化的经济实践理性泛滥必然导致社会财富占有的两极分化,这背离了社会主义的本质要求。我国市场经济与西方市场经济的发展起点和路径又存在显著的区别,社会主义市场经济必然要扬弃理性"经济人"假设。西方市场经济遵循"先有市场主体、后有市场规则"的发展逻辑,我国市场经济遵循"先有市场规则、再有市场主体"的发展逻辑。西方国家先是在经济社会发展中自然而然形成追求个体私利的市场主体,然后再有市场主体的共识形成和完善的市场机制、市场规则;我国市场经济是政府主导改革开放中逐渐形成的共识,市场经济发展的起点是政府制定市场规则、主动培育市场主体,并不断在实践中丰富、壮大市场主体,完善市场秩序和规则。我国的市场经济发展与维护和追求集体利益、社会整体利益具有天然的联系。西方市场经济具有崇尚个体私利追求的天性;我国市场经济则具有扬弃个体私利追求的天性。社会主义本质要求我们必须扬弃理性"经济人"利润最大化的经济实践理性,坚持党的领导、政府主导下的市场化改革使我们有能力扬弃理性"经济人"利润最大化经济实践理性,把以人民为中心作为中国特色社会主义市场经济学的经济实践理性。

坚持以人民为中心必须要有坚定的马克思主义理论自信。改革开放初期,西方市场经济学的经济理性曾披着新事物、先进理念的外衣进入社会主义建设实践。历史发展进程中,旧事物总是从新事物演变而来,新事物的萌芽总是被裹挟在大量的旧事物之中,社会潮流并非一定代表社会发展方向。伟大的马克思正是从上流社会所不屑和鄙弃的工人生产生活中,发现工人与先进生产力相联系,社会化大生产必然使工人组织起来而焕发出推进历史进步的强大动力,才发现和揭示了"两个必然"的历史规律。在多元社会思潮交织、国与国之间紧密交往、经济全球化不可逆转的背景中,只有不盲从、不迷失于国际潮流,善于从纷繁复杂的社会现象中发现新事物的萌芽,紧紧把握历史前进的方向,才能成为推动历史发展的能动主体。在霸权主义、强权政治仍大行其道时,明确提出超越理性"经济人"假设的以人民为中心的经济理性,既是反思和总结我国改革开放实践的重大成果,也是捍卫马克思主义、推动人类社会进步的重大实践。坚定中国特色社会主义理论自信,坚持和发展中国特色社会主义政治经济学,必须重视和善于从中国经济发展实践中总结提炼经济范畴,既要把马克思主义的经济理想变成经济现实,又要把中国经验上升为经济理论。

坚持党的领导和基本经济制度才能真正实现以人民为中心的发展。以人民为中心,既贯穿在治国理政的方略、经济社会发展的政策中,也融合在经济社会发展主体的行为选择中。只有加强和改进党的建设,全面从严治党、全面深化党的领导,把党中央的决策部署细化落实到经济社会发展的方方面面,才能真正实现以人民为中心。新时代增强党员干部的政治意识、大局意识、核心意识、看齐意识,全面充分、深入细致地彰显党员干部的先进性纯洁性,是示范、汇聚坚持以人民为中心的发展力量的不二选择。经济发展中,当投资于机器、改进生产设备能够提高劳动生产率,能够增加利润时,依据理性"经济人"利润最大化原理,即使存在剩余劳动力,投资者仍然主要投资于机器而不是劳动力。就业是最基本的民生,坚持以人民为中心的发展,必须竭力为有劳动能力的劳动者提供就业机会。依据以人民为中心的原理,尽管投资于社会的剩余劳动力会降低投资利润,投资者仍然要投资于劳动力;在资本密集型产业相较于劳动密集型产业具有比较优势的条件下,为释放就业需要,仍然需要有意识地维护和发展劳动密集型产业而不是一味追求利润而刻意发展资本密集型产业。在充分就业面临较大挑战，而技术密集型产业、资本密集型产业又急需发展的条件下，多种所有制经济共同发展才能真正实现以人民为中心的发展。一方面，承认和维护非公有制企业追求利润最大化的市场主体地位，支持其走资本密集、技术密集型发展道路，对主动放弃理性"经济人"成本最小化利润最大化决策原则而坚持以人民为中心的决策原则的非公有制企业予以专门的扶持和奖励。另一方面，公有制企业，特别是实力雄厚、市场竞争力强的国有企业应着力承担落实国家宏观调控政策的重任，为释放就业需求，主动牺牲利润而投资劳动力、发展劳动密集型产业。通过多种所有制经济共同发展，兼顾人民的长远利益和短期利益、根本利益和现实利益、全局利益和局部利益。中国特色社会主义新时代，加强国企党建，把党的建设全面融入国企生产经营的全过程、全领域，党小组和生产经营作业小组叠加融合，党的组织力量和社会化大生产的组织力量协同和集成，把国有企业锻造成为利用市场竞争机制提高以人民为中心的发展能力的经济主体，以人民为中心才有坚实的物质保障。培育践行社会主义核心价值观，坚定中国特色社会主义的文化自信，使以人民为中心的价值理念内化为社会公众的行为决策原则，以人民为中心才有良好的社会环境。

二、扬弃市场机制运行结果的共同富裕的实践理性

共同富裕是社会主义的本质要求，也是中国特色社会主义政治经济学的实践理性。"在生产力发展的基础上逐步消除与私有制相伴随的社会不平等，是科学社会主义关于未来社会发展的一个重要科学论断。共同富裕目标的提出，标志着马克思主义关于未来社会价值标准的根本确立。"[1] 发展不平衡，是新时代实现共同富裕的最大短板。习近平总书记"最牵挂的还是困难群众"，党的十八大以来，他先后前往 28 个省市自治区的 30 多个贫困村镇进行调研，深入了解各地困难群众的生活境况，鼓励困难群众在党委政府的帮助下用多种形式摆脱贫困实现小康。[2] 以习近平同志为核心的党中央谋划和筹备脱贫攻坚战，部署指挥精准扶贫，把共同富裕经济理性书写在全面建成小康社会、实现中华民族伟大复兴的实际行动中。

---

[1] 程恩富、刘伟：《社会主义共同富裕的理论解读与实践剖析》，《马克思主义研究》2012 年第 6 期，第 41—47 页。

[2] 央视网：《习近平 最牵挂的人是谁?》，http://cpc.people.com.cn/n1/2017/0131/c64387-29053374.html。

（一）共同富裕的实践理性的生成逻辑

共同富裕的实践理性是马克思主义共同富裕理论的逻辑延伸。马克思主义产生以前，共同富裕仅仅是人类社会的一种幻想。马克思主义认为，社会物质生产力的不断发展是人类从贫穷走向共同富裕的最一般基础和前提；生产力与生产关系、经济基础与上层建筑之间的对立统一不仅揭示了人类社会发展的一般规律，也揭示了共同富裕的历史发展规律；不同阶级社会之间的更替过程表现出人类社会的发展性以及共同富裕的历史性，资本主义生产方式内在的矛盾揭示了人类最终将走向共同富裕的社会主义社会和共产主义社会的历史必然性和发展趋势；社会主义社会、社会主义国家必然以历史渐进的方式实现共同富裕。① 世界总体区分为物质世界和精神世界，共同富裕也就包括物质财富和精神财富的生产、占有与消费两个方面的要求。共同富裕不是同步富裕，也不是同等程度的富裕，是全体社会成员共同劳动、追求自由全面发展的社会实践的结果，是追求共同富裕的动态过程和静态结果的辩证统一。共同富裕的静态结果有上下限两层含义，下限含义是所有社会成员都拥有一定数量规模和质量要求的社会财富，生活水平都在取得社会共识的某一水平之上，上限含义是社会最富裕的成员和最不富裕成员之间的富裕程度极差不能超过某一水平。共同富裕的动态过程一是指社会富裕程度下限的绝对水平不断提高，二是指社会弱势群体富裕程度更快提高、富裕程度极差不断缩小。

共同富裕的实践理性是中国共产党追求共同富裕的实践积淀。中国共产党在领导革命和建设的实践中不断深化对共同富裕的认识。以毛泽东同志为核心的中国共产党高度重视生产资料公有制对实现共同富裕的重要作用，高度重视富裕程度的极差控制，事实上是把共同富裕和同步富裕等同。实践已经证明，强调共同富裕过程的公平，注重分配上的绝对平等而忽略劳动者积极性的激发，共同富裕终究会异化为共同贫穷。以邓小平同志为核心的中国共产党深刻总结社会主义建设经验，完整地概括社会主义的本质特征，强调改革"始终坚持两条根本原则，一是以社会主义公有制经济为主体，一是共同富裕"②；深刻阐释了"先富"和"后富"在实现

---

① 《中国特色社会主义政治经济学十五讲》，北京，中国人民大学出版社，2016年版，第71—94页。

② 邓小平：《邓小平文选（第3卷）》，北京，人民出版社，1993年版，第142页。

共同富裕过程中的历史使命和辩证关系。以江泽民同志为代表的中国共产党人强调共同富裕所蕴含的人的全面发展的内涵,从公平和效率的关系和收入分配制度的角度深刻阐释经济发展与实现共同富裕的关系。以胡锦涛同志为代表的中国共产党人进一步强调实现共同富裕在党的事业中的重要地位,突出科学发展、保障社会公平对促进共同富裕的重要作用,强调全面统筹的方法、效率与公平并重的原则在共同富裕进程中的应用。以习近平同志为核心的中国共产党一是高度重视共同富裕的战略设计,把承载实现共同富裕历史使命的全面建成小康社会战略纳入"四个全面"战略布局,使全面深化改革、全面依法治国、全面从严治党成为共同富裕的战略支撑;二是把直接剑指发展不平衡、贫富分化等现实问题,直接导向共同富裕的共享发展作为新发展理念的重要内容、核心要求和价值追求;三是坚决打赢防范化解重大风险、精准脱贫、污染防治三大攻坚战,着力消除共同富裕的短板制约;四是"明确新时代我国社会主要矛盾是人民日益增长的美好生活需要和不平衡不充分的发展之间的矛盾,必须坚持以人民为中心的发展思想,不断促进人的全面发展、全体人民共同富裕"[①],把共同富裕的社会经济理性内化到新时代中国特色社会主义具体的建设活动之中。

(二)共同富裕的实践理性对两极分化的超越

共同富裕超越两极分化直观体现社会主义制度的优越。两极分化是生产资料私有的制度条件、理性"经济人"的成本最小化利润最大化的行为选择和优胜劣汰的市场竞争综合作用的必然结果。在生产资料私有制条件下,作为理性"经济人"的生产资料所有者凭借其对生产资料——"物"的所有而占有和掌控"人—物"结合的劳动过程、劳动成果以及劳动创造价值的分配。作为一个理性"经济人",生产资料所有者为了避免因市场竞争失败而被淘汰出局的命运,总是尽可能压低劳动力商品价值以最大可能地追求剩余价值,劳动者和生产资料所有者在社会财富占有上的两极分化不可避免。西方发达国家看似拥有完善的社会福利体系、救助体系,但其减贫成就总是乏善可陈,总有数量不少的赤贫人口流荡在社会生活中。深层次的原因就在于,生产资料所有者视这些贫困人口为市场竞争的失败者、不思进取的懒惰者、能力低下不能适应社会的失败者,根本不会从系

---

① 习近平:《决胜全面建成小康社会 夺取新时代中国特色社会主义伟大胜利——在中国共产党第十九次全国代表大会上的报告》,北京,人民出版社,2017年版,第19页。

统的制度安排的角度、从有的放矢地消除致贫因素的思想维度和认识高度去谋划减贫战略。生产资料公有制在保障劳动者凭借劳动力商品使用权转让参与社会财富分配的同时,还保障劳动者能以生产资料所有者的身份参与社会财富分配,进而避免劳动者和生产资料所有者在社会财富分配和占有上的两极分化。中国特色社会主义既坚持生产资料公有制为主体,奠定共同富裕的制度基础,又坚持多种所有制共同发展,释放生产力发展的多元动力,为提高共同富裕的程度和水平奠定更坚实的物质基础、创造更好的条件。党集中统一领导经济工作,不仅使公有制经济和非公有制经济各自单独释放发展活力,还使混合所有制经济发展更多地、更好地体现公有制保障共同富裕的制度性功能,为实现共同富裕提供多重保障。

新时代共富优先的政策设计体现共同富裕的实践理性。物质财富创造能力不强、生产力发展不足,曾是共同富裕最大的现实制约。改革开放初期创造条件让一部分人、一部分地区先富起来,一是要通过支持鼓励先富以拉动经济快速增长,尽快化解生产力发展不足对共同富裕的现实制约,二是要使先富示范带动共同富裕,经济发展政策设计与实践更多地关注了前者。中国特色社会主义新时代,共同富裕已经摆脱了生产力普遍发展不足的制约,社会主要矛盾转化,使经济增长、社会生产和共同富裕的关系呈现新的特点。新时代践行共同富裕的实践理性,"不是什么'国富优先'转变为'民富优先',而是明确宣布'让一部分人、一部分地区先富起来'的政策已经完成任务,今后要把这一政策转变为逐步'实现共同富裕'的政策,完成'先富'向'共富'的过渡"①。共同富裕不是同步、同等程度的富裕,是存在差异、有先有后的富裕。在循序渐进实现共同富裕的历史过程中,"先富"优先的政策设计过渡到"共富"优先,是要适应共同富裕所面临的生产力发展难题的转变。改革开放之初,生产力发展面临总体水平较低的现实难题,先富优先的政策设计是要适应社会对效率优先的追求;新时代,社会生产力发展面临生产力系统内部发展不平衡不充分的现实难题,共富优先的政策设计是要适应社会对公平、对协调优先的追求。

新时代的社会生产和收入分配体现共同富裕的实践理性。单纯调整社会财富分配,不可能完全化解共同富裕的现实制约;生产条件分配和社会财富分配协同,才能实现共同富裕。新时代既要重视缩小城乡收入差距、

---

① 刘国光:《是"国富优先"转向"民富优先",还是"一部分人先富起来"转向"共同富裕"》,《探索》2011年第4期,第54—57页。

地区收入差距、行业收入差距,在收入分配环节夯实共同富裕的基石,又要重视缩小不同社会群体在收入转变为资本、物质财产转变为生产资料、凭借资产获取收入等方面的差距,在社会生产环节夯实共同富裕的基石。新时代深化国有企业生产经营利润分配改革,国企利润给民众分红、与居民养老保险个人账户关联,既有利于增强人民群众对其作为生产资料所有者的身份感知和认同,拓展其凭借全民所有的生产资料参与财富分配的渠道,也有利于激发人民群众监督国企生产经营、为改善国企生产经营献计献策的主动性和积极性。新时代大力发展普惠金融,利用金融工具化解中低收入民众的货币资金转化为货币资本的门槛制约,拓展普通民众获取资产性收入的渠道,是社会生产和收入分配协同促进共同富裕的有效途径。

三、超越政府市场二元对立的二元协同实践理性

政府和市场都是在社会发展中逐渐形成的,政府和市场的关系,是发展市场经济绕不开的问题。政府和市场分别代表两种机制、两类主体。政府是消耗公共资源、遵从目标导向的主体,以政治动员、行政命令的方式配置资源;市场是消耗私人资源、遵从盈利导向的主体,以自愿交换的方式配置资源。从亚当·斯密的市场万能和守夜人政府论的"扬市场抑政府",到凯恩斯主义国家干预论的"扬政府抑市场",到新自由主义放松政府管制论的"扬市场抑政府",再到强化国家干预、政府监督以应对2008年国际金融危机的"扬政府抑市场",西方主流经济学总是将政府和市场看作两类不能兼容的机制,两种相互独立、作用此长彼消的主体。习近平总书记强调,"在市场作用和政府作用的问题上,要讲辩证法、两点论,'看不见的手'和'看得见的手'都要用好,努力形成市场作用和政府作用有机统一、相互补充、相互协调、相互促进的格局,推动经济社会持续健康发展"①,生动直观地阐释了"政府—市场"二元协同经济理性。

(一)"政府—市场"二元协同是改革开放实践经验的结晶

"政府—市场"二元协同凝聚着丰富而深刻的实践智慧。在改革开放进程中,在不同发展阶段、不同时空条件下,我国对政府和市场的作用、功能的认识虽然存在差异,但在实践中始终坚持政府和市场协调的辩证思维。从统一的计划排斥市场,到计划经济体制改革逐步培育市场、逐渐释

---

① 习近平:《习近平谈治国理政》,北京,外文出版社,2014年版,第116页。

放市场活力，再到确立社会主义市场经济的改革目标，中国共产党逐渐深化对市场的认识，积累政府和市场协同的经验。社会主义市场经济建设进程中，市场在资源配置中的基础性作用最初是在国家宏观调控下发挥，然后是要在更大程度上发挥，再是从制度上更好发挥，最后是在更大程度更广范围上发挥。党的十八届三中全会提出"使市场在资源配置中起决定性作用和更好发挥政府作用"，不仅是市场作用发生质的飞跃，而且对政府与市场协同提出了更高的要求；市场发挥决定性作用有赖于政府更好地发挥作用，政府是否更好地发挥作用由市场判断，接受和经历市场检验。

政府与市场协同必须坚持党的全面领导。政府与市场协同，重在依据发展基础及发展条件、内外发展环境的变化，适时调整政府和市场的职能和角色定位，明确哪些事应该由市场、社会、政府各自分担，哪些事应该由三者共同承担。没有集中统一的领导，政治运行和经济社会发展陷入内耗，就不可能实现政府、市场角色定位和职能的适时调整，也就不可能有持续有效的"政府—市场"协同模式。新时代"政府—市场"二元协同，是要用市场在资源配置中决定性作用的发挥倒逼政府机构改革和职能转变，依靠政府更好发挥市场作用，为市场在资源配置中发挥决定性作用创造条件，实现有效市场和有为政府各展所长、优势叠加。新时代坚持党的全面领导，既是为"政府—市场"二元协同提供实践操作层面的运行保障，也使"政府—市场"二元协同始终坚持以人民为中心，以实现共同富裕为目标。

（二）新时代政府与市场协同的途径和方式

政府和市场关系协调并不能简单归为政府挽救市场失灵、市场弥补政府失灵。政府与市场的关系不应该是一种此消彼长的短期静态关系，而是一种长期动态相互影响的关系。① 新时代政府与市场协同，必须全面审视政府和市场作为两种机制与两类主体的双重属性，探寻政府和市场各展所长、优势互补并实现功能再造的途径和方式。

政府与市场作为两类主体的协同有三个方面的要求和表现。一是利益协同，政府要明确代表集体利益、公共利益的具体事项，规范集成民众分散个体利益的程序和方式，防止和避免以追求集体利益、公共利益的名义

---

① 冯涛、李湛：《政府、市场关系的动态演化与中国经济增长》，《陕西师范大学学报》2011年第2期，第94-100页。

为特定主体谋取利益。二是作为方式协同,政府要在明确自身事项的基础上,按照非禁止即肯定的原则决定市场作用的空间,让市场主体在市场空间内自行决定自己的行为选择和行为方式。三是诉求扩容协同,政府行为要强化对市场主体的导向功能,引导市场主体的个体利益诉求合理发展,引导市场主体利用市场机制实现对自身利益的追求。① 政府与市场协同是政府主导市场化改革的出发点和归宿,要更好地发挥政府对协同的主导作用,就必须进一步加强法治政府建设,全面推进依法行政,增加政府行为事项及行为过程的公开透明性,利用市场的力量强化对政府行为过程的监督和行为绩效的考查。

政府与市场作为两种机制的协同集中表现为目标任务发现识别与实现落实的协同。在经济社会发展目标明确的条件下,要充分利用市场激励机制促进资源优化配置,强化成本收益核算,尽可能地降低实现发展目标的资源消耗;在经济社会发展目标尚不明确的条件下,在探索、明晰未来发展目标的过程中,政府制定并维护市场的秩序,使市场能够用尽可能小的成本去发现未来的发展道路和发展方向,明确未来的发展目标。在发展任务明确的条件下,要充分利用政府政治动员、行政管理机制保障总体任务落实、长远目标分解,并按照市场法则计算个体在总体任务落实、长远目标分解中蒙受的经济利益损失,利用市场激励机制弥补作为平等主体的行为个体因总体任务落实、长远目标分解而蒙受的经济利益损失;在总体方向明确,但具体任务、具体目标尚不清晰的条件下,利用政府规划机制提出发展总体要求,利用市场机制鼓励微观主体在不违背总体要求的前提下大胆尝试、大胆创新,以明确具体任务和具体目标。

四、超越霸权主义的合作共赢实践理性

面对以英国脱欧和特朗普政府"美国优先主义"为代表的逆全球化潮流冲击世界经济发展的严峻现实,习近平总书记斩钉截铁地回应世界对中国的关切。习近平总书记强调,"开放带来进步,封闭必然落后。中国开放的大门不会关闭,只会越开越大"②,回应了世界对中国面临被强加的贸易战还会不会继续开放的问题。习近平总书记指出:"中国愿同世界各

---

① 杜黎明:《效率与公平协调视域下的民生供给研究》,《中州学刊》2014 年第 5 期,第 42—46 页。

② 习近平:《决胜全面建成小康社会 夺取新时代中国特色社会主义伟大胜利——在中国共产党第十九次全国代表大会上的报告》,北京,人民出版社,2017 年版,第 34 页。

国分享发展经验,但不会干涉他国内政,不会输出社会制度和发展模式,更不会强加于人。我们推进'一带一路'建设不会重复地缘博弈的老套路,而将开创合作共赢的新模式;不会形成破坏稳定的小集团,而将建设和谐共存的大家庭。"① 这回应了新时代的中国怎么开放的问题,深刻地阐释了合作共赢实践理性的内涵和要求。

(一)合作共赢摒弃霸权主义的零和思维

经济全球化曾是以美国为首的先发国家对外扩张的理论依据和实践手段。用零和博弈思维审视全球化,先发国家利用其先发优势在国际经济交往中获利,国际交流的范围越广、全球化程度越深,其获利空间、获利规模就越大。全球化的初始动力主要源自社会化大生产引发的国际分工,逐利资本在全球范围内寻找获利机会。过去较长一段时间内,奉行零和博弈的先发国家依据其能在国际分工、资本跨国运动中获利的原则倡导和制定国际规则和国际秩序,促进经济全球化向纵深发展。随着科学技术的发展,科学技术推动全球化发展的动力作用越来越凸显,既有国际规则和国际秩序越来越难以适应先发国家的逐利追求。先发国家对国际规则采用的"合则用之、不合则弃之"的自私实用态度,自然会导致逆全球化潮流滋生泛滥。先发国家兴起的逆全球化潮流、全球化动力的演变没有改变全球化发展的内在趋势,人类当今面临的气候变化、资源枯竭、恐怖主义等共同问题也需要世界各国通力合作。合作共赢不仅是新时代的经济实践理性,也是完善全球治理亟需奉行的行为准则。合作共赢奉行正和博弈,是对零和博弈的超越;包括"做大蛋糕"和"蛋糕分配"两个环节,合作是手段,共赢是结果。优势竞争主体秉承正确义利观,把合作贯彻落实到蛋糕制作和分配全过程,才能实现共赢的目的。

(二)合作共赢需要扬弃"中心—外围"理论

"中心—外围"理论耦合了霸权主义的诉求。霸权主义是自私自利的理性经济人假设在国家治理、国际交往中的体现和实践。霸权国家必然自视为世界中心,必然依据自己实现霸权的需要,把世界划分为可以随其一道主张霸权的盟友、可以为其实现霸权提供支撑的合作伙伴、借助霸权去掠夺和剥削的交往对象,以及反对和对抗其霸权的敌人。霸权国家依据发

---

① 习近平:《习近平谈治国理政(第2卷)》,北京,外文出版社,2017年版,第514页。

展阶段、时空条件对盟友、合作伙伴、交往对象、敌人的动态调整和选择，对不同联系对象做出的政策调整，就是世界动荡的根源。霸权主义是与和平发展背道而驰的力量。经济学的"中心—外围"理论，其实是对市场机制驱动的经济霸权主义的生动刻画，力图通过经济制度的趋同，通过单纯的经济交往对冲甚至是消除霸权主义，稳固和平的压舱石的主张不免带有过多的理想色彩。坚持合作共赢必然要扬弃"中心—外围"理论，打破依据"中心—外围"圈层选择经济交往方式的惯性，把你情我愿的交往法则和正确义利观耦合作为行为决策依据。

（三）合作共赢旨在构建人类命运共同体

世界舞台上，大国崛起总会引发国际体系"中心—外围"结构的变迁，修昔底德陷阱正是对这种结构变迁的直观描述。历史表明，依靠掠夺和侵略、凭借军事扩张走向世界舞台中央必然伴生霸权主义、强权思维。工业革命以来，经济全球化曾是以美国为首的先发国家对外扩张的理论依据和实践手段，当今的逆全球化潮流的实质依然是霸权主义、强权思维的表现，是霸权者打压新崛起大国，利用自身强大的实力要挟世界，意在将其维护霸权的意图注入国际秩序和国际规则的修正完善中。中国特色社会主义新时代，是我国日益走近世界舞台中央、不断为人类做出更大贡献的时代。与霸权主义、强权政治不同，中国不是依靠对外掠夺和扩张，而是高举和平、发展、合作、共赢的旗帜，在给世界上那些既希望加快发展又希望保持自身独立性的国家和民族提供全新选择、为解决人类问题贡献中国智慧和中国力量的过程中走近世界舞台中央。习近平总书记秉承共商共建共享的全球治理观，倡导国际关系民主化，强调建立以合作共赢为核心的新型国际关系，提出和贯彻正确义利观，倡导构建人类利益共同体、责任共同体，最终形成人类命运共同体。"亚投行"、"一带一路"倡议顺利推进并得到广泛的认同，既奠定了构建人类命运共同体的坚实基础，也用铁一般的事实证明合作共赢实践理性的国际影响力和实践价值。

第三章　新时代坚定中国特色社会主义道路自信的理论意蕴

中国特色社会主义道路不是主观设计的方案，不是国外经验的中国翻版，而是在改革开放实践探索中"蹚"出来的。改革开放，承载着探索中国特色社会主义道路和走好走顺中国特色社会主义道路的双重使命。改革开放初期，邓小平同志"摸着石头过河"的名言直观生动地体现了中国特色社会主义道路的实践探索性特征。党的十八届三中全会强调，全面深化改革要加强"顶层设计"和"摸着石头过河"相结合；"顶层设计"把经受了改革开放实践检验的成功经验确定为新时代中国特色社会主义建设的基本遵循，直观生动地体现了新时代走顺走好初步成熟定型的中国特色社会主义道路的特征。"探路"和"走路"，揭示了实践和认识的内在关系；"探路"中形成的认识，是"走路"的理论指导，"走路"检验和发展"探路"中形成的认识。"探路"和"走路"作为社会主义建设的两种实践要求，在时间上继起，在空间上并存，体现和彰显了实践和认识的辩证关系。新时代坚定中国特色社会主义道路自信，要求我们顺应从主要是"探路"到主要是"走路"的转变的趋势和要求。无论是以"探路"为主的改革开放新时期，还是以"走路"为主的全面深化改革新时代，都蕴含了马克思主义实践观的哲学智慧。

第一节　"探路"向"走路"转变蕴含马克思主义实践观

实践内在地包含着三重关系，即人与自然的关系、人与人的关系以及人与意识的关系，而这些关系的综合又构成了基本的社会关系。正如商品以浓缩的形式包含了资本主义社会的基本矛盾,实践以浓缩的形式包含了全部社会关系,它是全部社会关系的发源地和整个人类历史的现实基础,构成了社会生活的本质和人类历史的本体。作为实践主体的人既是自然存在物又是社会存在物,是自然存在物和社会存在物的统一,直接决定人的本质的社会关系都是在实践活动中生成的。实践的权威体现在马克思主义的自然观、历史观及辩证法中:在自然观中,实践构成了自在自然与人化自然分化和统一的基础,从而扬弃了人与自然之间的二元对立;在历史观中,实践构成了人的存在方式和社会的本质,是"历史的自然"和"自然的历史""二位一体"的基础,从而消除了物质的自然和精神的历史对立的神话;在辩证法中,实践构成了自然辩证法与历史辩证法分化和统一的基础,实践本身就内含着否定性的辩证法,从而使自然辩证法和历史辩证法之间达成了真正的和解。[①] 人是实践中的存在,实践构成人的存在方式,构成人的生存本体;离开实践的现实条件、实践动因、实践目标、实践主体主观能动性发挥,就无从揭示改革开放伟大历史成就的奥秘;脱离实践背景总结历史经验、评价历史人物,不免陷入历史虚无主义主观臆想的泥潭。

一、马克思主义实践观的历史意蕴

实践是引发马克思哲学革命的基础范畴。在《关于费尔巴哈的提纲》中,马克思认为:"从前的一切唯物主义(包括费尔巴哈的唯物主义)的主要缺点是:对对象、现实、感性,只是从客体的或者直观的形式去理解,而不是把它们当做感性的人的活动,当做实践去理解,不是从主体方面去理解。"[②] 实践范畴对马克思的哲学革命的重要影响,在马克思哲学中的地位和作用由此可见一斑。"马克思哲学是从人的存在出发去解读存在的意义,从人的存在方式——实践出发去理解和把握人与世界的关系。"[③] 马克思哲学奠定马克思主义哲学发展的基石,实践范畴因而也是马克思主义哲学的基本范畴。实践活动是现存世界得以存在的根据和基

---

① 杨耕等:《马克思主义哲学基础理论研究》,北京,北京师范大学出版社,2013年版,第77页。
② 中共中央马克思恩格斯列宁斯大林著作编译局:《马克思恩格斯文集(第1卷)》,北京,人民出版社,2009年版,第499页。
③ 杨耕等:《马克思主义哲学基础理论研究》,北京,北京师范大学出版社,2013年版,第50页。

础，在现存世界的运动中具有导向作用，现存世界一经形成又反过来制约甚至决定现实的人及其活动。人现存世界的状况如何，现实的人的状态就如何，要改变现实的人的状态，就必须改变现存世界；认识现存世界是改变现存世界的前提，"哲学家们只是用不同的方式解释世界，而问题在于改变世界"①；世界的改变绝不是单纯的精神运动的产物，而是现实的人的实践结果。实践改变和发展着人的自然属性，生成和发展着人的社会属性和精神属性；实践把人的目的、理想、知识、能力等本质力量对象化为客观实在，创造出属人的对象世界。"撸起袖子加油干""中国特色社会主义是干出来的"，就是马克思主义实践观的生动的、现实的写照。

（一）马克思主义实践观彰显马克思主义哲学的特质

马克思主义哲学既要解释世界，又要为改变世界提供方向指引和方法指导。对世界的解释和改变统一于人能动的社会实践中，实践总是承载着实践主体的价值追求。历史是现实的先导，现实是历史的终点，不仅因为现实的实践以过去实践的结果为基础，而且因为过去实践中形成的认识指导现实的实践。没有改革开放新时期求富实践的经验总结和认识积累，就不可能有全面深化改革新时代的求强实践；没有改革开放新时期"摸着石头过河"的实践，就没有全面深化改革新时代的"顶层设计"。历史发展的合规律性，体现在客观条件对实践的规范和限制之中，历史发展的合目的性，体现在实践目标选择和实践主体的价值追求之中。

马克思主义哲学实现了本体论、认识论和价值论的有机统一。本体论是探究世界的本原或基质的哲学理论。认识论是探讨人类认识的本质、结构，认识与客观实在的关系，认识的前提和基础，认识发生、发展的过程及其规律，认识的真理标准等问题的哲学学说。价值论是关于价值的性质、构成、标准和评价的哲学学说；主要从主体的需要和客体能否满足主体的需要以及如何满足主体需要的角度，考察和评价各种物质的、精神的现象及主体的行为对个人、阶级、社会的意义。哲学家在对世界本原的追问中形成其本体论，在对世界本原、现实世界的认知中形成其认识论，在对人的行为的真善辨析中形成其价值论。在马克思主义哲学中思维与存在的关系问题，实质是"现实的人"以"感性活动"为基础的与"现实世

---

① 中共中央马克思恩格斯列宁斯大林著作编译局：《马克思恩格斯文集（第1卷）》，北京，人民出版社，2009年版，第509页。

界"的关系问题。所谓现实的人，就是从事实践活动并在实践活动中发展自身的人；"感性活动"，就是这种"现实的人"所进行的社会实践活动；"现实世界"，则是"现实的人"的"感性活动"的对象。① 借助于实践范畴，马克思主义哲学的本体论、认识论和价值论不再是彼此相对独立的三大板块，而是一个有机的统一体。马克思主义哲学对世界本原——客观实在性的追问，不是在单纯的思维运动中展开，而是在具体的实践中不断得以深化。认识发展体现和反映了实践过程中追问反思世界本原的成果，主体设定的实践目标直接体现其价值追求和价值拷问。价值追求和价值拷问内隐于实践过程中的主体客体化和客体主体化之中。人通过实践使自己的本质力量作用于客体，使其按照主体的需要发生结构变化和功能变化的主体客体化过程中，人的价值追求和价值拷问借助于自身需要融入这一过程。客体从客观对象的存在形式转化为主体生命结构的因素或主体本质力量的因素，客体失去客体的形式，变成主体的一部分的客体主体化过程中，人的价值追求和价值拷问借助于主体本质力量融入这一过程。

（二）客体主体化和主体客体化在创造历史的实践中实现辩证统一

实践的主体、客体和中介是实践活动的三项基本要素，三者的有机统一构成实践的基本结构。人民群众是历史的创造者，社会生产关系链条上的主体互为创造历史的实践主体和客体。历史发展成就是创造历史的实践主体客体化和客体主体化辩证统一的结果。

历史创造中的主体客体化和客体主体化揭示历史观的"困惑"。历史是人民群众创造的，但名垂青史的往往是历史英雄人物，这是历史观不得不正视的"困惑"。"全部社会生活在本质上是实践的。凡是把理论引向神秘主义的神秘东西，都能在人的实践中以及对这种实践的理解中得到合理的解决。"② 英雄史观从社会意识决定社会存在的历史唯心主义立场出发，被英雄人物在历史事件中的耀眼表现的表象所迷惑，没能深刻认识到英雄人物成就历史的"丰功伟绩"的根本原因在于其吸取和聚合了普通群众创造历史的动力。在历史英雄人物的社会实践活动中，英雄人物是实践主体，普通的人民群众是实践客体。创造历史的进程，首先是历史英雄人物

---

① 杨耕等：《马克思主义哲学基础理论研究》，北京，北京师范大学出版社，2013年版，第127页。

② 中共中央马克思恩格斯列宁斯大林著作编译局：《马克思恩格斯文集（第1卷）》，北京，人民出版社，2009年版，第501页。

发现、识别、汇聚普通人民群众的诉求，并将普通人民群众的诉求和意愿融汇于历史英雄人物参与、推动的社会活动中，实现客体主体化；然后才可能是英雄人物动员、组织人民群众参与创造历史的实践，人民群众按照历史英雄的设计从事历史创造活动，实现主体客体化。

改革开放四十余年书写了人类历史的篇章。实践是人能动地改造物质世界的对象性活动，它把人的目的、理想、知识、能力等本质力量对象化为客观实在。改革开放实践把中国人民求富求强的目的，实现中华民族复兴、建设现代化强国的理想，探索认知社会主义本质、市场机制运转机理，以及深化对党的执政规律、社会主义建设规律、人类社会发展规律的认识过程中得到的知识，妥善处置和应对发展难题及发展风险的能力，驾驭社会主义市场经济的能力对象化为改革开放的伟大成就。改革开放的动力，由党的领导力量、人民的主体力量和市场配置资源的力量汇聚而成，四十余年的辉煌成就，就是改革开放动力的对象化的社会存在。新时代，这种对象化的社会存在是以习近平同志为核心的执政团队治国理政实践的成果。治国理政实践中，执政团队是实践主体，人民群众是实践客体。"人民对美好生活的向往，就是我们的奋斗目标"直观生动地体现了新时代治国理政实践中的客体主体化，人民群众的美好生活需要直接融汇于治国理政方略中，这是以习近平同志为核心的治国理政团队能够解决许多长期想解决而没有解决的难题、办成许多过去想办而没有办成的大事的基本前提和保障。执政团队的治国理政新方略体现和反映了人民群众的美好生活期望，自然也就具体细化落实到人民群众的行为选择中，人民群众发生治国理政团队所期望的变化，治国理政成效借助于主体客体化而彰显和表现出来。

二、辩证法的实践转向的历史意蕴

人与世界、思维与存在的全部矛盾关系，以及所有这些矛盾关系的展开与发展，都根植于人类自己的实践活动及其历史发展之中。"以实践观点的思维方式扬弃黑格尔的唯心主义概念辩证法，从而形成合理形态的实践辩证法，这是马克思主义唯物辩证法的根本标志，也是它的最重要的理论内容。"[①] 辩证法的实践转向不仅催生了历史唯物主义，还使抽象与具

---

① 孙正聿等：《马克思主义基础理论研究》，北京，北京师范大学出版社，2011年版，第149页。

体的辩证统一在新时代表现出特别重要的意义。

(一) 辩证法的实践转向成就历史唯物主义

以实践的思维方式扬弃黑格尔的唯心主义概念辩证法,形成"合理形态"的辩证法,这是马克思唯物辩证法的根本标志。马克思主义哲学所实现的"实践转向",既是以肯定存在对思维的本原性为前提,以唯物主义为基础去解释思维与存在关系的发展,又是以肯定思维对存在的能动性为前提,以辩证法为内容去解释思维与存在的历史的统一。

辩证法的实践转向是形成历史唯物主义的重要环节。在马克思之前,黑格尔把辩证法推向发展的顶点。"黑格尔的唯心主义:概念辩证法从思维的矛盾运动中去理解思维与存在的统一性,从思维的建构与反思中去发挥辩证法的批判本性,从思维与存在的否定性统一去理解人的世界,从理论理性与实践理性的否定性统一中去理解人与世界的否定性统一,把辩证法提升到了马克思之前的最高水平。"[①] 马克思将人的实践活动作为批判黑格尔辩证法的立足点,将人与世界、思维与存在的矛盾关系,以及这些矛盾关系的展开与发展,归结为人类自己的实践活动及其历史发展中,以实践的方式扬弃黑格尔唯心主义概念辩证法,形成了唯物辩证法。唯物史观并非马克思运用唯物辩证法分析历史发展的结果,它直接蕴含在马克思推动的辩证法的实践转向之中。实践范畴在马克思主义哲学中的重要地位由此可见一斑。中国特色社会主义新时代,如果不深刻理解实践范畴,也就不可能真正理解历史唯物主义,不可能自觉运用历史唯物主义理论指导社会实践,不可能在新时代的实践中进一步坚定中国特色社会主义道路自信,彰显社会主义的中国特色。

(二) 思维的抽象和现实的具体在实践中实现辩证统一

深刻把握抽象和具体的辩证统一,是马克思超越黑格尔和费尔巴哈的重要原因。黑格尔把形而上学地改装了的、脱离了人的自然,以及形而上学地改装了的、脱离了自然的精神统一为绝对精神,认为绝对精神的自我确证就形成现实的世界。形而上学追求一切实在对象背后的那种终极的存在,这种追求实质就是对现实具体的抽象。形而上学关注脱离人及其活动

---

① 杨耕等:《马克思主义哲学基础理论研究》,北京,北京师范大学出版社,2013年版,第125页。

的宇宙本体或"终极存在",不仅"本体"在其中成为一种抽象的存在,而且人本身也成了一种抽象的存在,人和人的世界都消失了。人固然是自然界中的特定物种,是自然界的一个组分,但忽视人相对于其他物种所具有的可以思考、可以创造环境、可以改造自然界其他物种的特性与功能,把自然抽象为没有人的自然的过度抽象,把认识真实世界的任务交给绝对精神的自我确证,在方便形而上学的逻辑推理的同时使思维远离了客观真实的世界,必然滑向唯心主义的泥潭。费尔巴哈把黑格尔的绝对精神归结为感性直观的"以自然为基础的现实的人",迈出从抽象还原具体的一大步。马克思以批判的方式继承了费尔巴哈关于异化和人本主义的学说,把费尔巴哈停留在感性直观上的抽象的人改变为从事实际活动的、现实的人,现实的人的实践活动形成社会生活,社会生活的客观物质性内在地决定历史运动的客观规律性。抽象与具体在能动的人的现实实践中实现辩证的统一,实践概念在马克思主义哲学中的地位,对形成唯物史观的重要作用由此可见一斑。抽象和具体的辩证统一在马克思的政治经济学研究中也有丰富的体现。马克思从使用价值不同的商品可以发生交换这一现象中抽象出商品价值,再把商品价值现实具体为特定商品在商品交换的过程中所交换到的具有另外的使用价值的商品的数量。

（三）抽象和具体的辩证统一的新时代意蕴

马克思主义中国化,需要把马克思主义抽象的普遍真理具体落实到中国特色社会主义建设实践中。践行习近平新时代中国特色社会主义思想,落实新时代党的战略部署,也需要把党对新时代的抽象的、统一的实践要求具体细化落实到每一个实践主体的具体活动之中。坚持抽象和具体的辩证统一,不仅是新时代统一思想认识、促进理论发展的现实要求,也是在新时代的实践中建功立业的现实要求。

实践中坚持抽象和具体的辩证统一,也是辨析个人崇拜和增强看齐意识的理论工具。全面从严治党要求增强看齐意识,别有用心者把这混同于搞个人崇拜。个人崇拜最显著的特征是把领导人塑造成为神,领导人个人置于组织之上、以神的意志要求和约束人民大众的行为;把领导人在特定场合、特定环境,针对特定事情做出的特殊论断直接不折不扣地上升为人民大众普遍的行为约束原则。向以习近平同志为核心的党中央看齐,必然要求学习领会、贯彻落实习近平总书记讲话精神,但这绝不是重新恢复个人崇拜。首先,全面从严治党,彻底清除使党员干部个人超越凌驾于组织之上的土壤，党内禁止任何超越党组织的特殊党员。其次，坚持和完善民主集中制、集体领导的具体制度安排和实践形式，习近平总书记的指示和讲话是他作为中央领导集体的核心和代表在特定的背景下发表的中央领导集体的决策部署、大政方针。第三，落实总书记讲话精神，不是简单套用、直接照搬总书记的具体论断作为行为决策原则，而是必须先结合总书记讲话的背景，深刻领会总书记讲话的精神，实现从具体到抽象的飞跃，然后再立足本职工作、立足自身实际，把总书记讲话的精神细化落实到工作生活的点滴行为中，实现从抽象到具体的飞跃。

三、实践的唯物主义与实践唯物主义的分异

对马克思主义哲学的不同称谓是为了凸显马克思主义哲学某一方面的特征和功能。"用实践唯物主义称谓马克思主义哲学，是为了凸显马克思主义哲学所内含的实践维度及其首要性和基本性；用辩证唯物主义称谓马克思主义哲学，是为了凸显马克思的唯物主义所内含的辩证法维度及其批判性和革命性；用历史唯物主义称谓马克思主义哲学，是为了凸显马克思的唯物主义所内含的历史维度及其彻底性和完备性。"① 马克思主义哲学的多种称谓，一方面彰显了马克思主义哲学体系的丰富庞大，另一方面也警示我们，既要从某一维度深化对马克思主义哲学的研究，又要避免以偏概全，把对马克思主义哲学某一个维度的研究等同于对马克思主义哲学的研究。

（一）实践唯物主义研究的重要贡献

1978年关于"真理标准问题"的大讨论，引发学界对实践问题的关注，催生和推动实践唯物主义研究热潮的形成。与人类有关的存在被划分为被打上了人类实践活动烙印的对象性世界和没有被打上人类实践活动烙印的非对象性世界；依据马克思"被抽象地孤立地理解的、被固定为与人分离的自然界，对人说来也是无"的相关论述，实践唯物主义重视实践在对象性世界，即被人类赋予了意义或可以被人类指称和描述言说的现实世界——人类的世界的形成和发展中的重要作用。实践唯物主义重视马克思主义哲学的创新与发展，力图运用实践范畴，从整体上体现马克思主义哲

---

① 杨耕等：《马克思主义哲学基本理论研究》，北京，北京师范大学出版社，2013年版，第24页。

学理论性质的变革和创新。① 人赖以生存的世界是物质世界,世界的本原是不以人的意志为转移的客观实在,社会生活在本质上是实践的;"马克思的伟大哲学贡献,不是发明了从物质出发或从人出发,而是发现了必须从实践出发才能正确地研究物质和人"②。实践唯物主义研究是中国马克思主义哲学寻求整体变革的一次新的重大尝试,它发扬光大了马克思的伟大哲学贡献,其智慧和理念主要是通过实践理性、实践的主体性、实践的价值取向、实践的辩证法、实践的合理性、实践的探索精神等方面体现出来并发挥作用。

实践唯物主义的创立,标志着马克思主义哲学的一场革命。对马克思哲学之唯物主义性质的理解的混乱性,造成了马克思哲学滞留于自我陶醉的哲学革命与自我封闭的哲学话语的当代性困局;马克思哲学的当代困境内在地源自对实践唯物主义性质的曲解,实践唯物主义研究的兴起,推动了马克思主义哲学在当代的发展。实践唯物主义作为一种时代精神、一种理论思维、一种研究方法、一种哲学范式乃至哲学思想体系,无论是对我国从传统向现代转型的巨大社会变迁中的思想解放、转型方案设计、转型路径选择,还是对当代哲学社会科学的繁荣发展,都有着至关重要的作用。

(二) 实践唯物主义不能等同于实践的唯物主义

马克思主义哲学是实践的唯物主义;实践的唯物主义不等同于实践唯物主义。重视强调实践,并不能天然地成为唯物主义;片面地强调和发展实践的能动性方面,不仅不会导向唯物主义,反而会陷入唯心主义的泥潭。"如果片面地发展了实践的'受动性'方面,对实践等概念的理解就会走向'物质决定意识'的旧唯物主义。"③ 只有把实践概念放到历史唯物主义之中去理解,才能坚守实践唯物主义的马克思的"新唯物主义"立场。

实践是区别于非对象性的自然存在的社会性存在。"马克思主义哲学

---

① 倪志安、武二虎:《实践唯物主义与马克思主义哲学中国化——"重庆实践唯物主义与马克思主义哲学中国化研讨会"观点综述》,《重庆邮电大学学报(社会科学版)》2013年第1期,第17—19页。
② 鲁品越:《实践唯物主义理论体系初探》,《南京社会科学》1993年第6期,第65—72页。
③ 刘福森:《马克思哲学研究中的方法论问题——实践唯物主义与历史唯物主义之争的理论实质》,《现代哲学》2015年第4期,第1—8页。

从人的实践活动出发去理解存在,即把存在理解为人的存在,理解为人的生存实践活动。人们改造物质世界、创造对象世界的活动就是生存实践活动。这种生存实践活动不仅创造着人们的物质生活,而且创造着人们的社会关系,社会关系已经形成又反过来制约着人的生存实践活动,决定着人的存在。"① 人的社会实践是一种社会性的存在,唯物主义抽象的基本立场在社会历史领域必然具体化为社会存在决定社会意识。马克思分析了自然界对人的先在性,除了社会存在外,还有自然存在。人与自然之间的物质变换就是社会存在和自然存在的联系通道。实践唯物主义不再把"物质实体"作为整个现存世界的基础、本质与根据,关注的是与人发生关系的现实世界,强调的是现实个人与现实世界之间的感性对象性关系。实践唯物主义重视对象性世界与非对象性世界的区分,对非对象性世界特别是对非对象性世界向对象性世界转化的重视不够。尽管实践范畴引发马克思主义哲学的革命,在马克思主义哲学中占据至关重要的地位,把马克思主义哲学仅仅归结为实践唯物主义,这事实上是无视、屏蔽了马克思主义哲学对自然存在的重视和研究,存在以部分代整体的嫌疑。把人类在当今的非对象性世界里的"开疆拓土"屏蔽在研究视野之外,也会带来创新思维发展、新时代创新发展研究的局限。

第二节 "探路"转向"走路"对马克思主义实践观的坚持和发展

改革开放实践中不断深化对社会主义本质、对中国特色社会主义的认识,是实践决定认识的直观体现。自信既缘于对实践中形成的认识的肯定和认同,又缘于在认识指导下的实践结出硕果,实践证明认识是真理。坚定中国特色社会主义道路自信、理论自信、制度自信、文化自信,是在实践中形成并得到真理性检验的认识指导实践的直观体现,是认识的第二次飞跃。马克思主义以实现人的解放、人的自由全面发展为理论旨归,中国共产党始终坚持马克思主义的指导,把这一理论旨归体现落实到治国理政的实践主题之中。以邓小平同志为核心的党中央领导全国人民以"杀出一

---

① 杨耕等:《马克思主义哲学基本理论研究》,北京,北京师范大学出版社,2013年版,第73页。

条血路"的勇气、"摸着石头过河"的沉稳开启中国改革开放的航程,彰显了中国特色社会主义道路的实践探索型特征;以习近平同志为核心的党中央加强"顶层设计"和"摸着石头过河"相结合,开启新时代全面深化改革的航程,把不走"封闭僵化的老路"、不走"改旗易帜的邪路"的决心和果敢书写到全面深化改革新时代走顺走好改革开放新时期初步探索成型的中国特色社会主义道路的伟大实践中。从探索中国特色社会主义道路向走好走顺中国特色社会主义道路的转变,就是书写在中华大地的马克思主义实践观和认识论。

一、改革开放实践探索中国特色社会主义道路

中国特色社会主义,是党和人民百年奋斗、创造、积累的根本成就,是改革开放四十多年实践的根本总结,凝结着实现中华民族伟大复兴这个近代以来中华民族最根本的梦想,也体现着近代以来人类对社会主义的美好憧憬和不懈探索。① 改革开放实践,既不断深化和完善对中国特色社会主义的认识,也逐渐探索出一条适合中国国情的中国特色社会主义道路。特殊的国情、特定的时代背景,都在中国特色社会主义道路上留下了深刻的烙印。中国用四十多年时间走过西方发达国家上百年走过的现代化路程,这既缘于中国人民充分发挥了创造历史的主观能动性,也缘于中国融入经济全球化推进改革开放,在不断拓展和深化对外经济技术交流与合作中推进现代化建设。我国的现代化同西方发达国家有很大不同。"西方发达国家是一个'串联式'的发展过程,工业化、城镇化、农业现代化、信息化顺序发展,发展到目前水平用了二百多年时间。我们要后来居上,把'失去的二百年'找回来,决定了我国发展必然是一个'并联式'的过程,工业化、信息化、城镇化、农业现代化是叠加发展的。"② 改革开放必须集中面对西方发达国家用上百年时间去应对和化解的风险,四化并联的现代化特征,都要求新时代一方面要走好走顺改革开放新时期探索出来的成功道路,另一方面要进一步发挥主观能动性,迎接和应对具有新的时代特征的困难和风险,进行具有许多新的历史特点的伟大斗争。

---

① 中共中央党史研究室:《历史是最好的教科书——学习习近平同志关于党的历史的重要论述》,北京,中共党史出版社,2014年版,第17页。
② 中共中央文献研究室:《习近平关于科技创新论述摘编》,北京,中央文献出版社,2016年版,第24—25页。

(一) 中国特色社会主义道路的实践探索特征

中国特色社会主义道路探索，是中国共产党领导人民群众追求自由而全面发展的历史实践接力。新民主主义革命的胜利和社会主义基本制度的建立，为开创中国特色社会主义奠定了根本政治前提和制度基础。社会主义道路探索，以及改革开放实践中树立起的中国特色社会主义的三座里程碑，彰显了中国特色社会主义道路的实践探索特征。

社会主义道路探索奠定中国特色社会主义的基础。以毛泽东同志为核心的中国共产党，带着对社会主义美好前景的向往，对社会主义道路、社会主义建设进行了艰苦的探索。社会主义道路探索初期，中国共产党很快就发现我们学习效仿的苏联模式的不足，开始独立探索适合中国国情的社会主义建设道路。在探索中虽然发生了"大跃进"的严重失误，发生了"文化大革命"这样长时间的严重错误，但党领导全国人民建立了独立完整的工业体系和国民经济体系，积累了社会主义建设正反两方面的经验。社会主义道路探索之所以未能科学回答"什么是社会主义，怎样建设社会主义"的重大命题，其重要原因在于：对社会主义的僵化认识和教条式理解，对社会主义实践继承的落后生产力与马克思主义创始人设想的共产主义继承了资本主义发达的生产力之间的巨大差异缺乏深刻的认识，把马克思主义创始人设想未来社会的理论原则当成了社会主义建设必须坚守的实践原则。

邓小平理论树立起中国特色社会主义的第一座里程碑。以邓小平同志为核心的党中央重新确立解放思想、实事求是的思想路线和工作方针，彻底纠正"以阶级斗争为纲"的错误理论和实践，开启了改革开放的航程。1982年，邓小平同志在党的十二大上发出"走自己的路，建设有中国特色的社会主义"的响亮号召。"走自己的路"再次强调马克思主义基本原理和中国实际相结合，中国的社会主义建设必须也必然要坚持独立自主、自己寻找出路，不可能指望学习效仿他国现成的经验和模式。"有中国特色的社会主义道路"，要求我国社会主义建设必须立足"人口多、底子薄"的现实，克服对社会主义的僵化认识、教条认识的束缚。"杀出一条血路"，就是强调要敢于突破条条框框对实践的束缚；"摸着石头过河"，强调在实践中探索，而不是在书斋中设计中国特色社会主义道路。中国特色不能背离科学社会主义的一般原则，邓小平同志在改革开放之初就强调"一个公有制占主体，一个共同富裕，这是我们必须坚持的社会主义的根本原则"①，明确提出"中国特色社会主义"的命题，既促进了思想解放，也促进了实践发展。以邓小平同志为核心的党中央在领导全国人民探索中国特色社会主义建设道路的实践中，深刻揭示社会主义本质，科学回答"什么是社会主义，怎样建设社会主义"，最终树立起邓小平理论这座里程碑。

"三个代表"重要思想树立起中国特色社会主义的第二座里程碑。以江泽民同志为主要代表的中国共产党人，在国内外形势十分复杂、世界社会主义出现严重曲折的严峻考验面前捍卫了中国特色社会主义。全党上下解放思想，克服了把计划等同于社会主义、市场等同于资本主义的传统僵化认识的束缚，果断开启了中国特色社会主义市场经济建设的航程。"三个代表"重要思想要求中国共产党始终代表中国先进生产力的发展要求、中国先进文化的前进方向、中国最广大人民的根本利益；实现"三个代表"，是党的立党之本、执政之基、力量之源，是党能够组织领导中国特色社会主义建设持续推向深入的条件和资格。

"科学发展观"树立起中国特色社会主义的第三座里程碑。党领导中国特色社会主义建设，必然面临经济社会发展模式、方式途径选择的问题。新中国成立后的较长历史时期内，落后的生产力严重制约着人民群众物质和文化需要的满足与增长，我国改革开放的初衷和重要使命就是促进生产力尽快发展。生产力本质上是"人"的要素和"物"的要素所构成的生产力系统的物质产品、物质财富生产能力。社会主义道路探索过程中，为促进生产力尽快发展，一些人过分夸大了我们的自然"物"禀赋的优势，长时期的粗放式开发利用自然"物"，形成了经济社会发展的资源环境瓶颈制约；把物的增长而不是人的发展作为中心，"见物不见人"的发展导致人的发展水平提升滞后于生产力发展水平，甚至不惜牺牲人的发展而追求经济发展；在一定范围内、一定程度上混淆了物质财富和货币财富，把生产力发展等同于以货币符号计量的经济增长，导致货币财富增长和物质财富增长的失衡、实体经济发展和虚拟经济发展的失调。针对社会主义道路探索中出现的这些问题，科学发展观明确了中国共产党组织领导中国特色社会主义建设必须坚持的发展原则及方向，树立起中国特色社会

---

① 邓小平：《邓小平文选（第3卷）》，北京，人民出版社，1993年版，第111页。

主义道路探索中的第三座里程碑。①

习近平总书记突出强调了中国特色社会主义道路的实践探索性特征。中国特色社会主义，是党和人民历经千辛万苦、付出各种代价取得的宝贵成果。中国特色社会主义是在改革开放四十多年的伟大实践中得来的，是在中华人民共和国成立后的持续探索中得出来的，是在党领导人民进行伟大社会革命的实践中得来的，是在近代以来中华民族由衰到盛一百七十多年的历史进程中得来的，是在对中华文明五千多年的传承发展中得来的。习近平总书记强调："过去，我们照搬过本本，也模仿过别人，有过迷茫，也有过挫折，一次次碰壁、一次次觉醒、一次次实践、一次次突破，最终走出了一条中国特色社会主义成功之路。"② 深刻把握中国特色社会主义道路的实践性特征，把握"实践—理论"协同发展的辩证特征，是开创新时代中国特色社会主义建设新局面新境界的重要条件。

（二）中国特色社会主义的话语功能在实践中的演进

中国特色社会主义道路是在改革开放的实践中探索出来的，对中国特色社会主义这个范畴的认识也是在实践中逐渐深化的。作为一个学术范畴和理论术语，"中国特色社会主义"在社会主义建设实践中的主要功能经历从最初的促进思想解放，向规范实践选择、实践方案设计，再向讲述中国故事、在国际舞台传播中国声音演进的历程。

学术范畴和理论术语的最初功能往往是解放思想、拓展视野、提升境界。"中国特色社会主义"这一范畴和术语在实践中诞生之际，不可能天然拥有丰富的科学内涵，其最初的功能主要是促使人们突破对社会主义的僵化认识，实现思想解放。党的十二大明确提出"走自己的路，建设有中国特色的社会主义"的科学论断，克服对马克思主义经典作家关于社会主义论述的教条理解，把中国要建设的社会主义同"苏联模式"的社会主义区别开来，同马克思主义创始人对未来社会的构想区别开来。党最初使用"中国特色社会主义"这个范畴，重要的是促进人们解放思想，而不是用中国特色社会主义的明确内涵去规范社会主义建设实践。正如毛泽东同志在《实践论》中的论述："概念这种东西已经不是事物的现象，不是事物

---

① 杜黎明：《中国特色社会主义新时代的三大转变研究》，《兰州学刊》2018年第7期，第5—15页。

② 中共中央宣传部：《习近平新时代中国特色社会主义思想三十讲》，北京，学习出版社，2018年版，第27页。

的各个片面,不是它们的外部联系,而是抓着了事物的本质,事物的全体,事物的内部联系了。"① 只有全面深刻总结各领域改革开放的实践经验,才可能归纳提炼出中国特色社会主义的内涵。改革开放实践既要探索出一条中国特色主义道路,又要在实践中回答"什么是社会主义的本质,社会主义的中国特色是什么"等问题。

学术范畴和理论术语转化为实践要求实现认识的第二次飞跃。实践批判、实践经验总结不断丰富和验证学术范畴和理论术语的内涵,使学术范畴、理论术语的内涵现实具体化为实践要求,是学术话语和政治话语合拢的基本路径。中国的改革开放不是基于主观设计的方案"按图施工",不是采取拿来主义、效仿他国经验,而是中国共产党顺应人民群众追求自我发展、追求美好生活的诉求在实践中摸索前行。在探索中国特色社会主义建设道路的过程中,邓小平同志不断克服对社会主义本质的教条、僵化认识的影响,从排除社会主义不应该有的特征与要求和增加社会主义应该具有的特征和要求两个方面同时着力,② 把社会主义的本质概括为"解放生产力,发展生产力,消灭剥削,消除两极分化,最终达到共同富裕"③。改革开放进程中,邓小平社会主义本质论不仅掀起思想解放的又一次高潮,又给社会主义建设提出了实践规范的要求,是"中国特色社会主义"实现学术话语和政治话语合拢的重要标志。党的十八大对21世纪以来的中国特色社会主义实践经验作出了理论概括,要求全党坚定中国特色社会主义的道路自信、理论自信、制度自信,这不仅意味着"中国特色社会主义"已有丰富而科学的内涵,也标志着中国特色社会主义道路在实践探索中已初步成型;党的十九大在"三个自信"的基础上又提出坚定中国特色社会主义文化自信,这事实上明确和强化了"中国特色社会主义"这一学术范畴、理论术语、政治术语在讲好中国故事,在国际舞台传播好中国声音的实践功能。

二、实践的基本结构在"探路"转向"走路"中的演进与优化

马克思主义人学视域中,人包括个体人、群体人和人类三种类型。政党、企业、社区等个体人组织形成的社会单位,是以群体人形式存在的

---

① 毛泽东:《毛泽东选集(第1卷)》,北京,人民出版社,1991年版,第285页。
② 杜黎明:《习近平新时代中国特色社会主义经济思想对邓小平社会主义本质论的继承和创新》,《江西社会科学》2018年第4期,第53—60页。
③ 邓小平:《邓小平文选(第3卷)》,北京,人民出版社,1993年版,第373页。

"人"。社会属性是人最本质的属性，个体人生物属性和社会属性分异，使群体人表现出比个体人更复杂的行为特征和行为规律。在处理社会关系的实践中，参与社会实践的人互为实践主客体。区分创造历史的实践主客体，考察社会实践的基本结构的演进与优化，意在深入考查人的社会属性的现实表达，揭示不同的人在历史发展中的具体作用，探索现实的人发挥创造历史的主观能动性的途径和方式，以便于从不同角度审视历史成就的内在原因，深化对历史发展规律的认识。

（一）改革开放进程中的实践结构

改革开放的成功实践表明，中国特色社会主义实践必须坚持党的领导。回顾改革开放的历程，党的十一届三中全会吹响了改革开放的"集结号"，"南方谈话"回答了长期束缚人们思想的许多重大认识问题，党的十四大提出建立社会主义市场经济体制……党的十八大提出"五位一体"总体布局，党的十九大明确新时代中国特色社会主义建设的基本方略。党领导人民创造了改革开放的历史，成就了改革开放的辉煌。党是改革开放的领导者和组织者，广大人民群众是改革开放的实践者、参与者和推动者。从形成最大的历史合力的角度，在改革开放的实践结构中，党是实践主体，广大人民群众为实践客体。改革开放实践结构的演进与优化，避免形成主体和客体彼此独立甚至是二元对立的格局，集中体现为主体客体化和客体主体化的现实要求，主体客体化和客体主体化二者辩证统一的现实表现和具体方式以及各自推动改革开放实践的路径。

不断优化实践结构是改革开放的成功经验。改革开放实践结构的演进与优化，使党的领导和人民当家作主实现了有机统一，使"以人民为中心"实现从执政理念向实践要求的转变。党执政不是党代替人民当家作主，而是党引导和组织人民当家作主。客体主体化把人民群众的意愿融合进党的执政方略中，这使人民群众在治国理政中当家作主的主体地位真正得以体现；主体客体化使党的执政方略落实到人民群众追求自我发展的社会实践中，这使人民群众分散的努力得以汇聚成为人民当家作主的强大合力。中国共产党全心全意为人民服务的立党宗旨自然衍生出以人民为中心的执政理念，即使是"大跃进""文化大革命"这样的重大历史挫折，其主观愿望仍是以人民为中心，出发点仍是要为人民谋利益。重大历史挫折、主观愿望和实际结果的巨大反差，凸显了执政理念向执政实践要求转变、执政理念内化到执政实践中的现实紧迫性和重要性。以人民为中心，必然关照和回应人民群众个体的利益诉求，但绝不是分散的个体利益的简单集合。客体主体化，使党能够把人民群众分散的个体利益、局部利益、短期利益汇聚集成为人民群众的根本利益、全局利益和长期利益；主体客体化，使人民群众的根本利益、全局利益和长期利益具体落实到人民群众个体追求自我发展的具体行为实践中。

（二）"探路"进程中的客体主体化

主体客体化和客体主体化虽然是改革开放实践不可分割的两个方面，但在改革开放的不同阶段，二者存在对改革开放贡献大小的差异。"探路"进程中的主体客体化和客体主体化是一对矛盾对立统一体，客体主体化占据矛盾的主要方面。中国共产党是承载中华民族伟大复兴使命的使命型政党，改革开放实践结构优化总是围绕使命型政党探索实现使命的最佳途径展开。在探索中国特色社会主义道路的过程中，占据矛盾主要方面的客体主体化在推动历史发展中做出了更大的贡献，在走好中国特色社会主义道路的过程中，主体客体化在推动历史发展中做出更大的贡献。

政治实践结构彰显政党的生机和活力。政党的宗旨体现政党立场及其对历史发展规律的认识和把握。使命型政党总是致力于探索履行宗旨、实现使命的最佳途径，政党的信仰越坚定，使命感越强烈，政治实践结构优化释放的生机和活力就越强劲。"中国共产党一经成立，就把实现共产主义作为党的最高理想和最终目标，义无反顾肩负起实现中华民族伟大复兴的历史使命"[①]，在革命、建设和改革的进程中，中国共产党总是把要实现最高理想和最终目标细化分解到相互衔接的当期、近期和长期的历史使命和历史任务中，不懈探索实现历史使命、历史任务的有效方式和最佳途径。毛泽东同志强调，"一个政党要引导革命到胜利，必须依靠自己政治路线的正确和组织上的巩固"[②]。使命型政党有着明确而坚定的信仰，信仰催生使命；政治路线集中体现了客体主体化的成果和主体客体化的意愿和诉求；巩固的组织则是实践结构优化的基础，是主体客体化的重要保障。中国共产党是没有自己特殊利益的使命型政党，这是党能够勇于面对并及时修正错误，不断优化政治实践结构，开创革命、建设、改革新局

---

① 习近平：《决胜全面建成小康社会 夺取新时代中国特色社会主义伟大胜利——在中国共产党第十九次全国代表大会上的报告》，北京，人民出版社，2017年版，第13页。

② 毛泽东：《毛泽东选集（第1卷）》，北京，人民出版社，1991年版，第303页。

面、新境界的重要原因。

中国特色社会主义道路探索有着清晰的历史轨迹。中国特色社会主义道路探索,就是中国共产党领导人民群众追求现代化的历史接力。党的十一届三中全会以后,以邓小平同志为核心的中国共产党成功开创中国特色社会主义,制定了到21世纪中叶分三步走、基本实现社会主义现代化的发展战略。在此基础上,以江泽民同志为主要代表的中国共产党人在国内外形势十分复杂、世界社会主义出现严重曲折的严峻考验面前,捍卫了中国特色社会主义,确立了社会主义市场经济体制的改革目标和基本框架,确立了社会主义初级阶段的基本经济制度和分配制度。以胡锦涛同志为主要代表的中国共产党人深刻认识和回答了新形势下实现什么样的发展、怎样发展等重大问题,强调坚持以人为本、全面协调可持续发展,形成中国特色社会主义事业总体布局。以习近平同志为核心的党中央,在治国理政实践中深刻回答新时代坚持和发展什么样的中国特色社会主义、怎样坚持和发展中国特色社会主义这个重大时代课题,统筹推进"五位一体"总体布局、协调推进"四个全面"战略布局,坚持稳中求进工作总基调,以完善和发展中国特色社会主义制度、推进国家治理体系和治理能力现代化为总目标,系统、整体、协同地推进全面深化改革。① 这不仅清晰地勾画出探索中国特色社会主义道路的历史轨迹,也生动直观地展现中国特色社会主义道路在实践探索、实现中华民族伟大复兴的历史接力中不断走向成熟的深刻特征。

客体主体化在"探路"中做出了巨大贡献。改革开放孕育中国共产党从理论到实践的伟大创造。探索出适合中国国情、能激发人民群众实践创造活力、顺应人民群众美好期待的中国特色社会主义道路就是这个伟大创造的重要体现。改革开放之初,虽然党对中国特色社会主义道路究竟是一条什么样的道路并没有一个明确的答案,但党深刻意识到,中国特色社会主义道路是一条深刻吸取中国社会主义建设的历史经验和教训,激发人民群众创造历史活力,顺应人民群众过上好日子的美好期待的道路。打破人民群众过上好日子、追求自我发展的制度约束和制度障碍,鼓励支持人民群众大胆探索能够过上好日子的实践方式,及时总结人民群众的实践经验,再把经受了实践检验的实践经验提炼为政策,上升为国家战略,是探

---

① 习近平:《在庆祝改革开放40周年大会上的讲话》,北京,人民出版社,2018年版,第8页。

索中国特色社会主义道路的主要方式。人民群众为过上好日子、追求自我发展的丰富实践，为改革开放的战略设计、政策制定提供了丰富的素材，积累了宝贵的经验。广阔的土地、国内不同地区在资源条件、文化习俗等方面的巨大差异，庞大的人口规模等因素成就客体主体化成果的丰富性和多样性。农村改革中家庭联产承包制、城市改革中的个体私营经济的发展政策等都是探路进程中的客体主体化的标志性成果。邓小平理论对建设中国特色社会主义的一系列基本问题的科学回答，集中而全面地反映和体现"探路"进程中客体主体化的成果。

（三）"走路"进程的主体客体化

新时代全面深化改革坚持顶层设计，这是因为新时期摸着石头过河、特定领域具体问题倒逼的改革开放不仅积累了丰富的经验，形成初步完善的中国特色社会主义制度框架和法律体系，而且为新时代系统、全面、协调推进改革开放奠定了坚实的物质基础。新时代"走路"，就是要在既有的制度框架内，依据相关法律规定推进改革开放向纵深发展。新时代全面深化改革，是以习近平同志为核心的党中央主动回应人民诉求的举措；全面深化改革开放实践中的主体客体化，就是人民群众在自觉落实党的治国理政方略中实现和满足自己对美好生活的向往和追求。

"走路"进程坚持以主体客体化为主具有深刻的历史必然性。改革开放新时期积淀的客体主体化的丰富成果，既是以习近平同志为核心的党中央开创新时代全面深化改革的新境界的重要原因，也是主体客体化在主体客体化和客体主体化这对矛盾对立统一体中占据矛盾主要方面的内在依据。习近平总书记所接受的家庭文化熏陶，使他有着远比一般人更为浓烈的家国天下情怀；习近平总书记特殊的实践历练、丰富的从政经历，为他全面而深刻认识中国国情、了解和把握人民群众的诉求创造了良好的条件。深厚的人民情怀，随时关注和挂念人民群众的期盼和愿望，正是习近平总书记治国理政的突出风格。以习近平同志为核心的党中央对世情、国情的深刻洞悉，对人民群众发展诉求的精准把握，自觉坚持"时代是出卷人，我们是答卷人，人民是阅卷人"[1]，成就了以主体客体化为主走好新时代的"长征路"的特征。

---

[1] 习近平：《习近平谈治国理政（第3卷）》，北京，外文出版社，2020年版，第70页。

新时代的治国理政新方略是主体客体化的重要媒介。实践主体必须借助于一定的媒介，才能让实践客体理解其实践意图，使实践客体按照实践主体期望的方式做出行为选择。主体客体化的成果集中体现为人民群众在党的领导下创造的历史成就。改革开放以来，中国特色社会主义迎来了从创立、发展到完善的伟大飞跃，以习近平同志为核心的党中央在新时代的治国理政方略就是这个伟大飞跃的根本保障。新时代党治国理政实践的主体客体化成果显现要经历三个环节：首先，治国理政团队要借助于客体主体化，把人民群众的发展诉求和发展意愿融入经济社会发展战略、发展政策中；其次，通过战略宣传和政策宣传，使人民群众理解战略和政策，并把战略和政策要求内化为行为决策原则；第三，借助于主体客体化，把战略和政策的预期目标转变为现实的实践结果。主体客体化成果取决于三个因素，一是各级党组织现实具体化治国理政方略的能力，二是实践客体对治国理政方略的理解和认同，三是实践客体对治国理政要求的行动落实能力。习近平总书记强调，"前进道路上，我们要增强战略思维、辩证思维、创新思维、法治思维、底线思维，加强宏观思考和顶层设计，坚持问题导向，聚焦我国发展面临的突出矛盾和问题，深入调查研究，鼓励基层大胆探索，坚持改革决策和立法决策相衔接，不断提高改革决策的科学性"①，不仅彰显了新时代"走路"在"探路"和"走路"辩证统一中占据的主导地位，也对新时代优化治国理政实践结构指明了方向、提出了具体要求。

三、"探路"向"走路"转变中的"实践—理论"协同

改革开放新时期的"探路"不是盲目的摸索，而是回应人民群众过上好日子的诉求，坚持独立自主和借鉴外来经验相结合，探索过上好日子的现实制约的破解之策、化解之路。新时代全面深化改革的"走路"不是盲目自信，而是有着新时期改革开放创造的物质财富和精神财富作支撑，是改革开放实践经验积累所成就的底气。无论是"探路"，还是"走路"，都坚持实践和理论协同，体现知行统一的辩证法，都遵循认识的两次飞跃理论的指引，都坚持社会主义建设的原则性和灵活性相统一。

---

① 习近平：《在庆祝改革开放40周年大会上的讲话》，北京，人民出版社，2018年版，第37页。

(一) 改革开放实践充分体现了知行统一的辩证法

中国的改革开放的任何重大战略、重大举措，都不是基于某种所谓的常识、国际经验与惯例制定方案、设计路线图，然后通过投票表决使方案和路线图获得法律地位，再按图施工落实改革方案。中国的改革开放不是简单套用历史文化母版或其他国家的再版，也不是国外发展的翻版，而是中国特色社会主义的"中国版本"。改革开放推动我国经济实力、科技实力、国防实力、综合国力进入世界前列，使我国国际地位实现前所未有的提升，党的面貌、国家的面貌、人民的面貌、军队的面貌、中华民族的面貌发生了前所未有的变化。坚持独立自主、知行统一，是中国改革开放实践的特色。

渐进式改革体现了知行统一、理论与实践协同的特征和要求。新时期的渐进式改革总是先试点，在总结试点经验的基础上扩大试点范围，最后才在全面总结试点经验的基础上制定实施全面铺开的改革方案。先行先试、典型示范、由点及面的战略实践模式，是中国能够取得举世瞩目的改革开放成就、实现经济持续高速增长的重要原因。中国的改革开放、重大战略的实施推进往往采用特殊区域、特定领域先行先试、积累经验，再典型示范、由点及面全面展开。这种战略实践模式内在的积极效应主要表现在三个方面。第一，避免改革的盲目性，保证战略实施的有效性。战略措施大致分为两类，一是依据战略目标及战略要求主观设计的措施，二是先行先试实践经验的总结和提炼。先行先试实践不仅使事先主观设计的战略措施得以检验、修正和完善，而且为在战略展开前，事先考虑和纠正战略展开过程中可能存在的失误和偏差奠定了基础。第二，迅速推进战略实施，获取改革开放和战略实施的规模效应。先行先试经验的展开往往借助于行政管理体系采用政治动员的方式，上级政府的督察、政绩考核确保了面上展开的及时性和迅速性，先行先试的战略措施一旦在广阔的国土空间内大规模展开，就会很快获取战略实施的规模效应。第三，激发区域竞争，释放发展动力与活力。先行先试的区域往往也是享受优惠政策支持的区域，在改革措施、重大战略全面展开的过程，没有争取到先行先试机会的广大区域期望能够创造性地实施战略，争当战略实施、战略目标落实环节的典型，以期获得后继的先行先试机会。不能忽视的是，这种战略实践模式也存在缺陷，一是养成对先行先试的过度迷信和过度依赖，导致各级各类试验区漫天飞；二是区域创新不足，先行先试机会毕竟有限，这不仅导致机会获取中的设租和腐败，而且导致难以获取机会者跟风发展、创新不足；三是放大政策失误的后果。

改革开放历程彰显中国经验的实践价值。改革开放让中国突破了苏联模式迎来了现代化起飞，社会主义的"一体"与市场经济和国家创新的"两翼"协同推进中华民族伟大复兴。中国的国家创新是党领导的国家创新体系的形成和完善过程，与美国企业主导的国家创新体系和日本政府领导的国家创新体系存在显著的区别。美国企业主导的国家创新体系，虽然有助于激发企业的创新主体活力，但企业对私利的过度追求与保护又容易成为创新的制约和障碍；日本政府领导的国家创新体系，虽然有助于增强创新的整体规划，但多党轮流执政、政权的更迭又容易导致创新进程的迟滞和中断。中国共产党领导的多党合作制集成了一党制和多党制的优势，既保证了社会的长期持续稳定发展，又最大程度地汇集了治国理政的智慧。中国改革开放始终坚持加强和改善党的领导，党集中领导做出国家创新体系建设决策，政府执行决策，既不断激发和汇聚国家创新体系建设的多源活力，避免理性"经济人"为逐利而迟滞和制约国家创新体系建设，又保障国家创新体系建设的连续性，避免政府换届延缓、迟滞甚至是中断国家创新体系建设。

改革开放成功实践，从三个方面彰显中国为世界上那些既希望加快发展又希望保持自身独立性的国家和民族提供可借鉴、甚至是可复制的中国经验。

第一，放眼世界，准确把握自己所在世界的方位、所处的发展阶段，努力完善国家制度，持续改善国家治理。中华民族能够发挥历史创造者的主观能动性，跳过人类社会形态演变的具体环节，实现从半殖民地半封建社会向社会主义社会的历史飞跃，但不可能打破生产力发展所具有的连续性规律，不可能跳过生产力欠发达的环节，直接从生产力落后状态飞跃到生产力发达状态。改革开放新时期，对社会主义初级阶段的准确认知，深刻把握社会主义初级阶段国情而做出的战略安排、国家制度改进，取得了举世瞩目的成就。全面深化改革开放新时代，"三个意味着"的时代内涵、"五个时代"的时空方位、"八个明确"的核心要求、"十四条坚持"的战略安排，就是认知历史方位、发展阶段并据此做出战略安排部署的改革开放经验的延续。

第二，形成并不断完善"自力更生—国际合作—自主创新"的发展框架。中国改革开放注意吸收外来经验，但从未指望简单沿袭、复制他国经验和方案解决发展面临的问题，而是在坚持自力更生的前提下积极开展国家合作，形成内外联动的自主创新体系。既坚持自力更生，又积极推动国际合作；既保持经济社会发展的自主自立，又不断借鉴外来经验。这使中国的自主创新既有强大的内源动力，又有多元的辅助动力。市场换不回核心技术、关键技术、前沿技术的对外开放经历，美国以贸易摩擦为名封锁围堵中国科技创新的现实，不仅宣告新自由主义的破产，也尽显了霸权主义者虚伪狂妄的实质。

第三，形成和完善"过去—现在—未来"任务接续机制、"未来—现在—过去"的目标分解机制。中国特色社会主义的伟大成就是中国人民辛苦"干"出来的，"过去—现在—未来"的接续机制，既不断完善"干"的基础和条件，也让"干"的成就不断实现积累和集成。以中国特色社会主义建设布局为例，从物质文明和精神文明两手抓、两手都要硬，到经济建设、政治建设、文化建设"三位一体"，到经济建设、政治建设、文化建设、社会建设"四位一体"，再到经济建设、政治建设、文化建设、社会建设、生态文明建设"五位一体"，直观生动地展现了中国特色社会主义建设任务的接续、成果的积累和集成。中国共产党是有坚定理想信念的政党，中国特色社会主义建设是有情怀的伟大实践。中国共产党把共产主义的远大理想和中国特色社会主义的共同理想有机结合，与时俱进地构思设计将远大理想分解落实为长期目标、中期目标、短期目标的方案，理想转变为现实和目标转变为事实的任务落实方案。跨越时间阻隔的任务接续和目标分解落实，成就了中国改革开放的奇迹。

（二）"走路"进程中实现的认识飞跃

认识的第二次飞跃使精神成果转化为物质力量。党的十八大以来，以习近平同志为核心的党中央在实践中坚持和发展中国特色社会主义，在治国理政中不断定型中国特色社会主义道路探索成果，推动中国特色社会主义进入新时代。党的十九大明确了新时代中国特色社会主义建设的战略目标、战略任务、战略实施，构建了成熟而完善的新时代中国特色社会主义实践机制，为中国特色社会主义道路烙下定型化特征。在中国特色社会主义新时代，历史创造者的使命就是，在走顺走好初步定型的道路中催生和释放更充足的物质力量，凝结更多更大的实践成果。

新时代"走路"继续丰富和发展"探路"中形成的认识。新时代"走路"超越改革开放中的道路探索，必将开创从严治党、依法治国、依法行政的新境界。改革开放就意味着突破现状、打破常规，意味着不得不面对不可预知的风险和困难。道路探索过程中遭遇挫折在所难免。中国特色社会主义新时代，改革中探索的重点不再是过去的探寻和发现通向理想目标的路径，而是如何构建把路走好走顺的实践机制。及时用法律制度固定已经接受了实践检验的中国特色社会主义成功经验，用日益完善的法律体系去回答"走什么路""怎么走路"的现实问题，尊崇宪法、维护法治权威，使"依法办事"细化落实为每一个人的行为选择原则，是成就"走路"超越"探路"开创的新境界的现实要求。

新时代"走路"进程中深化对中国特色社会主义的认识。"感觉到了的东西，我们不能立刻理解它，只有理解了的东西才更深刻地感觉它。感觉只解决现象问题，理论才解决本质问题。"①党最初提出"中国特色社会主义"这一命题时，并未形成对"中国特色社会主义道路""社会主义的中国特色"的深刻认识，正是改革开放的实践经验总结、改革开放实践中形成的中国特色社会主义理论全面而深刻地回答了"中国特色社会主义道路是什么"这一问题。"理性的东西所以靠得住，正是由于它来源于感性，否则理性的东西就成了无源之水、无本之木，而只是主观自生的靠不住的东西了。"②中国特色社会主义理论源于改革开放实践经验总结，又用于指导中国特色社会主义建设实践。全面深化改革实践中形成的习近平新时代中国特色社会主义思想，系统回答了"新时代坚持和发展什么样的中国特色社会主义、怎样坚持和发展中国特色社会主义""中国特色社会主义最本质的特征是什么"等问题；新时代的实践重点在于，依据理论规范社会主义建设行为，在实践中彰显中国特色社会主义的特征和优势。党的十九大强调，坚持中国共产党领导是中国特色社会主义的最大优势和最本质的特征，深入推进党的建设新的伟大工程，坚定不移全面从严治党，不断提高党的执政能力和领导水平；在中央全面依法治国委员会的统一领导和部署下深入地推进法治中国建设，都是深化中国特色社会主义认识的重要成果。

---

① 毛泽东：《毛泽东选集（第1卷）》，北京，人民出版社，1991年版，第286页。
② 毛泽东：《毛泽东选集（第1卷）》，北京，人民出版社，1991年版，第290页。

第三节　新时代"走路"进程中的容错纠错机制

摸着石头过河探索中国特色社会主义道路的过程中，由于认识局限，出现探索性失误，甚至在处理个别具体问题、个别具体领域的改革中发生错误，都在所难免。胡锦涛同志在纪念改革开放 30 周年大会上强调"不折腾"，事实上也是提出改革开放要尽量避免探索性失误的要求。习近平总书记在出席 2013 年亚太经合组织工商领导人峰会时提出，并在以后多次强调，绝不能在根本性问题上出现颠覆性错误，充分彰显了党对中国前途命运的方向性、根本性问题的清醒认识和充分把握，彰显了新时代的"走路"特征。新时代全面深化改革，党治国理政是要实现以人民为中心的发展，关切人的全面发展和人类解放。虽然新时代"走路"的方向已经明确，但"走路"途中依然面临诸多挑战和困难。新时代的改革创新既要继续鼓励历史创造者大胆探索、勇于实践，又要防止和避免探索实践中发生方向性、原则性的错误。走好新时代的"长征路"，必须全面从严治党，改善和加强党的建设，既要克服党员干部的"不作为""乱作为"，也要克服"不会为""不敢作为"。党的十八届六中全会明确指出，"党的各级组织要旗帜鲜明为敢于担当的干部担当，为敢于负责的干部负责"，"建立容错纠错机制，宽容干部在工作中特别是改革创新中的失误"[①]。新时代"走路"进程中的容错和纠错，是党对勇于创新、敢于负责、敢于担当的同志的爱护和支持，是要把改革持续推向深入，是要夯实实现中华民族伟大复兴的中国梦的物质基础。新时代"走路"进程中的容错纠错机制，可容之"错"更多的是创新者、担当者、实干者在"撸起袖子加油干"中创造性落实具体目标和任务时的"探索性失误"，而不是实践方向、实践路径辨识的失误。

一、容错纠错机制对马克思主义的坚守和发展

失败是成功之母，在实践探索中犯下的错误为形成正确认识积累了条件。纠正实践中发生的错误，既是对检验认识真理性的实践提出的新要

[①] 中共中央党史和文献研究院：《十八大以来重要文献选编（下）》，北京，中央文献出版社，2018 年版，第 433 页。

求，也是认识第二次飞跃在社会生活中的现实表现。国际国内发展环境的变化，改革创新面临的巨大不确定性呼唤容错纠错机制。建立健全容错纠错机制彰显了对马克思主义的坚守与发展，顺应了党的建设、治国理政的现实需求，具有极其重大的理论意义和现实价值。

（一）新时代容错纠错机制的辩证特性

建立健全容错纠错机制，彰显"管住"和"管活"的辩证统一。全面从严治党、全面依法治国，规范权力运行，把权力关进制度的"笼子"，杜绝和根除党员干部滥权妄为、有权任性，重在"管住"，防止党员干部犯错。"管住"针对的是有法不依，强调的是法律制度实施的效果，是全面从严治党、全面依法治国的目标和任务所在；其实质和核心是要更好地发挥党员干部的先锋模范作用，更好地激发全党上下全心全意为人民服务的活力。"管住"有助于社会实践主体形成合理的实践结果预期，是经济社会有序发展的重要保障。一味强调"管住"对整齐划一、循规蹈矩的要求，使党员干部因担心和避免犯错而丧失创新性工作的激情和动力，必然会对党的事业发展、中国特色社会主义建设形成强烈的制约。"管住"本身只是促进更好地为人民服务的手段，不是要遏制党员干部开拓进取的激情，更不是要限制党员干部的自由。"管住"要追求"管好""管活"，支持和鼓励党员干部为推动工作发展出新招、出奇招。正所谓"吃一堑长一智"，"容错"之后的"纠错"正是建立在"一堑"之上的"一智"。建立健全容错纠错机制，是要对创新创造活动的不确定性后果兜底，通过"容错""免责"激发党员干部进行创新活动、创造性工作的热情与活力，避免"管住"演变成为"管死"，实现"管住"和"管活"的辩证统一。

（二）新时代容错纠错机制的实践性特征

建立健全容错纠错机制，凸显马克思主义的实践性特征。容错纠错，是要打消党员干部对创新失败的担忧，鼓励党员干部大胆地创造性实践马克思主义基本原理，推动创新性落实国家战略的实践发展，为党和国家汇聚、加工提炼各部门、各地区分散的创新性实践经验，推动中国特色社会主义建设实践创新积累素材。容错纠错，是全面从严治党实践进程中的一项制度创新；它源于实践又致力于更好地服务实践。容错纠错，适应了我国试点先行、总结试点经验再全面铺开的改革实践逻辑，适应了我国民主制度运行，特别是基层民主自治的现实需要。与西式民主观高度强调形式和程序合法性，先由精英设计、提出行动方案，再经过特定程序表决行动方案获取实施行动方案的法定授权不同，马克思主义民主观强调民主形式服务于内容和本质，必须在实践中不断地完善民主的具体形式以彰显民主的本质。中国特色社会主义建设的行动方案源于实践，接受实践检验，又在实践中不断地得以丰富和完善。"容错"旨在打消实践探索的顾虑，"纠错"则是为了更好地推进实践。对马克思主义实践原则的坚守和发展，是成就中国奇迹的重要原因，也是坚定中国特色社会主义道路自信、制度自信的物质基础。"空谈误国、实干兴邦""喊破嗓子不如甩开膀子""撸起袖子加油干"，无不是对马克思主义实践原则的生动题注。

（三）新时代容错纠错机制的规范性特征

建立健全容错纠错机制，明确了可容可纠之错的范围。我国改革开放用四十多年的时间取得西方发达国家上百年才取得的成就，也必然要在短时间内集中应对西方发达国家耗时百年去化解的发展难题。矛盾凸显、发展难题交织是我国的客观现实，但并非一切社会问题都是改革中可容理解的经验教训。探索中国特色社会主义道路的过程中，发生暂时的、局部的探索性错误本是在所难免，如果没有一种机制规范和区分实践探索的失误和莽撞蛮干甚至是胡作非为，难以取得道路探索的"真经"。人们曾一度把改革中衍生的社会问题、出现的失误笼统地归结为"改革的成本"，这既不利于深入总结改革开放的经验，也容易使改革开放的干将滋生腐败，既败坏党风也不利于党员干部个人的发展。建立健全容错和纠错机制，实际上是把可容可纠之错限制在敢于负责、敢于担当的同志可能带来的实践损失的范围，有效遏制虚开"改革的成本"。

二、新时代干部考核容错纠错的依据

容错纠错是要更好地激励和保护实干者、创业者。可容之"错"不是一般性的违法乱纪、肆意妄为，而是党员干部因公履职、为民用权过程中出现的偏差，是创新者、担当者、实干者在"撸起袖子加油干"的过程中出现的"探索性失误"，是党员干部追求超常发展，为抢抓发展机遇、处置发展风险和难题而打破常规未达预期，甚至是产生较大的不良后果，本质上是"好心"办的"坏事"。

（一）可容可纠之错的识别与区分

识别可容可纠之错必须坚持"三个区分"。习近平总书记强调的"三个区分开来",是判断识别可容可纠之错的基本依据。党员干部考核,"要把干部在推进改革中因缺乏经验、先行先试出现的失误和错误,同明知故犯的违纪违法行为区分开来;把上级尚无明确限制的探索性试验中的失误和错误,同上级明令禁止后依然我行我素的违纪违法行为区分开来;把为推动发展的无意过失,同为谋取私利的违法违纪行为区分开来"①。各部门、各单位秉承"三个区分"的原则,立足自身实际制定可容之错正面清单和不容之错负面清单,一要看行为动机,严格区分为公的无意过失和为己的谋取私利;可容之错本质上是好心办成的坏事,出发点是为公为民,而不是为己;是为与己没有利益牵扯的群众,而不是为包含自己在内的群体利益。二要看行为过程,严格区分敢想敢干与胡干蛮干、谨慎前行和故步自封,区分开拓进取的敢为人先和刻意吸引眼球的标新立异、哗众取宠;可容之错是在遵循既有规范、遵纪守法的前提下,因思考得不周密而犯下的错误,不是无视规矩的明知故犯。三要看致错原因,严格区分客观条件不具备导致的过错和主观故意的违纪违法导致的损失;可容之错往往是出于抢抓发展机遇的考虑,而不是随心所欲、肆意妄为;可容之错是因不以人的主观意志为转移的客观条件变化而引致的失误,而不是可以预见客观条件变化时,甚至是客观条件已经发生变化时的一意孤行。

（二）纠错与容错的关联对应

纠错与容错对应匹配、辩证统一。正视错误、反思错误并及时纠正错误,是中国共产党一贯的作风。党组织可以宽容党员干部一时犯错,绝不纵容一直犯错;可以冲销错误行为导致的损失,绝不容忍知错不改、一错再错。有错不纠即为考核的失职,只容不纠实为放任;纠错与容错对应匹配,才能引导党员干部既勇于担当、大胆创新,又注意改正错误、少走弯路;容错纠错并举、辩证统一,方能形成干事创业的良好预期。党员干部考核有容错之行,就必然要有对应的纠错之举;有容错之因的分析,就必然有纠错之果的要求。

实行容错纠错的清单管理。容错纠错是正式制度安排,必然有规范的

---

① 习近平:《习近平谈治国理政（第2卷）》,北京,外文出版社,2017年版,第225页。

程序管理和内容要求，不能流于主观随意。党组织既要制定容错正面清单，又要根据清单条目制定对应的组织纠错对策清单。犯错党员干部查找到致错症结，认识到犯错原因，找到规避错误的对策，是其犯错得以被宽容的前提。党组织既要记载犯错党员被宽容的事项，也要记载犯错党员自己查找的致错症结和犯错原因，以及反省错误后提出的原本可规避犯错的行为选择，还要定期整理容错纠错处置案例，以完善容错正面清单以及对应的组织纠错对策清单。

三、干部考核容错的范围与类型

没有严格的责任追究，也就无容错的必要。规范党员干部的工作流程和工作秩序，严格责任追究，是建立健全容错纠错机制的前提。容错纠错机制是要让能干事、愿干事的党员干部打消顾虑，保持干事创业的热情和势头，是要推动党的事业发展，不是党员干部犯错后的避风港。只有明确界定可容可纠错误的范围和类型，才能确保容错纠错机制实施的严肃性。

（一）与追责相对应的容错范围

免于责任追究是容错的重要表现。党员干部犯错，总是和履职尽责不当相关联，容错免责是严格执纪问责前提下的容错免责。没有从严执纪问责，也就不存在宽容错误的必要，容错免责只是从严执纪过程中应该考虑和把握的特殊情况、特殊事件。从党员干部对自己行为负责，有行为损失发生就必须有追责问责的角度，容错是党员干部个体造成了严重损失、产生了不良后果，本要追责、本该追责问责但党组织免其责。容错免责不是不追究已经发生的损失、已经产生不良影响的责任主体，只是由党组织集体为党员干部个体担责。容错免责不是党员干部违纪违法的避风港，党组织对可承担的党员干部个体行为损失和不良后果有着严格的规定：一是党章、党规和法律、法规没有明令禁止的行为导致工作损失，产生不良后果；二是政策界限不明确、政策实施环境发生变化导致政策执行发生偏差，产生不良后果；三是按照规定的程序和规范开展工作，因程序和规范本身存在缺陷，以及未曾预期、不可抗拒的原因导致工作失误，产生不良后果；四是主动申请创新工作，主动完成有较大社会风险的工作，因经验不足、能力储备不够导致工作损失，事与愿违，产生不良后果；五是落实先行先试的工作要求，非徇私舞弊的行为导致工作损失，产生不良后果；六是党员干部明知自己承担的任务和工作明显超出自己的精力和能力，事先不向组织报告，硬着头皮干自己不能为、不可为的工作导致工作损失，产生不良后果。

（二）依据损失后果及成因区分容错类型

可容之错是事出有因，造成的损失不大，不良影响可澄清可挽回的错误。探究犯错原因，划分可容之错的类型，都是为了更好地纠错。可容可纠的程序及规范类错误，一是程序和规范本身存在有待完善的地方，党员干部本可克服程序及规范的缺陷却没能克服而导致工作损失；二是程序及规范无缺陷，党员干部对程序的认识理解出现偏差，适用程序的能力不足而导致工作损失。可容可纠的创新及探索类错误，一是党员干部认为现有程序和规范、工作安排、战略分解和落实方案存在缺陷、有待改进，提出并实践弥补缺陷的新举措未达预期，甚至事与愿违，产生不良后果；二是党员干部提出并践行新战略、新方案，力图开创工作新局面未达预期，甚至事与愿违，产生不良后果。可容可纠的抢抓机遇及应对突发事件类错误，一是党员干部敏锐地捕捉到发展机遇，提出并践行抢抓发展机遇的对策未达预期，甚至事与愿违，产生不良后果；二是党员干部发现并识别了发展风险，提出并践行应对风险的举措未达预期，甚至事与愿违，产生不良后果；三是遭遇突发事件，党员干部限于认识和能力，提出的应对方案存在较大漏洞、缺陷，抑或落实处置措施存在不足，引发了不良后果。

四、干部考核纠错的方式

容错不是对错误网开一面，而是为了更好地纠错，容错必然伴随相应的纠错。有什么类型的容错，就应该有相应类型的纠错。干部考核纠正可容之错，既要终止错误行为，就错误行为提出纠错改错的方案和对策，又要对犯有可容之错的党员干部做出合理的使用安排，使其能从所犯错误中吸取教训，将党组织的容错切实转化为工作的动力。纠错不仅是党组织对可容之错的组织决定，而且是汇聚党员干部的智慧、激发党员干部的潜力、增强党组织战斗力的途径和手段。

（一）程序及规范类错误的纠正

程序和规范不严谨导致党员犯错，纠错本身也是对程序和规范的改进和完善。党员干部因程序和规范本身有待完善而犯错，纠错的内容既包括对程序和规范的完善，也包括犯错党员对完善后的程序和规范的再认识。

党员认识理解程序和规范不全面不深入而犯错,纠错是提高党员干部理论水平和工作能力的有效方式。程序和规范本身无缺陷,党员干部因认识和能力局限而犯错,纠错的重点在于党员干部应用程序和规范能力的提升。

(二) 创新及探索类错误的纠正

创新及探索类错误的纠正是实践批判和实践反思的结果,是推动认识发展、理论及实践创新的动力。力图完善既有程序、方案、战略的创新行为错误纠正,不仅要进一步审视既有程序、方案、战略,也要深刻剖析致错行为未达预期、引发不良后果的深层次原因,纠错方案是党组织和党员干部个体依据考核结果进一步推进组织发展和个体发展的阶段性成果。力图实施新战略、新方案,开创工作新局面的行为错误纠正,既要再审视犯错行为目标、行为规划本身的科学性,又要审视犯错行为与组织内外环境的适应性;既要注意修补致错行为设计上的漏洞,又要及时吸收致错行为包含的合理要素。

(三) 抢抓机遇及应对突发事件类错误的纠正

党员干部面对机遇、风险和突发事件,首要任务是行动而不是静观其变,这类错误纠正的实质是善后处置和事后评估。纠正抢抓机遇中的可容之错,要重点评估类似机遇是否会再现、已经失去的机遇是否发生转变。纠正应对风险中的可容之错,要重点评估风险是否过去、组织的风险引爆点是否排除、组织是否还面临潜在的风险。纠正应对突发事件中的可容之错,要重点评估组织应对突出事件的资源储备是否充足、组织发展是否还存在隐患。[①]

党员干部职务职称晋升虽可不受其犯过可容之错的影响,但对其后续安排使用需要考虑其纠错情况以及从犯有可容之错中吸取教训的情况。探索利用修正性提拔重用的方式,激励党员干部干事创业克服患得患失心理的影响。工作有闯劲儿,敢于为了工作而打破常规,犯有可容之错,特别是创新及探索类可容之错的党员干部,若自愿接受一定期限的组织考察,且在考察期内纠错效果显著,党组织可予以破格提拔重用。

---

① 杜黎明:《容错的正面清单与纠错的对策清单》,《人民论坛》2017年第9期(中),第40—41页。

第四章　新时代彰显社会主义的中国特色的理论意蕴

矛盾普遍性与特殊性关系原理是特色分析的重要理论工具。特色是差异，但差异不一定是特色，只有体现了事物本质特征的差异才能被称为特色。实践经验总结、事后比较和事先规划并在实践中彰显是揭示社会事物特色的三种方式。中国特色社会主义是科学社会主义而不是其他什么主义，是具有中国气象、中国气派的社会主义。使用社会主义的中国特色的表述，意在防止和避免脱离科学社会主义的一般要求、社会主义的本质特征谬评误断中国特色社会主义的特色。改革开放新时期，总结实践经验，提炼中国特色社会主义的特色，在广泛发挥论者主观能动性的同时，也在一定程度上形成了众说纷纭的特色论断；采用事后比较的方式总结提炼中国特色社会主义的特色，在全面认识中国特色社会主义的特色所在的同时，也给混淆差异和特色，谬评误断中国特色社会主义带来可乘之机。全面深化改革新时代，事先规划、主动向世界宣告、承诺中国特色社会主义的特色，并在中国特色社会主义建设实践中彰显这种特色，既是要彰显中国特色社会主义的自信，也是要批驳和回击对中国特色社会主义的谬评和误断。

第一节　特色展现方式转变蕴含矛盾普遍性和特殊性原理

特色是事物所表现的独特的色彩和风格等。把握特色，是区别不同事物的重要方法。矛盾的普遍性和特殊性原理，是认识和把握事物的特色和事物所具有的类的一般特征的理论工具。矛盾普遍性往往是一类事物和他类事物区分开来的依据，矛盾特殊性往往体现同类事物不同个体的差异和特色。社会历史领域，对矛盾普遍性和特殊性的认识和把握蕴含着认识主体的价值立场和价值追求，矛盾普遍性和特殊性原理有着至关重要的方法论意义。

一、矛盾普遍性和特殊性原理的方法论意义

矛盾是事物的存在方式。物质对象的存在性，正是由其承载的矛盾予以确证；从揭示事物承载的矛盾中认识事物，从事物内部的矛盾运动揭示事物变化发展的规律，是认识世界的基本方法。"矛盾即是运动，即是事物，即是过程，也即是思想。否认事物的矛盾就是否认了一切。"① 矛盾普遍性和特殊性原理是认识世界的基本工具。"如果不认识矛盾的普遍性，就无从发现事物运动发展的普遍的原因或普遍的根据；但是，如果不研究矛盾的特殊性，就无从确定一事物不同于他事物的特殊的本质，就无从发现事物运动发展的特殊的原因，或特殊的根据，也就无从辨别事物。"② 只有深刻认识社会现象中体现的矛盾普遍性和矛盾特殊性，才能真正把握和顺应历史发展规律。

（一）矛盾普遍性和特殊性的辩证关系

矛盾普遍性和特殊性是不可分割的有机统一体。任何一个事物，总有些体征彰显矛盾的普遍性，另外一些特征彰显矛盾的特殊性。没有矛盾特殊性也就无所谓矛盾普遍性，没有矛盾普遍性，也就无所谓矛盾特殊性。

矛盾的普遍性和特殊性相互依存、不可割裂。普遍性是相对于特殊性的普遍性，特殊性是相对于普遍性的特殊性。"矛盾的普遍性即寓于矛盾的特殊性之中"③，矛盾普遍性和特殊性是共性和个性的关系。任何现实存在的事物的矛盾都是共性和个性的有机统一，共性寓于个性之中，并通过个性表现出来；既没有离开个性的共性，也没有离开共性的个性。没有脱离普遍性的特殊性，"在特殊性中存在着普遍性，在个性中存在着共性"④。在社会生活中，背离矛盾普遍性、脱离共性的要求去追求个性，往往沦为以标新立异为名的胡作非为。社会公序良俗，是得到人民群众长期的广泛的认同的社会事物的矛盾普遍性和共性，违背公序良俗追求个性

---

① 毛泽东：《毛泽东选集（第1卷）》，北京，人民出版社，1991年版，第319页。
② 毛泽东：《毛泽东选集（第1卷）》，北京，人民出版社，1991年版，第309页。
③ 毛泽东：《毛泽东选集（第1卷）》，北京，人民出版社，1991年版，第304页。
④ 毛泽东：《毛泽东选集（第1卷）》，北京，人民出版社，1991年版，第333页。

张扬,实则是违背矛盾普遍性和特殊性原理的乖戾。不能把差异直接等同于特色,背离矛盾普遍性要求、背离事物一般特征的差异本质上是变异。揭示和分析矛盾特殊性,是深化矛盾普遍性的认识的重要途径和方法。剖析社会主义的中国特色,最终是要深化对社会主义的一般性要求、本质性特征的认识。正如毛泽东同志在《矛盾论》中指出的那样,"当着我们分析事物矛盾的法则的时候,我们就先来分析矛盾的普遍性的问题,然后再着重地分析矛盾的特殊性的问题,最后仍归到矛盾的普遍性的问题"①。揭示社会主义的中国特色,其归宿在于丰富和深化对社会主义一般特征、本质特征的认识,为解决人类面临的共同问题、为世界发展提供中国方案,贡献中国智慧。

现象与本质的复杂联系增加了应用矛盾普遍性和特殊性原理的难度。本质是现象的依据,本质决定现象,本质通过一定的现象表现自己的存在;现象不直接等同于本质,"如果事物的表现形式和事物的本质会直接合而为一,一切科学就都成为多余的了"②。同一本质可以表现为不同的现象,两种相似甚至是相同的现象也可能表现不同的本质;正如高兴这一本质可能表现为手舞足蹈、大笑等现象,哭这一现象表达的本质既可能是悲伤,也可能是欢喜。如果对现象和本质的关系缺乏准确的把握,往往容易因对现象和本质的混同而对事物的特色做出误判谬断。矛盾普遍性、事物一般特征揭示和反映事物质的规定性,是划分事物种属关系的基本依据。事物甲不具备乙类事物的一般特征,事物甲其实是区别于乙类事物的他种事物;在社会生活中,人们往往因为事物甲与乙类事物具有外在表象上的某些相似或相同,误认为事物甲是隶属于乙类事物的特殊个体,并运用比较见特色的方式,分析事物甲的特色。对事物的外在现象进行数量的描绘,有助于强化对事物的直观认识;没有从丰富的、具体的现象中抽象出本质的智慧,对事物数量特征的掌握就难以上升到对事物本质特征的揭示。大数据时代,海量的数据使人们对社会事物的现象有了更为丰富的认识,基于大数据分析得到的结论主要还是统计规律,不能等同于社会现象、社会事物的本质。数学工具在经济学、社会学等学科研究的滥用,沉迷于数学的社会科学研究所导致的技巧重于问题、形式大于内容、简单问

---

① 毛泽东:《毛泽东选集(第1卷)》,北京,人民出版社,1991年版,第304—305页。
② 中共中央马克思恩格斯列宁斯大林著作编译局编:《马克思恩格斯全集(第46卷)》,北京,人民出版社,2003年版,第925页。

题复杂化，用"众所不知"的语言去讲述"众所周知"的道理，用复杂的数理模型、庞大的数据处理得出人所共知的结论等沉疴积弊如不能得以有效纠正，学术研究终归会沦为逃离现实、远离实践的自娱自乐。

(二) 区分矛盾特殊性和特殊矛盾的方法论意义

分析矛盾特殊性、抓特殊矛盾，是特色分析中容易混淆的两个范畴。矛盾特殊性的范畴适用于特定的矛盾对立统一体分析，本质上属于微观分析；特殊矛盾适用于对不同矛盾对立统一体构成的矛盾体系分析，本质上属于宏观分析。

矛盾特殊性与特殊矛盾是两个不同的范畴。抓特色、找差异，把握特殊矛盾和矛盾特殊性，是认识事物的基本方法。矛盾特殊性彰显同类事物的个体差异，特殊矛盾区分不同质的事物。认识世界时，往往是先依据特殊矛盾把某类事物从复杂的世界中区别开来，然后再依据矛盾的特殊性把同类事物中的不同个体区别开来。"成为我们认识事物的基础的东西，则是必须注意它的特殊点，就是说，注意它和其他运动形式的质的区别。只有注意了这一点，才有可能区别事物。"① 这个特殊点，是指特殊矛盾，是区分不同事物的依据。特殊矛盾成就事物的本质，只有深刻认识事物内部的特殊矛盾，才能真正把握事物的本质。"任何运动形式，其内部都包含着本身特殊的矛盾。这种特殊的矛盾，就构成一事物区别于他事物的特殊的本质。"② 生产资料所有制，是区分社会制度性质的依据。社会主义社会和资本主义社会各有其生产资料所有制，生产资料所有制就是区分社会形态的特殊点。生产资料公有制，是社会主义社会区别于资本主义社会的特殊点、特殊矛盾；生产资料公有制的不同实现形式，是彰显社会主义社会特色的矛盾特殊性。

二、矛盾普遍性原理在社会历史领域的特殊要求

自然规律和社会规律的差异性，也表现在矛盾普遍性和特殊性原理对自然性物质对象和社会性物质对象的差异上。在分析自然现象、自然性物质对象时，共识往往能反映和代表矛盾普遍性，在分析社会现象、社会性物质对象时，共识并非一定代表矛盾普遍性，并非一定是真理。在社会历

---

① 毛泽东：《毛泽东选集（第1卷）》，北京，人民出版社，1991年版，第308页。
② 毛泽东：《毛泽东选集（第1卷）》，北京，人民出版社，1991年版，第308-309页。

史领域，无论是对矛盾普遍性的认识，还是对矛盾特殊性的认识，其真理性都需要经过较长历史时期的社会实践的检验。中国特色社会主义的实践性特征与要求，使中国特色社会主义建设得以超越某个时期、某个阶段的社会主义一般性特征的认识；中国特色社会主义实践历程和丰硕成果表明，矛盾的一般性不一定就是所谓的"共识"，所谓的"国际惯例"。

（一）社会共识并非一定反映矛盾普遍性

抽象的价值理念和具体的价值实现形式的分异，体现矛盾普遍性和矛盾特殊性的关系。政治、经济、社会发展领域，对由人的活动引致的社会性存在而言，越普遍的东西就越抽象，越特殊的东西就越具体。抽象的价值理念很容易赢得广泛的认同，而具体的价值实现形式赢得广泛认同必然面临"众口难调"的现实难题。凝聚社会发展动力，既需要凝集抽象的、普遍的价值理念共识，更需要凝聚具体的、特殊的价值实现形式的共识。

社会共识是社会成员对某一现象、某一问题的一致认识。社会要作为一个统一的整体存在下去，需要该社会成员对社会有一种"共识"，即对存在的事物、重要的事物、正确与错误、真善美与假恶丑等要有一致或接近的认识，只有在这个基础上，人们的判断和行动才会有共同的基础，社会生活才能实现协调。社会共识并非自发形成，而是在意见领袖利用其社会影响，借助于社会传播媒介宣传、推广其意见的过程中逐渐形成的。正如真理有时是掌握在少数人手中，社会共识并不一定都是正确的认识，并非一定反映矛盾普遍性。纠正错误的社会共识，正是文化创新、文化革命、意识形态工作肩负的一项重要使命。社会共识和社会流行观点之间，并没有一个截然区分的界限。一些别有用心的"网络大V"、公众人物等意见领袖精心炮制和传播流行观点，把流行观点包装成为所谓的社会共识，并利用所谓的社会共识混淆视听、扰乱人们思想，对党领导的改革开放、经济社会发展妄加评判，企图以改革开放举措有违所谓的社会共识为由，谬评误断改革开放实践，甚至企图迟滞阻碍改革开放进程。新时代加强和改善意识形态工作的一项重要任务就是，揭示所谓的社会共识的非真理性认识、非矛盾普遍性的本质，主动发声，宣扬和推广符合社会主义本质要求、体现社会主义核心价值观精神实质的流行观点和社会共识。

社会实践检验并丰富和发展对矛盾普遍性的认识。准确把握矛盾普遍性、事物的一般性，是揭示事物特殊性的基础和前提；没有对矛盾普遍性的正确揭示，也就难以正确揭示矛盾的特殊性。对事物一般性、矛盾普遍性的认识需要在实践中进行检验和修正。科学把握社会主义的一般性,正确理解和准确表述科学社会主义的一般原则,是认识社会主义中国特色的现实要求。认识和理解社会主义的一般性和特殊性既是一个理论难题,也是一个现实难题。社会主义道路探索时期,我国正是因为把马克思主义创始人提出的科学社会主义理论原则当作社会主义实践原则,对社会主义的一般性作出了机械化教条式的理解,社会主义建设才遭受曲折。马克思主义的创始人和资本主义、资产阶级的学者事实上存在"生产资料私有制适应市场经济""市场化私有化自由化三化统一"的共识。中国特色社会主义坚持在实践中检验和深化对社会主义的认识,既不固守马克思主义的教条,也不轻信西方的说教;始终"坚持加强党的领导和尊重人民首创精神相结合,坚持'摸着石头过河'和顶层设计相结合,坚持问题导向和目标导向相统一,坚持试点先行和全面推进相促进,既鼓励大胆试、大胆闯,又坚持实事求是、善作善成"[①],成功摆脱和超越了马克思主义创始人和当今的西方学者关于"市场化私有化自由化三化统一"的共识,走出了公有制和市场机制相结合的道路,确立了公有制为主体,多种所有制经济共同发展的基本经济制度。

(二) 国际规则和国际惯例并非一定反映矛盾普遍性

遵循国际惯例和国际规则是霸权国家干涉他国内政惯用的口实。以美国为首的西方发达国家以"自由""民主""人权"为借口,对他国内政妄加评判甚至是武装干涉,实质是将其认同的具体的、特殊的价值实现形式当作抽象的、普遍的价值追求强迫他人接受;是以解放他国人民之名,行国际霸权之实。

规则和惯例具有制度安排和制度供给的属性。规则是指规定出来供大家共同遵守的制度或章程。惯例是一向的做法、常规。惯例的司法解释为,在法律上没有明文规定,但过去曾经施行,可以仿照办理的做法。国际规则和国际惯例是国家之间交往,政治经济社会发展主体在国际舞台上活动时遵循的行为要求。国际规则和国际惯例并非自然生成的,它往往是国际事务的领导者倡导、推广的结果;国际规则和国际惯例也并非公平地体现了国际事务参与者的利益,它往往是规则和惯例倡导者的意志和利益

---

① 习近平:《在庆祝改革开放40周年大会上的讲话》,北京,人民出版社,2018年版,第36页。

的集中体现。国际规则和国际惯例的实施和遵守既取决于国际事务参与者对规则和惯例的认同，也取决于规则和惯例的倡导者和维护者推行规则和惯例的能力。国际规则和国际惯例也并非一成不变，修昔底德陷阱就是对国际规则和国际惯例变迁的描述和揭示。霸权主义者利用政治、经济、军事强权维护和推行其主导的国际规则和国际惯例，随着广大欠发达国家的纷纷崛起、世界反霸权力量的积累，依靠霸权维护国际规则和国际惯例越来越举步维艰，变革国际规则和国际惯例的呼声、力量也必将越来越强大。美国特朗普政府在国际舞台上频频退群，也并非单纯的率性和冲动，其深层次的原因在于，经济全球化过去主要是靠资本跨国流动驱动，在当今科技和经济融合发展、资本和科技双头驱动经济全球化的条件下，美国过去一手倡导建立的国际规则不再完全适应其当今推行霸权的利益诉求。当今世界正面临着广大后发国家对所谓的国际规则和国际惯例怨声载道，而国际规则和国际惯例最初的倡导者也不满意这些规则和惯例的大变局，这既是中国特色社会主义面临的重大机遇，也是严峻的挑战。坚持互利合作共赢的原则，秉持正确的义利观，推进构建人类命运共同体，承载着完善国际治理、重塑国际规则和国际惯例的历史使命。

改革开放必须辩证对待国际规则和国际惯例。国际规则和国际惯例并非国际正义和国际公平的体现，并非国际公理，并非对矛盾普遍性、发展规律的正确反映。后发国家遵守国际规则和国际惯例，往往带有不得已而为之的因素；后发国家遵守国际规则、遵循国际惯例就能实现自我发展的论断总是夹杂有自欺欺人的成分。把国际规则和国际惯例奉为圭臬，以所谓的国际规则和国际惯例为由头，对我国改革开放评头品足、妄加谬断，实质是把国际规则和国际惯例同发展规律、矛盾普遍性混同。另一方面，国际规则和国际惯例尽管有诸多的不完善和不合理，它毕竟是当下最具有现实可行性的制度安排。我国改革开放在适应和运用国际规则中取得了举世瞩目的发展成就，在顺应国际规则和国际惯例的过程中积累了推动国际规则完善的经验和力量。新时代的国际交流和对外开放更加重视主动参与国际治理，要在坚持互利合作共赢、体现大国担当和秉持正确义利观的过程中推动国际规则的完善。

三、社会主义制度的特色彰显历程

意识的创造性是社会主义思想的最初根源。在人类文明发展进程中，人们对美好社会的设想中蕴含社会主义思想的萌芽，社会主义思想最初以空想的形式表现出来。马克思主义创始人借鉴吸收空想社会主义思想的积极成分，在批判资本主义现实的过程中，使社会主义从空想到科学。列宁以科学社会主义学说指导革命实践，建立了世界上第一个社会主义国家，拉开社会主义制度实践驱动社会主义理论发展的序幕。十月革命后的一百年里，社会主义理论发展呈现出两种驱动方式，一是社会主义意识的相对独立性和创造性，思维运动推动的社会主义理论发展；二是社会主义制度实践经验总结驱动社会主义理论发展。尽管如此，社会主义建设实践的挫折和失误、资本主义与社会主义两种社会制度的竞争，以及资本主义势力对社会主义理论和实践的肆意歪曲、恶意中伤，使社会主义的制度特色成为一个仍未完全破解的理论命题。从社会主义制度特色的理解和认识的角度，社会主义制度实践大致可以分为摸索、探索、稳定和示范四个阶段。

（一）社会主义制度的摸索实践

社会主义制度的摸索实践阶段，是指社会主义国家刚刚成立，主要还是以机械、教条的方式理解社会主义制度的特定历史时期。新事物的萌芽总是被大量旧事物裹挟，新事物的成长和发展总会遭遇旧事物的遏制和阻碍。社会主义制度的确立，是人类社会发展进程中的新事物，社会主义理论发展，既会受制于社会主义制度自身发展的不成熟，更会受制于资本主义的遏制和攻击。摸索时期对社会主义制度的机械化、教条式理解，既缘于社会主义制度运行起点的零实践经验，也缘于制度新生时期以经典为旗帜凝聚对抗恶旧势力的遏制阻碍的现实需要。社会主义制度运行实践既提出摒弃对社会主义机械化、教条式理解的现实要求，也为从实际出发正确认识理解社会主义制度创造条件。列宁在社会主义建设实践中很快发现套用马克思恩格斯对社会主义的理论设想的实践危害，并提出向社会主义的过渡问题，及时修正社会主义建设方案，奠定社会主义制度实践在苏联繁荣的基础。毛泽东同志在社会主义建设实践中也很快发现套用对社会主义的经典设想，以及效仿苏联模式的弊端，开启了中国社会主义制度在摸索中运行的历史进程。毛泽东同志在社会主义建设实践中思索社会主义的本质要求和本质特征，提出了一系列的社会主义建设探索方案，社会主义制度在摸索中运行取得了重大成就，也遭遇了重大挫折。虽然毛泽东同志没有完成正确认识社会主义本质的历史使命，但社会主义在摸索中运行积累的正反两个方面的经验和教训为正确认识社会主义本质提供了思想基础和比照模板。

（二）社会主义制度的探索实践

社会主义制度的探索实践阶段，是指社会主义国家认识到机械化、教条式理解社会主义的理论弊端和实践危害，形成了对社会主义本质的正确认识，在社会主义建设实践中不断细化、深化对社会主义本质的认识，不断丰富和完善社会主义的各项具体制度的特定历史时期。开启解放思想的大门，破除对社会主义的机械化、教条式理解和改革开放是紧密关联不可分离的统一体。党的十二大提出"走自己的路，建设有中国特色的社会主义"的科学论断，是彻底摒弃对社会主义僵化教条式理解的标志，也是在改革开放中具体回答社会主义的中国特色的历史起点。"中国特色社会主义"是改革开放实践中提出的理论命题，中国特色社会主义的内容在改革开放的实践中不断丰富，中国特色社会主义的具体特色在改革开放的实践中不断展现。改革开放取得了巨大成就，也不可避免地滋生和积累了一些问题。有人刻意放大问题而故意屏蔽成就，试图用改革开放中出现的问题来否定改革开放，企图以自我封闭来回避，甚至是逃避改革开放带来问题，为重走封闭僵化的老路摇旗呐喊。也有西方中心主义者借改革开放之机，企图以改革开放之名行动摇社会主义制度根基之实。有人以市场化、效率改进为幌子，大肆鼓吹私有化、自由化，把生产资料私有化塞进改革方案；有人以与国际接轨为幌子，总是以西方话语、西方标准、西方喜好解释、评价中国实践，当西方理论无法解释中国实践成就时，不是去反思自己所用理论是否适合于中国实践，而是刻意要求"削足适履"，按照西方理论要求"规范"中国实践。必须绷紧"既不走封闭僵化的老路，也不走改旗易帜的邪路"的弦，是社会主义制度探索时期的典型特征。不断从实践经验中总结出社会主义制度运行的特点和特色，是社会主义制度探索时期的重要使命和任务。

（三）社会主义制度的稳定实践

社会主义制度的稳定实践阶段，是指社会主义的各项具体制度已经初步完善，社会成员对社会主义制度的特色已经达成广泛的共识，社会主义国家的制度自信和文化自信根深蒂固，基本排除"改旗易帜"风险的特定历史时期。在这一时期，社会主义制度得到普遍的社会认同，各类社会主体自觉依据社会主义具体制度的要求规范自己的社会实践；社会主义制度体系和各项社会主义具体制度在实践中表现出良好的动态调适性，具体制度安排既保持总体稳定性又能随着实践需求的发展而与时俱进,社会主义制度表现出强大的运行活力。党的十八大以来,全面深化改革呈现出顶层设计和"摸着石头过河"相结合的特征,中国特色社会主义制度的总体框架已经初步形成,社会主义核心价值观正逐步内化为越来越多的社会成员的价值追求和行为准则,中国特色社会主义的道路自信、理论自信、制度自信和文化自信不断得以巩固。在动荡复杂的国际局势中,全面深化改革、中国特色社会主义各项建设按照既有的安排和自己的节奏推进,治国理政表现出强大的战略定力,社会主义制度运行也表现出越来越多、越来越明显的稳定实践特征。

(四)社会主义制度的示范实践

社会主义制度的示范实践阶段,是指社会主义国家已经形成了具体制度在实践中动态调适的机制,社会主义制度的活力充分显现,社会主义制度实践对其他社会制度实践的感召、示范能力不断显现,"人类命运共同体"地理空间单元范围不断拓展的特定历史阶段。习近平新时代中国特色社会主义思想提出的构建人类命运共同体构想得到广泛的国际认同,联合国决议中也写入人类命运共同体的内容,构建人类命运共同体正在从理念转变为实践行动。中国发起的"一带一路"国际合作正迈出坚实的步伐,成为构建人类命运共同体的重要抓手和载体。中国共产党遵守国际规则、维护国际秩序,始终坚持和信奉合作共赢原则,成为反对霸权主义、单边主义的中坚力量。越来越多饱受战火、动荡和贫困的人们从中国特色社会主义制度实践中看到希望和未来。中国特色社会主义制度运行的示范效应已经初步显现。

社会主义制度实践分为摸索、探索、稳定和示范四个阶段,是历史和逻辑相统一的理论主张。四个阶段可以从理论角度、从逻辑上严格加以区分,在现实的历史发展中却难以明确划分,一个国家的社会主义制度实践往往同时表现出多个阶段的特征。中国的社会主义制度运行中,除十一届三中全会开启中国改革开放的进程,党的十二大明确提出建设有中国特色的社会主义可视为摸索实践和探索实践的相对明确的界限外,其他三个阶段难以划分。中国特色社会主义新时代,呈现出探索、稳定和示范三个阶段的特征。对社会主义制度实践的阶段划分,重在通过对各阶段的制度运行的规范分析,对中国特色社会主义的"特色"的具体内容、彰显方式进行深入的实践考量和理论分析。

四、中国特色社会主义的特色呈现方式

总结实践经验是论断社会性存在、社会现象、社会事物的特色的常用方法。特色体现反映同类事物之间的差别。特色是差异，但差异不一定属于特色。不同质的事物之间存在显著的差异，这种差异是划分事物类别、论断事物特征的依据。通过比较，揭示性质不同、分属不同类别的事物之间必然存在的明显而巨大的差别，重在归纳总结事物的本质特征，探索不同类别事物各自的发展规律。比较是呈现特色的重要方式，同类型事物的不同个体之间的比较、同一个体在不同时空条件的状态比较，是总结和呈现特色的惯用方法。经济社会发展中、制度实践中，主动规划并在实践中彰显特色，既是呈现特色的重要方式，也是彰显实践主体理论自信、道路自信的重要方式。

（一）实践经验总结见特色

实践经验总结同时也是实践批判，是在比较预期的实践结果和现实的实践结果的基础上，对实践目标设定，实践主体、实践客体、实践中介等实践活动要素建构、要素品质、要素配置，实践活动的组织方式等进行的全面深入的审视。总结实践经验，既要寻找能最有效地实现目标的方式方法，也要发现和识别实践过程中的陷阱，寻求化解和规避实践风险的途径和方法。实践经验总结，离不开对实践结果的因果分析；有利于预期实践结果形成的原因常常被当作实践经验，不利于预期实践结果形成的原因则被当作实践教训。总结实践经验以论断事物的特色不可避免地被烙下论断者的主观性；实践主体自我总结时总是趋向于把最能体现自己主观能动性发挥的实践经验论断为特色，论断者在总结其他实践主体的经验教训时不仅会在实践结果的因果分析中过分夸大他喜好的因素，过分贬抑他厌恶的因素，而且还会从实践总结中寻求他对特色先入为主的判断的依据。实践与认识的关系原理，为实践经验总结论断特色提供了理论依据。实践经验总结见特色，往往是在对事物仅有大致朦胧的感性认识、缺乏系统深入的理性认识的条件下不得已采用的方法。

实践经验总结见特色体现了中国特色社会主义的实践性特征。中国特色社会主义，不是简单延续我国历史文化的母版，不是简单套用马克思主义经典作家设想的模板，不是其他国家社会主义实践的再版，也不是国外现代化发展的翻版，而是在改革开放的实践中探索出来的。无论是"杀出

一条血路"的改革开放的果敢和勇气,还是"摸着石头过河"的改革开放方法论,无不显示出中国特色社会主义的实践性特征,无不彰显出改革开放实践经验总结以论断中国特色社会主义之特色的合理性和现实必要性。学者们深入调研改革开放实践,剖析统计资料,透过统计数据揭示改革开放实践成就,多维度总结改革开放的实践经验,提出了论断中国特色社会主义的诸多观点。调查样本选取、统计数据处理,以及实践经验总结中存在的就事论事,拘泥于片段史而缺乏大历史观等局限,使实践经验总结见中国特色社会主义的特色不仅存在众说纷纭、莫衷一是的弊端,也难以充分有效地发挥特色论断对全面深化改革的实践指导作用。社会规律、历史规律不是脱离实践的抽象存在,而是蕴含在实践活动之中。规律在场的社会实践总能实现预期目标,而规律缺席的社会实践总是不达目标、遭受挫折和损失。实践经验总结见特色,也是认识和把握中国共产党的执政规律、社会主义建设规律和人类社会发展规律的重要方式。

(二)事后比较见特色

比较见特色,并不意味着现象的差异、表象不同就是特色;只有能够深刻体现本质的不同现象和表象,才能被称为特色。比较见特色的前提和关键是选准比较的对象。无视比较对象与比较主体的质的区别,不免陷入把质的区别混同于特色的误区,陷入混同特征和特殊的误区。不考虑比较对象可比性的胡乱比较,难以对事物的特色形成正确的判断。

比较论断制度特色必须有坚定的制度自信。论断社会事物的特色少不了其自我比较、与他者比较。比较同一事物在不同历史时期的发展状态,比较同一历史时期不同事物的发展历程和发展结果,比较不同事物在不同历史时期的发展状态,总会交织在社会事物的特色论断中。社会事物的本质绝非通过罗列比较个体事物的共同点就可以提取的;认识社会事物的本质需要有洞悉现象的能力和思维工具。马克思对认识提取事物的本质的难度有着深刻的认识,"费尔巴哈把宗教的本质归结于人的本质。但是,人的本质不是单个人所固有的抽象物,在其现实性上,它是一切社会关系的总和"①。如果对社会事物的本质、社会性存在的一般性特征缺乏科学的认识,谬评谬断社会事物的特色也就在所难免。通过比较总结提炼制度特

---

① 中共中央马克思恩格斯列宁斯大林著作编译局:《马克思恩格斯文集(第1卷)》,北京,人民出版社2009年版,第501页。

色和道路的特色，既拷问比较者的理论自觉与理论自信，也拷问比较者的价值追求、阶级立场。缺乏理论自信和理论自觉，必然导致价值追求和阶级立场的模糊和摇摆。

事后比较见特色体现了中国特色社会主义的实践性特征。中国特色社会主义道路是改革开放实践中"蹚"出来的，不是主观设计的产物，更不是沿袭外来经验、照搬他国模式的产物，这是比较呈现社会主义中国特色的深刻原因。改革开放新时期，我们主要通过改革开放前后社会主义建设实践的比较，改革开放实践与马克思主义经典作家对共产主义美好设想以及其他社会主义国家建设实践的比较，总结和呈现社会主义的中国特色。对外开放、吸收外来经验，需要将中国特色社会主义实践与资本主义国家的实践进行比较，在比较中发现我们与发达国家的差距，在比较中探索追赶跨越的途径和方式。资本主义制度与社会主义制度存在本质的区别，这两种制度的比较，揭示的是两种制度的特征，不是哪一种制度的特色。无视两种制度的本质区别，没有坚定的共产主义理想和信念，没有无产阶级政党的人民立场，没有中国共产党全心全意为人民服务的宗旨意识，制度的比较不免带来方向的迷失，陷入妄自菲薄、盲目迷信西方的泥潭，甚至做出污蔑中国特色社会主义的结论，提出毁损社会主义根基的主张。

阐释论断社会主义中国特色必须深入进行自我比较。社会主义的中国特色，是中国特殊的国情、特殊的历史积淀在社会主义制度实践中留下的烙印。历史上的中国和现实中的中国之间的比较，中华民族大家庭内不同民族之间的比较，国土空间内不同区域之间的比较，都有助于全面而深刻地揭示社会主义的中国特色。中华文明最大的特点是统一和连续，中国的历史传统、文化优势，在社会主义中国特色的形成中有着至关重要的作用。习近平总书记指出，宣传阐释中国特色，就要做到"四个讲清楚"，即要"讲清楚每个国家和民族的历史传统、文化积淀，基本国情不同，其发展道路必然有着自己的特色；讲清楚中华文化积淀着中华民族最深沉的精神追求，是中华民族生生不息、发展壮大的丰厚滋养；讲清楚中华优秀传统文化是中华民族的突出优势，是我们最深厚的文化软实力；讲清楚中国特色社会主义根植于中华文化沃土、反映中国人民意愿、适应中国和时代发展进步要求，有着深厚历史渊源和广泛现实基础"[①]。没有坚定的理

[①] 韩庆祥、黄相怀等：《建设世界上最强大的政党》，北京，中国人民大学出版社，2018年版，第41页。

论自信，没有全面而深刻的比较，难以实现"四个讲清楚"。

(三) 事先规划见特色

规划是对未来整体性、长期性、基本性问题的思考和考量；是对未来目标的明确，对未来行动的事先谋划和安排。新时代主动规划并在实践中塑造社会主义的中国特色，既缘于制定实施国民经济和社会发展五年规划（计划）的实践积淀，也缘于对社会主义本质的深刻认识，更缘于中国共产党强大的政治领导能力、思想引领力、群众组织力、社会号召力。

事先规划见特色是意识主观能动性的表现。意识的主观能动性，使人的活动及活动的结果表现出可预知性，使人的行为选择表现出可控可调可规划的特性。人的实践活动是主观见之于客观的活动，与动物的本能活动有着本质的区别，"蜘蛛的活动与织工的活动相似，蜜蜂建筑蜂房的本领使人间的许多建筑师感到惭愧。但是，最蹩脚的建筑师从一开始就比最灵巧的蜜蜂高明的地方，是他在用蜂蜡建筑蜂房以前，已经在自己的头脑中把它建成了。劳动过程结束时得到的结果，在这个过程开始时就已经在劳动者的表象中存在着，即已经观念地存在着"[①]。实践结果在实践之初的观念性存在，未来蓝图在头脑中的事先浮现，无不体现规划对人的行为的规范和引导。意识的主观能动性借助具体的社会实践表现出来，社会实践成为彰显意识主观能动性的载体和平台，社会实践也因此呈现出"无中生有"的创造性。实践主体运用科学的理论指导实践，在实践过程中充分发挥主观能动性，就能够通过实践把事前主动规划的特色和特征彰显出来。规划有特色，是实践过程有特色、实践结果有特色的先决条件。脱离实际的规划必然是黄粱美梦，规划见特色要防止跌入主观主义的陷阱，要对历史发展规律、社会发展规律有着深刻的认识。主动规划实践塑造特色，要求实践主体具有坚定的理论信仰，勇于进行实践批判和自我革命，具有强大的规划能力和执行能力。

新时代突出强调事先规划并在实践中彰显社会主义的中国特色。新时代全面深化改革要坚持顶层设计和"摸着石头过河"相结合。顶层设计体现了事先规划的特征和要求，既有新时期改革开放经验总结和结论奠定的底气，也彰显了中国特色社会主义的道路自信、理论自信和文化自信。改

[①] 中共中央马克思恩格斯列宁斯大林著作编译局：《马克思恩格斯文集（第5卷）》，北京，人民出版社，2009年版，第208页。

革开放新时期主要以实践经验总结、事后比较的方式呈现社会主义的中国特色,不免会给妄评谬断社会主义的中国特色带来可乘之机。全面深化改革新时代事先规划并在实践中彰显社会主义的中国特色,是回击妄评谬断社会主义的中国特色的绝佳方式。"明确中国特色社会主义最本质的特征是中国共产党领导,中国特色社会主义制度的最大优势是中国共产党领导"[①],不仅有力回击妄评谬断中国特色,而且对人民、对全世界做出庄严承诺:中国共产党一定能够领导中国人民实现中华民族伟大复兴,为实现人类的解放贡献中国智慧、提供中国方案。新时代全面从严治党,持续深入推进党的自我革命,坚持党的全面领导,不断开创中国特色社会主义事业的新局面,建成富强民主文明和谐美丽的社会主义现代化强国,就是在实践中彰显中国特色社会主义最本质的特征。新时代能够主动规划塑造最本质特征,不仅缘于改革开放以来社会生产力快速发展为实践塑造本质特征奠定了坚实的物质基础,更在于全面从严治党取得显著成效,党的自我革命深入推进,党积累了丰富的制定实施国家规划和战略的经验和能力。新时代主动规划实践塑造最本质特征,是要向世界庄严宣告中国的发展模式,引导全世界人民形成对科学社会主义的实践预期,贡献执政党建设的中国经验。

第二节 "探路"时期事后比较见社会主义的中国特色

中国特色社会主义,既坚持了科学社会主义基本原则,又根据时代条件赋予其鲜明的中国特色。中国现代化进程中独特的现实问题以及解决问题的独特思路和方法,成就了社会主义的中国特色。中国特色社会主义不是主观设计的蓝图,而是在实践探索中逐渐走向成熟的伟大事业;中国特色社会主义道路,是我国渐进式改革进程中内生性演化的成果。认识源于实践,改革开放实践中逐渐积累和深化对中国特色社会主义的认识,"探路"时期主要采用事后比较的方式呈现社会主义的中国特色。

---

① 习近平:《决胜全面建成小康社会 夺取新时代中国特色社会主义伟大胜利——在中国共产党第十九次全国代表大会上的报告》,北京,人民出版社,2017年版,第19—20页。

一、事后比较见社会主义中国特色的学理依据与主要内容

实践过程中积累的感性材料、感性认识，需要经过系统的分析和处理，方能上升为理性认识。事后比较，其核心和关键在于实践经验总结与反思。"辩证唯物论的认识论把实践提到第一的地位，认为人的认识一点也不能离开实践，排斥一切否认实践重要性，使认识离开实践的错误理论"①，事后比较呈现社会主义的中国特色，正是对唯物辩证法认识论的坚持和遵循。事后比较，只有在全面深刻总结中国实践经验，多维比较中得出的关于社会主义中国特色的论断，才可能系统集成"实践中形成认识"和"实践中检验认识真理性"两个方面的成果和要求，才可能成为反映中国特色社会主义建设特殊规律的真理。事后比较，不仅是要深刻揭示中国特色社会主义的实践特色，更是要深刻反映中国特色社会主义的民族特色和时代特色。

（一）事后比较见特色的学理依据

实践出真知。事后比较，通过社会主义建设实践批判与反思，总结社会主义的中国特色，是获得社会主义中国特色的真知的基本手段。事后比较，也是实践批判的一种方式。中国共产党的一条成功经验就是正视实践中的失误，通过事后比较、事后总结和反思，将过去实践中的失误转化为指导党的事业发展的经验。

事后比较呈现社会主义的中国特色，缘于共产主义运动改造现实的本质。马克思主义创始人预言，社会主义制度实践、共产主义运动必然是各有其特色的。共产主义理想是人自由而全面发展的状态，这个状态不是凝固不变的静止状态，也不是一个预设的实践场景和发展状态，而是不断打破现状与时俱进的运动变化状态，通向共产主义理想厅堂之路的社会主义制度实践必然是各具特色的。"共产主义对我们来说不是应当确立的状况，不是现实应当与之相适应的理想。我们所称为共产主义的是那种消灭现存状况的现实的运动。这个运动的条件是由现有的前提产生的。"② 社会主义制度实践，就是不断消除人全面发展的既有约束而又不得不面对新的约

---

① 毛泽东：《毛泽东选集（第1卷）》，北京，人民出版社，1991年版，第284页。
② 中共中央马克思恩格斯列宁斯大林著作编译局：《马克思恩格斯文集（第1卷）》，北京，人民出版社，2009年版，第539页。

束的过程,事后比较呈现社会主义的中国特色,正是要适应这种现实要求。中国特色社会主义,是在共产主义最高纲领牵引下,推进马克思主义中国化的改革开放实践成果;事后比较,自然成为总结实践经验,提炼社会主义中国特色的基本要求。

事后比较呈现社会主义的中国特色,缘于实践对认识的决定作用。实践决定认识的产生和发展。对社会主义中国特色的认识,是在改革开放的实践中不断丰富和完善的,"人们的认识,不论对于自然界方面,对于社会方面,也都是一步又一步地由低级向高级发展,即由浅入深,由片面到更多的方面"①。事后比较,一是及时对改革开放实践中积累的感性材料进行系统地分析处理和提炼,形成对中国特色社会主义的理性认识,丰富中国特色社会主义理论体系的内容;二是对实践检验认识真理性的结果进行再检验再总结再提炼,深化对中国特色社会主义理论的认识。

事后比较呈现社会主义的中国特色,缘于中国制度创新的现实需求。中国的制度创新,不是模仿复制所谓的先进制度,而是基于制度实践经验总结的内生的制度演进。事后比较,有助于整合与协调各种政治力量,促进制度安排的完善;没有事后比较,就没有中国特色社会主义的制度创新。中国特色社会主义内生的制度演进使得特定领域的制度体系、制度结构的完备性成为该领域发展成就的直观表征。中国特色社会主义根本政治制度、基本政治制度、基本经济制度,是制度安排层面的社会主义中国特色,是揭示社会主义制度发展规律的客观真理。改革开放以来,我国政治建设、政治体制改革取得了丰硕的成果,中国特色社会主义政治制度安排也因此呈现出根本政治制度、基本政治制度和若干具体的重要制度安排所形成的制度体系结构。相较于政治发展而言,我国经济建设、经济体制改革的经验积累、经验的理论总结和提炼还不丰富,经验的实践验证还有待深入,我国目前仅仅是从社会主义初级阶段基本经济制度安排的角度,体现社会主义的中国经济制度安排的特色。

(二)事后比较呈现的丰富特色

中国是具有几千年灿烂历史的文明古国,在落后的生产力条件下开始社会主义制度实践,中国的社会主义建设必然不同于马克思主义经典作家的设想,必然具有中国的特色。学者们从历史背景、现实国情、时代特征

---

① 毛泽东:《毛泽东选集(第1卷)》,北京,人民出版社,1991年版,第283页。

等维度,对中国特色社会主义的特色的成因和依据等进行了广泛的研究,提出了一系列的论述中国特色的学说。

国内有学者从实践特色、理论特色、民族特色、时代特色等维度阐释中国特色的具体表现,提出中国特色的"四特色说";也有从特殊的历史起点、特殊的经济模式、特殊的政治体制、特殊的意识形态、特殊的发展道路和特殊的"两制关系"等维度阐释中国特色的具体表现,提出中国特色的"六特色说";还有学者从中国特色社会主义与科学社会主义、其他社会主义国家的对比的维度阐释中国特色,提出许多具体观点。党的十八大指出:"中国特色社会主义道路是实现途径,中国特色社会主义理论体系是行动指南,中国特色社会主义制度是根本保障,三者统一于中国特色社会主义伟大实践,这是党领导人民在建设社会主义长期实践中形成的最鲜明特色。"① 国内许多学者深入阐释论证中国特色社会主义最鲜明的特色,提出许多关于中国特色社会主义的道路特色、理论特色和制度特色的具体观点。

国外关注中国发展的学者也对中国特色进行了分析和阐释,提出了三种代表性观点。一是"中国特色"体现为混合型结构。认为中国的社会主义市场经济是一种介于计划经济和新自由主义之间的混合模式或"混合型结构";中国政治文化中尽管缺乏西方所固有的以外部制衡为特征的三权分立和多党制约,但自古并不缺乏内部制衡的传统。二是"中国特色"体现为"包容性发展"。三是"中国特色"体现为"渐进式改革"②。这些观点虽然从不同的维度,反映和体现中国特色社会主义某一方面的特色,但囿于论者对中国改革开放实践的了解,都没能触及中国特色社会主义最本质、最根本的特色。"中国特色社会主义最本质的特征是中国共产党领导,中国特色社会主义制度的最大优势是中国共产党领导"③,这个论断既是对中国共产党百年风雨历程的深刻总结,也是对学界关于中国特色社会主义的特色的研究的系统集成和超越。

事后比较深化了对中国特色社会主义的理解。不同语境下的中国特色

---

① 中共中央文献研究室:《十八大以来重要文献选编(上)》,北京,中央文献出版社,2014年版,第10页。
② 韩庆祥、张建、张艳涛:《中国特色社会主义基本原理》,北京,人民出版社,2015年版,第24—25页。
③ 习近平:《决胜全面建成小康社会 夺取新时代中国特色社会主义伟大胜利——在中国共产党第十九次全国代表大会上的报告》,北京,人民出版社,2017版,第19—20页。

社会主义有着不同的表述。简而言之，社会主义的中国特色就是独立自主、实事求是的特色。总而言之，社会主义的中国特色就是立足中国现实国情，针对中国现实问题，围绕"国家富强、民族振兴、人民幸福"的主线，自行决定社会主义建设的长期打算和短期安排，自主决策社会主义建设的轻重缓急。分而言之，中国社会主义总体特色具体细化落实到社会主义经济发展、政治建设、文化发展、生态文明建设、科学技术发展、国防外交等各个领域，形成既体现各领域自身内在规律，又彰显中国智慧，展现中国风范的社会主义各领域具体建设的中国特色。从发展形态看，坚持独立自主而又开放包容是社会主义的中国特色；从协调个体差异看，坚持协商合作，共商、共进、共为、共享，求同存异是社会主义的中国特色；区域之间、社会主义建设各主体之间既竞争又合作，国际交往中既结伴又不结盟是社会主义的中国特色；从产业体系和生产力系统运行看，拥有完善的产业体系，特别是完善的现代工业体系，拥有世界上内部构成多元化特征最突出、系统最稳定、抗风险能力最强的生产力系统是社会主义的中国特色。

二、对中国特色社会主义存在的误解和曲解

探路时期，事后比较在多维展示社会主义的中国特色的同时，也给混淆差异和特色、妄评误断中国特色带来可乘之机。

（一）曲解中国特色社会主义的复杂表现

改革开放取得的重大成就，引发国际社会对中国社会主义建设实践的高度关注；揭秘中国奇迹的成因，成为学界关注的焦点。对中国特色社会主义的关注，事后比较呈现中国特色，也为运用似是而非的理论研究中国、断章取义地截取中国发展片段曲解中国创造了条件和机会。国内外既有从总体上曲解中国特色社会主义的性质，也有从细节上曲解中国特色社会主义的具体制度安排和具体实践。

第一，直接将中国特色社会主义曲解为资本主义。在中国特色社会主义的性质判断上，西方主流中国学派认为，中国特色社会主义的实质是中国特色资本主义[①]；西方一些左翼学者认为，中国特色社会主义是中国式

---

① 〔美〕黄亚生：《中国特色的资本主义：企业与国家》，伦敦，剑桥大学出版社，2008年版。

国家资本主义①。在一些奉自由市场为圭臬的人看来，只有资本主义才有高度发达的生产力，他们不相信社会主义也会推动生产力快速发展；面对我国改革开放取得的重大成就，想当然地认为这是中国走资本主义道路的结果。还有西方学者秉持市场化和资本主义不可分离的立场，过分夸大我国市场化改革所带来的财富占有分化效应，直接将中国特色社会主义定义为导向资本主义的市场社会主义运动。在一些只看到我国公有制经济和非公有制经济的差别而看不到二者的统一，选择性地无视公有制经济和非公有制经济融合发展的事实的人看来，非公有制企业主加入中国共产党就意味着中国特色社会主义性质的改变。有人依据我国已经有大约五分之一的民营企业主被中国共产党所吸收的事实，就断定中国已经开始走向"红色资本主义"②。随着中国特色社会主义成就的不断丰富，资本主义深层矛盾的逐步凸显，西方社会问题的不断暴露和激化，直接将中国特色社会主义污蔑为资本主义的观点越来越没有市场，其可信度和吸引力都在大幅衰减。

第二，把中国特色社会主义曲解为"非资""非社"的第三条道路。"中国特色社会主义在当代中国的语境中更多的是被称为中国道路和中国经验，而在国外学者的话语体系中则被称为'中国模式'。"③ 一些人注意到，中国道路、中国经验、中国模式与我国过去对社会主义的教条理解、僵化认识之间，以及与资本主义之间存在显著的差别，将中国特色社会主义看作既不姓"资"也不姓"社"的第三条道路，进而否定中国特色社会主义的社会主义性质。美国学者阿里夫·德里克就认为，中国特色社会主义具有一种内在的超越资本主义的特质。中国特色社会主义已经宣布不再高攀一种作为乌托邦理想的社会主义，但也绝不会低就资本主义。中国特色社会主义的价值，不仅在于它目前在全球经济中的重要性，还在于它正努力为资本主义世界体系提供一种替代经验。④ 第三条道路的观点具有较强的迷惑性，它看似突出强调中国实践的特色，宣扬中国的"超凡脱俗"，

---

① 〔美〕伊恩·布里默：《自由市场的终结：政府和企业之间谁将是获胜者》，伦敦，企鹅出版集团，2010年版。

② Bruce Dickson: "Red Capitalists in China: the Chinese Communist Party, Private Entrepreneurs and Political Change", London, Cambridge University Press, 2003, P157.

③ 肖贵清：《论中国模式研究的马克思主义话语体系》，《南京大学学报（哲学·人文科学·社会科学版）》2011年第1期，第5—12页。

④ 〔美〕阿里夫·德里克等：《重访后社会主义：反思中国特色社会主义的过去、现在和未来》，《马克思主义与现实》2009年第5期，第24—35页。

实则是对中国的社会主义本质的否定，是对中国特色社会主义根基的侵蚀。

第三，强调中国特色社会主义的独特性而质疑其社会主义性质。一些学者通过突出中国特色社会主义的独立、独特性以割裂马克思主义中国化成果一脉相承的内在逻辑，割裂中国特色社会主义建设的阶段性目标和长远目标之间的内在关系，进而间接否定中国特色社会主义的社会主义性质。如美国学者布兰特利·沃马克认为："中国特色社会主义恰恰表明了一种日益增强的信念，即中国已经走出了一条不同的发展道路，无论其名称如何，这个制度将强调中国革命的独特性和后革命时代出现的道路的独立性。"① 德国学者托马斯·海贝勒认为："中国共产党一党领导体制的特征是意识形态逐渐为务实所取代，即经济上，从计划经济到市场经济的转型；政治上，已经从一个阶级党发展成为一个人民党；意识形态上，政府的目标不再是一个遥不可及的'共产主义'，而是一个不太遥远的'和谐社会'。"② 英国学者布鲁斯·迪克森曾指出："共产主义不再是中国特色社会主义的理想追求；马克思主义难以为中国特色社会主义继续输送理想信念；'发展'已不再是中国特色社会主义的实现手段而成为了最终目的。"③ 与第三条道路的观点相比，强调中国特色社会主义独特性的观点看似超越制度框架对学术研究的约束，看似秉持价值中立立场，对社会主义制度和资本主义制度不持偏好，终因回避中国的社会主义本质研究中国社会、中国问题，结果是拘泥表象，根本无法理解成就中国奇迹的根本原因。

第四，把中国特色社会主义污蔑为国家资本主义。所谓"国家资本主义"，一般是指资本与国家政权相结合，由国家控制、支配资本运动的一种资本主义经济形态。列宁曾给出这样的定义：国家资本主义就是资本主义制度下由国家政权直接控制这些或那些资本主义企业的一种资本主义。有论者从政府规划、政治动员的角度，研究中国奇迹的成因。他们注意到，首先科学制定规划，然后再通过政治动员保障规划实施，保障规划任

---

① 李佑新、陈龙：《继承、创新与挑战——沃马克关于中国特色社会主义与毛泽东思想关系的研究》，《国外理论动态》2008年第7期，第52—55页。
② 本刊记者：《世界聚焦中国特色社会主义——徐觉哉研究员访谈》，《国外理论动态》2008年第10期，第1—7页。
③ 刘近：《国外学者对中国特色社会主义共同理想的三种误解》，《天津行政学院学报》2013年第5期，第62—65页。

务和规划目标的分解落实,是成就中国奇迹的重要原因;可他们却以政府直接干预经济为借口,直接将中国特色社会主义误断为国家资本主义。在这些论者看来,国家政权和私有资本结合,属于政府弥补市场失灵的范围;国家政权和公有资本结合,是为公有资本谋取特权,干扰和破坏了市场竞争,超越了弥补市场失灵的范围。他们叫嚣,中国要洗去国家资本主义嫌疑,唯有国有企业私有化一条路可走;国企改革的重要任务是国企私有化,衡量改革成效的是国企私有化率。中美经贸摩擦爆发后,又有人跳出来竭力把中国制定的反制措施解读为重商主义、政府干预和市场扭曲,试图把"国家资本主义"的帽子硬扣在中国头上;借用所谓"国家资本主义"与"自由资本主义"的对立为美国的贸易霸凌辩护,并为遏制中国的发展制造舆论。中国特色社会主义是社会主义而不是其他什么主义,把中国特色社会主义污蔑为国家资本主义,是在给中国编织莫须有的罪名。

第五,过分夸大我国面临的挑战和发展中存在的问题而质疑中国特色社会主义的性质。有人刻意渲染中国共产党内部存在腐化变质、理想信念丧失的现象,以及普通民众在价值诉求上的多样化,进而质疑,甚至是否定中国特色社会主义的性质。美国学者莫里斯·迈斯纳满心怀疑中国在后毛泽东时代是否还像毛泽东时代那样热衷于为实现社会主义目标而奋斗,直接将中国特色社会主义称为中国式资本主义,并认为其发展成果越丰硕,共产主义理想就越萎缩。还有人过分夸大马克思主义在意识形态领域的指导地位面临的挑战和冲击,否定中国特色社会主义理想的感召力和凝聚力,进而否定中国特色社会主义的社会主义性质。新加坡国立大学郑永年就认为:"日益弱化的主流意识形态,在中国社会已经导致精神真空的产生。从目前来看,中国共产党的意识形态所发挥的更多的是一种协助政策调整的工具性作用,已经无法给社会成员再提供任何的理想。"[①] 直面自身问题,自我解剖、自我革命,是马克思主义者的重要品格。中国特色社会主义绝不回避自身存在的问题和不足,正视问题和不足是为了寻求中国特色社会主义的改进方式,而不是质疑否定中国实践的社会主义本质。

(二)曲解中国特色社会主义的原因及实质

"西方学者的'中国特色资本主义''中国式国家资本主义''第三条

---

① Zheng Yongnian: "Will China Become Democratic? Elite, Class and Regime Transition", Singapore, Eastern Universities Press, 2004, P246。

道路'等观点只看到现象,没有看到中国特色社会主义坚持了科学社会主义基本原则这一本质。"[①] 中国特色社会主义是社会主义,关键在于中国没有丢掉科学社会主义基本原则。马克思主义以人的解放、人的全面发展为理论旨归,尽管科学社会主义运动在实践中遭受了曲折,但它对人的解放和人的全面发展的追求未曾改变。四项基本原则首先强调坚持社会主义道路,是我国的立国之本,我国的改革开放始终坚持四项基本原则,也就把科学社会主义的追求内化到"中国道路""中国模式"之中。综观国内外对中国特色社会主义的曲解,其原因及实质主要表现在以下几个方面。

第一,混淆差异和特色、现象和本质的区别。比较见特色,并不意味着现象的差异、表象的不同就是特色。只有能够深刻体现本质的不同现象和表象,才能被称为特色。现象和本质之间的复杂联系,不同时空条件下的相同现象有着不同本质、同一本质表现为不同现象,都使比较见特色的有效性大打折扣。有意无意地混淆差异和特色,正是形形色色的曲解中国特色社会主义的观点的重要成因。

第二,西方中心主义的傲慢。中国特色社会主义在道路选择、发展成就上都迥异于西方,鉴于西方人只认同自己的道路才是正确的,其他与他们不一致的道路,在他们看来都是错误的[②],西方中心主义者曲解、污蔑、恶意中伤中国特色社会主义并不难理解。有论者根本就不了解中国,不懂中国的文化、历史、政治、经济,甚至没有到过中国,他们凭借自己掌握的关于当代中国有限的、以讹传讹的资料,就着西方中心主义无端的傲慢和盲目的自信开始论断中国特色社会主义。

第三,"中国话语"的缺位。国内一些深受西方学术影响的学者,有意无意忽略掉滋养西方学术的社会存在、社会现实与中国国情的差异,总是习惯于用西方理论分析中国实践。当西方理论解释不了中国的现实时,总是习惯于怀疑中国的实践而不是去比较中国的社会存在与西方的社会存在之间的差异,不是去审视和质疑西方理论的有效性。一些学者奉行"中庸之道",就算不与对中国特色社会主义的曲解同流合污也不愿去揭批其实质。中国虽然干得好,仍会有敌对势力的造谣中伤、刻意遏制,重要的原因就在于"西方话语"的过度泛滥和"中国话语"的缺位。捍卫中国特

[①] 闫杰花:《越南学者对中国特色社会主义研究述评》,《马克思主义研究》2017年第6期,第147—152期。

[②] 郑永年:《中国模式能够被围堵吗》,《参考消息》2009年9月16日。

色社会主义必须善于从中国实践经验中提炼理论范畴,并用其阐释中国实践,切实解决"中国话语"缺位问题。

第四,和平演变势力的刻意追求。图谋中国内乱,企图颠覆中国社会主义制度的反动势力曲解,甚至是恶意中伤中国特色社会主义,就是力图以此动摇党和人民艰苦奋斗、奋发向上的思想基础,扰乱国内人民的思想,诱导中国走改旗易帜的邪路。为实现其邪恶的追求,他们既张冠李戴、移花接木、无中生有、捏造事实以混淆视听、栽赃陷害,诋毁党和国家领导人的形象;又以偏概全,肆意夸大我国改革开放中发生的失误、发展中面临的挑战、遇到的现实难题,以动摇民众对中国特色社会主义的信心;还策划、制造、支持反党反社会主义的"热点"事件,以期实现干扰发展和动摇民众信心的"一箭双雕"之效。

第五,哗众取宠、标新立异的无心之失。一些学者、公众人物,为博取关注,总是采用夸大其词、夸夸其谈的方式,审视评价中国特色社会主义建设。当中国特色社会主义建设实践面临困难、挑战,他们总是喜欢利用民众对这一领域的认知空白和认知缺陷,利用他们的专业知识储备和信息优势,刻意放大问题,以耸人听闻的方式吓唬一般民众,在博取关注的过程中顺带贩卖他们的主张,实现其自我推销夹带商业营销的目的。这种哗众取宠、标新立异虽然没有否定中国特色社会主义的主观动机,但他们人为制造的思想混乱、社会混乱对弘扬和践行社会主义核心价值观,对党的创新理论宣传和决策部署的具体落实带来严重的负面影响。

第六,国内的自信缺乏者对西方论断的附和。更多的自信缺乏者是受西方中心主义的影响,潜意识中总是以质疑的心态看待中国共产党和中国特色社会主义实践。党和政府公布中国特色社会主义实践成绩,他们第一反应是质疑成绩单的真实性,而不是实地考察确证成绩单,更不是深入思考取得成绩的原因。当中国采用与西方国家相似的政策工具、发展手段时,他们总是借此大肆吹嘘西方经验的"普世性"、有效性,而无视不同制度背景、不同国情下使用相似政策工具的深刻影响,把中国成就妄断为改革开放效法诸如"华盛顿共识"的西方经验的结果。当中国采用与西方国家不同的政策工具和方法应对相似问题时,他们总是先入为主地对中国实践加以批判,而不是深入剖析中国采用这种举措的现实原因和理论依据,更没有耐心等待中国特色社会主义建设实践对这些举措的检验和考证。

三、完善事后比较见社会主义中国特色的方法和机制

比较见特色是要更好地完善中国特色社会主义，更加坚定中国特色社会主义道路自信、制度自信、理论自信和文化自信。坚定的马克思主义立场、马克思主义理想信念和价值追求，是事后比较能够总结提炼特色的基础和前提。事后比较呈现社会主义的中国特色，一是要全面总结改革开放的成功经验，将成功经验上升为理论，凝练为实践模式；二是要主动发声，讲好中国故事，传播好中国经验。完善事后比较见社会主义中国特色的方法和机制，首先是弘扬自我认知理性传统，弘扬马克思主义的实践批判精神；二是要选好选准比较的对象、比较的基点；三是要丰富比较的方法，同中求异、同中求优、异中求同、异中求异，多法并举。

（一）弘扬自我认知理性传统

力图通过事后比较呈现社会主义中国特色的主体既有个体的中国人，也有作为一个群体人的民族和国家，还包括置身于中国特色社会主义事业之外的域外主体。域外主体的比较，不乏刻意歪曲中伤之词。事后比较呈现社会主义的中国特色，虽不可能指望域外主体的比较，但既可从域外主体对中国特色的歪曲中获取反证社会主义中国特色的思路，也可从域外主体对中国特色的客观比较中获取启示和借鉴。域内主体比较呈现社会主义中国特色，既要强调群体人对个体人的价值引领，也要强调个体人对群体人的认同。

事后比较见特色，既要防止盲目自大，也要防止妄自菲薄。完善事后比较见特色的机制和方法，必须弘扬自我认知的理性传统，弘扬中华优秀文化的自省传统。自我认知原本是一个心理学术语，指的是对自己的洞察和理解，包括自我观察和自我评价；自我观察是指对自己的感知、思维和意向等方面的觉察；自我评价是指对自己的想法、期望、行为及人格特征的判断与评估，这是自我调节的重要条件。自我纵向比较、与他者的横向比较是认识自我，自我总结发展特色的一种方式。中国传统文化中的自省传统源远流长，影响深远。《论语》中记载的"内省不疚，夫何忧何惧""君子求诸己，小人求诸人""见贤思齐焉，见不贤而内自省也"，体现了孔子的自省思想。曾子的"吾日三省吾身"更是耳熟能详的自省方法。坚持正确历史观，坚决反对历史虚无主义，是事后比较呈现社会主义中国特色的前提和保障。

事后比较的核心和关键是马克思主义的实践批判。"哲学意义上的'批判'是一种辩证法的态度，是自觉的、理性的、辩证的分析、取舍乃至重构。辩证的批判不是简单的否定，而是对认识和实践的偏差的揭示和校正，是人和社会发展、进步的阶梯……实践批判包含以实践为手段的批判、以实践为对象的批判、实践的自我批判。"① 辩证法在对事物的肯定理解中包含有对事物的否定理解，实践批判是坚持实践辩证法的内在要求。实践与作为实践主体的人的选择相关，是可以这样也可以那样的"人为之事"，实践批判是对不同的可能与现实进行比较和评判。事后比较，既要客观、全面、准确地描述实践结果与预期结果的差异，还要深入揭示和分析差异的成因。民主集中制，就是事后比较，深入推进实践批判的制度安排。各级党委和政府的工作总结，是体现和反映实践批判成果的载体。

（二）选好选准比较的对象和基点

有比较才有鉴别，特色总是在比较中彰显。总结提炼特色，总少不了自我比较、与他者比较。中国特色的内涵比社会主义的中国特色的内涵更为丰富。比较中国实践与其他国家实践的差异，体现的是中国特色。与社会主义本质相吻合的中国特色，方能成为社会主义的中国特色。比较中国特色社会主义实践与马克思主义创始人对未来社会的设想，比较中国特色社会主义在不同发展阶段、不同历史时期的战略实施及成就，比较中国特色社会主义实践与其他社会主义国家的制度实践，是彰显社会主义的中国特色的重要方式。

自我比较呈现特色的实质是实践经验总结。呈现特色固然需要比较，但并非只有与他者比较才能呈现特色。我们曾一度认为："只有在世界现代化发展的总进程中才能显示出'中国特色'，同时'中国特色'也只有在与别的发展模式与特色的'对话'、交融中才能得以存在和发展。"② 只要不迷信权威，不盲从他人，有坚定的理论自信，自我比较、自我总结历史经验，同样能够呈现特色。总结中国特色社会主义实践经验，回顾改革开放的历程，不难发现，渐进式改革就是探索中国特色社会主义道路的特

---

① 郭湛：《马克思主义哲学的实践批判理论》，《哲学研究》2006年第7期，第3—9页。
② 刘秀萍：《"模式"是基础 "特色"是目标——学习邓小平关于"模式"与"特色"论述的一点体会》，《前线》2000年第10期，第8—11页。

色。"渐进"不仅体现在改革的内容逐渐铺开、改革的范围逐渐拓展、改革的程度逐渐深化上,也体现在具体改革的空间推进、改革开放的区域实现上。我国的改革开放,总是先基于理论指导和经验借鉴制定改革的试点方案,总结试点经验完善改革举措再试点扩容,总结扩容经验后才最终形成在全国广泛铺开的改革方案。

(三)合理选择比较的方法

选择比较方法,需要综合考虑比较的对象和基点、比较的目的等方面的因素。同中求异、同中求优、异中求同都是事后比较呈现特色不可或缺的重要方法。

异中求异也是彰显社会主义中国特色的重要方法。比较本质不同的事物,巨大的反差,既是理解事物本质特征的标尺,也是坚守优秀本质的信心和勇气之源。中国共产党和新中国的关系是党建国家,这和世界上广泛存在的国家建党有着本质的差异。在西方,政党是国家制度长期发展的产物,国家先于政党,国家高于政党;政党通过竞选获得执政地位而组织政府,按既定的法律程序和要求来运作国家。在社会主义国家中,古巴革命的特点也是先建国,再建党;1959年古巴革命胜利后,1961年卡斯特罗宣布古巴为社会主义国家,1965年10月,古巴共产党成立,开启古共领导古巴社会主义建设的伟大征程。作为一种竞选策略,西方政党宣扬鼓吹并刻意塑造"全民党""超阶级""中间化"等非意识形态化形象[①],这与习近平总书记多次强调的"不忘初心""经济建设是党的中心工作,意识形态工作是党的一项极端重要的工作"有着重大的差别,形成鲜明的对比。中外政党制度的比较,特别是中外政党政治实践成效的比较,全面深刻总结异中之异,不失为一种深刻理解中国特色社会主义最本质特征的方法。

第三节 新时代自我规划并在实践中呈现社会主义中国特色

相对于比较见特色,自我规划并在发展中呈现特色是一种更高的境

[①] 岳奎:《"不忘初心"与自觉抵制西方非意识形态化错误思潮》,《马克思主义研究》2018年第9期,第132—140页。

界。正如"感觉到了的东西,我们不能立刻理解它,只有理解了的东西才更深刻地感觉它。感觉只解决现象问题,理论才解决本质问题"①。自我规划并在发展实践中呈现特色,只有在破除了对权威的迷信,坚持独立自主,并有着高度的道路自信和理论自信的条件下才可能实现。创造历史的社会实践主体只有实现从自在向自为的飞跃,才可能摆脱只能通过事后比较呈现特色,不能主动说清楚、讲明白自己特色的尴尬。习近平新时代中国特色社会主义思想,系统回答了新时代坚持和发展什么样的中国特色社会主义、怎样坚持和发展中国特色社会主义这一重大时代课题。新时代的中国人民,是已经成为自为的社会主义建设实践主体,自我规划并在实践中呈现社会主义的中国特色,不仅具有理论的可靠性,而且具有现实的可能性。

一、新时代自我规划特色的使命和功能

自我规划特色,并用生动的实践和丰富的实践成果证明规划特色的科学性与合理性,是揭批歪曲中伤中国特色社会主义的言论的最有力的方式。改革开放取得的举世瞩目成就,为揭批形形色色的歪曲中伤言论奠定了坚实的物质基础。由于自我主动规划特色,以事先声明、庄严宣告的方式表达特色的缺位,坚实的物质基础并未能发挥其最佳效能、取得事实证明的最佳效果。新时代自我规划特色,既是要让改革开放的成就更好地发挥以事实说话的功能,也是要让习近平新时代中国特色社会主义思想更好地发挥以理服人的使命。理论实践协同,揭批对中国特色社会主义的歪曲和中伤,回击强加在中国特色社会主义头上的不实之词。

(一) 自我规划特色的现实背景

新时代自我规划特色,是社会主义国家探索符合本国国情的社会主义建设道路的实践延续,也是履行新时代神圣使命的现实要求。改革开放新时期不断深化对社会主义本质、社会主义实践要求的认识,不断丰富和发展的中国特色社会主义理论体系,为自我主动规划特色奠定了坚实的理论基础。

事前主动规划特色有着深刻的国际背景。东欧剧变不仅使两种社会制度竞争的国际局势更有利于资本主义制度,社会主义制度实践面临和遭受

---

① 毛泽东:《毛泽东选集(第1卷)》,北京,人民出版社,1991年版,第286页。

源于资本主义世界更为疯狂的围堵和遏制,而且迫使社会主义国家不得不更加强调立足本国国情,独立自主地探索和发展具有本国、本民族特色的社会主义实践模式。"越共决定搞'越南特色'的社会主义,现在处在社会主义过渡时期的初级阶段,要'发展以社会主义为方向、由国家管理的按市场机制运作的多种成分的商品经济';古巴强调在稳步的改革开放中巩固和发展有'古巴特色'的社会主义;朝鲜劳动党在内外政策上也有所调整,建立了经济开发区,主张吸引外资等,但前提是坚持朝鲜式社会主义。"① "特色"成为各社会主义国家的行动口号和国家实践,这既体现出对固定的社会主义建设模式迷信的破除,也反映出各国社会主义建设思路从理想主义向现实主义的转变。

主动规划并在发展中呈现特色根源于新时代的使命。改革开放进程中,中国特色社会主义的"特色"一度被视为中国国情的代名词、社会主义初级阶段的烙印。新时代要给世界上那些既希望加快发展又希望保持自身独立性的国家和民族提供全新选择,为解决人类问题贡献中国智慧和中国方案,就不能把中国特色社会主义的"特色"简单化为国情的代名词,不能再把"特色"简单地理解为对阶段性、本土化社会主义的一种规定,或单纯地理解为通过模式的构筑来实现的一种社会主义形态。新时代,中国特色社会主义的"特色"实质是彰显社会主义本质、体现社会主义实践要求的具体路径和方法,"特色"作为体现与一般相联系的范畴,被赋予更多的更加明确的具体含义。

(二)新时代主动塑造中国特色的理论根基

规划设计特色,是意识主观能动性、理论对实践的指导作用的体现;规划实施中塑造特色,是实践是检验认识真理性的体现。没有改革开放新时期不断深化的理论认识、不断积累的彰显社会主义本质的实践经验,就不可能有全面深化改革新时代事先主动规划并在实践中彰显社会主义的中国特色。

中国特色体现在新时代建设社会主义现代化强国的蓝图中。事先规划、主动宣告中国特色,用中国特色社会主义建设的实际行动、实践成果实证中国特色,坚持用实践检验对科学社会主义一般原则、普遍规律和中国的社会主义制度实践特殊性的认识,是揭批对中国特色社会主义的肆意

---

① 于潇:《对"特色"的几点理解》,《党政干部学刊》2002年第2期,第11—12页。

曲解、恶意歪曲的有效方式。党的十九大明确了新时代中国特色社会主义建设的基本方略，已经把社会主义的中国特色描绘在规划蓝图上。在决胜全面建成小康社会、建成富强民主文明和谐美丽的社会主义现代化强国的征程中，我们用落实规划蓝图的实践、实践成果回答中国特色究竟是什么。中国共产党领导是中国特色社会主义最本质的特征，是中国特色社会主义制度的最大优势。中国特色社会主义新时代，是全面从严治党实践彰显党的先进性、纯洁性的时代，是党全面领导中国特色社会主义建设最终建成富强民主文明和谐美丽的社会主义现代化强国的时代。中国共产党向全国人民郑重承诺、向全世界庄严宣告，中国特色社会主义最显著、最本质的特色是中国共产党的领导，中国共产党有信心、更有能力在治国理政的实践中彰显这一特色。

习近平新时代中国特色社会主义思想是规划塑造中国特色的行动指南。"没有革命的理论，就不会有革命的运动"①，新时代是用伟大理论指导伟大实践的时代。习近平新时代中国特色社会主义思想的八个"明确"，扫除了走顺走好新时代中国特色社会主义道路的思想障碍，是新时代塑造社会主义中国特色的基本遵循，也是党规划中国特色社会主义的特色所在。八个"明确"的要求和方针：一是本世纪分两步走完成社会主义现代化和中华民族伟大复兴的两大任务；二是顺应社会主要矛盾变化彰显社会主义的共同富裕本质和马克思主义人全面发展的旨归；三是落实在"五位一体"和"四个全面"两大布局中彰显道路自信、理论自信、制度自信和文化自信；四是实现全面深化改革、全面推进依法治国、强军三维目标中彰显目标规划特色；五是大国外交彰显建构人类命运共同体的担当；六是加强和改善党的领导彰显最本质的特征。中国共产党领导是中国特色社会主义最本质的特征，也正因为有这一特征，社会主义的中国特色才得以在政治建设、经济建设、社会建设、文化建设、生态文明建设、国防军队建设等领域具体彰显。指导新时代社会主义中国特色塑造的八个"明确"的基本遵循中，任何一个"明确"，都是从不同维度规划社会主义的中国特色，都从不同的角度凸显党的优良品格。

二、新时代自我规划塑造的重要特色

中国特色社会主义最本质的特征是中国共产党领导，中国特色社会主

---

① 中共中央马克思恩格斯列宁斯大林著作编译局：《列宁专题文集 论无产阶级政党》，北京，人民出版社，2009年版，第70页。

义制度的最大优势是中国共产党领导,这不仅是深刻总结党领导中国人民革命、建设、改革的实践经验总结,也是马克思主义政党学说的基本结论。各种重要的、具体的中国社会主义的特色,都是最本质特征在特定的历史发展阶段、具体的时空条件下的现实化和具体展开。

(一) 中国社会主义最本质最鲜明的特色

中国特色是中华民族伟大复兴之路的"颜色"。社会主义的中国特色是中国改革开放为国际共产主义运动、为世界各国人民追求自由而全面的发展提供的实践经验。先进而无私的政党顺应历史规律,汇聚集成人民群众创造历史的动力和活力,在不断满足人民群众不断增长的发展诉求中创造历史的辉煌,就是中华民族伟大复兴之路为世界各国人民追求自由而全面发展提供的最宝贵的经验和启示。"建立中国共产党、成立中华人民共和国、推进改革开放和中国特色社会主义事业,是五四运动以来我国发生的三大历史性事件,是近代以来实现中华民族伟大复兴的三大里程碑。"① 三大里程碑中,第一座里程碑最为基础最为关键,为形成和彰显中国社会主义最本质最鲜明的特色奠定了基础。

党领导人民群众创造历史的社会实践历练了中国社会主义最本质最鲜明的特色。特色虽然可以实现规划,但特色的形成必然要经过社会实践的历练。有人刻意割裂新民主主义革命和社会主义建设的历史联系,刻意制造中国共产党作为革命党和执政党的对立,为认识和理解社会主义最本质最鲜明的中国特色设置障碍。马克思早就认识到,"人们自己创造自己的历史,但是他们并不是随心所欲地创造,并不是在他们自己选定的条件下创造,而是在直接碰到的、既定的、从过去承继下来的条件下创造"②。割裂新民主主义革命和社会主义革命、社会主义建设的历史联系,脱离新民主主义革命成功时的现实条件,孤立地审视和评价社会主义革命、社会主义建设,不可能得出正确的结论。脱离历史背景和现实条件,以概念运动的方式去理解革命和执政,自然不可能理解中国共产党的革命党和执政党相统一的属性。新民主主义革命时期,正是党领导的根据地建设、党的局部执政,积累了支撑和推动革命发展的物质力量,为革命胜利后的全面

---

① 习近平:《在庆祝改革开放40周年大会上的讲话》,北京,人民出版社,2018年版,第4页。

② 中共中央马克思恩格斯列宁斯大林著作编译局:《马克思恩格斯文集(第2卷)》,北京,人民出版社,2009年,第470—471页。

执政积累了经验。社会主义建设时期、改革开放时期，虽然不存在先进阶级推翻腐朽没落阶级的革命，但执政的中国共产党化解长期执政面临的现实难题和风险，依然需要革命的勇气和革命的手段。只有持续推进自我革命，才能不忘初心；只有长期保持先进性和纯洁性，才能把中国特色社会主义事业不断推向新的巅峰。

中国社会主义最本质最鲜明的特色体现了党的精神风貌。在领导人民群众认识理解历史发展规律、创造历史辉煌的过程中，党表现出顺应人民诉求、勇于自我革命的精神风貌。粉碎"四人帮"之后，广大干部群众强烈要求纠正"文化大革命"的错误，彻底扭转十年内乱造成的严重局势。以真理标准问题讨论、党的十一届三中全会为标志，中国共产党深入推进马克思主义的理论批判、实践批判和自我批判，果断地停止以阶级斗争为纲，彻底摆脱对马克思主义、对科学社会主义原则的僵化理解和认识，重新确立了实事求是的思想路线，开启改革开放的航程，不断开创中国特色社会主义事业的新局面。发展过程中总是伴随旧的问题解决和新的问题产生，邓小平同志曾预言："发展起来以后的问题不比不发展时少。"为应对执政考验、改革开放考验、市场经济考验、外部环境考验，防范精神懈怠的危险、能力不足的危险、脱离群众的危险、消极腐败的危险，中国共产党深入推进新时代的自我革命，统筹谋划伟大斗争、伟大工程、伟大事业和伟大梦想"四个伟大"，积极探索共产党执政规律、社会主义建设规律、人类社会发展规律；坚持党要管党，从严治党，猛药去疴，净化党内政治生态，持之以恒正风肃纪，全面深入推进反腐败斗争，不松劲不停歇，巩固发展反腐败斗争压倒性胜利，在新时代续写党的自我革命篇章。

（二）保持战略定力稳步实现预期目标的中国特色

改革开放的过程，是创造性地运用和发展马克思主义理论的过程，也是广泛借鉴人类文明成果，特别是西方发达国家经济社会发展经验的过程。在"探路"历程中，在借鉴外来经验时由于缺乏主动宣告社会主义中国特色的能力和勇气，不免遭受外来的指指点点、评头品足，甚至是不得不暂时"屈从"外来压力、"削足适履"。新时代"走路"历程，就是展现党和国家保持战略定力，稳步实现预期目标，独立自主推动理论创新和事业发展特色的历程。

独立自主是中国共产党的重要品格和特色。独立自主，是党在领导人民群众创造历史的过程中铸就的品格和特色。近代历史上衰落的中国，曾寄希望于学习和效仿外来经验实现崛起和复兴。在尝试了各种主义、各种改造社会的方案都失败之后，中国人民选择了中国共产党。中国共产党在效仿"城市中心论"导致革命失败，执行共产国际的革命指示使革命几乎遭受灭顶之灾后，创造性地运用马克思主义理论，独立自主地开创了中国革命的成功道路。新中国成立后，经历了短暂的效仿苏联模式的时期，中国共产党就开始独立自主地探索社会主义建设道路。改革开放重视学习借鉴吸收外来经验，总有人企图借机向中国兜售改革方案，中国共产党不为形形色色的改革主张所迷惑，拒绝"拿来主义"，坚持以人民为中心，坚持自己的判断，摸着石头过河，独立自主地探寻出中国特色社会主义道路。中国共产党百年的风雨历程一再昭示，只有独立自主、艰苦奋斗，不幻想、不空谈，不把发展的希望寄托于他人，始终把命运掌握在自己手中，才能推进党的事业不断迈上新台阶。

独立自主成就中国强大的战略规划能力。中国共产党是世界上最善于制定战略、制定实施规划最有成效的政党。究其原因，是始终坚持独立自主，立足中国实际，依靠中国人民制定实施战略和规划，实现了战略和规划的前瞻性和可操作性的统一、战略和规划的服务目标指向和实施战略规划的依靠对象的有机统一。"我们要把命运掌握在自己手中，就要有志不改、道不变的坚定。""在中国这样一个有着5000多年文明史、13亿多人口的大国推进改革发展，没有可以奉为金科玉律的教科书，也没有可以对中国人民颐指气使的教师爷。"① 中国特色社会主义，是中国共产党领导人民群众实现现代化、实现中华民族伟大复兴的历史接力。从制定21世纪中叶分三步走、基本实现社会主义现代化的发展战略；到确立社会主义市场经济体制的改革目标和基本框架、社会主义初级阶段的基本经济制度和分配制度；到确立科学发展观，形成中国特色社会主义事业总体布局；到确立全面深化改革总目标，推进国家治理体系和治理能力现代化，统筹推进"五位一体"总体布局、协调推进"四个全面"战略布局，形成习近平新时代中国特色社会主义思想；清晰勾画出中国特色社会主义道路在实践探索中逐渐走向成熟、定型的历史轨迹。社会主义的中国特色不再是一个任由评说的话题，而是一个主动规划并在实践中得以彰显的理论命题。全面深化党的领导，保持战略定力，冷静沉着应对外部势力对中国和

---

① 习近平：《在庆祝改革开放40周年大会上的讲话》，北京，人民出版社，2018年版，第27页。

平崛起的遏制，集中精力化解发展面临的风险和难题，做好中国自己的事情，把对中国特色是什么的回答书写到改革开放、攻坚克难的实际行动中。摒弃霸权主义维系世界"中心—外围"格局的僵化思维，坚持平等互利、合作共赢，秉持正确义利观，把21世纪马克思主义镌刻在为解决人类共同面临的问题提供中国方案，为人类和平发展提供中国智慧的历史进程中。

（三）引领人类文明发展的中国特色

人类文明进步是一个梯度发展的渐进过程，文明总是在交流互鉴中发展。人类文明发展的引领者孕育出先进文明之后，不同民族之间的经济文化交流推动先进文明的传播和发展。先进文明孕育者的开放胸怀、自信态度，不仅关系文明的传播，而且也直接关系先进文明自身的发展。中华民族曾长时期引领人类文明发展，只是在近代错失工业文明良机之后才从人类文明发展的引领者沦为文明发展的追随者。改革开放新时期，是中华民族全面学习借鉴吸收先进文明，科学技术、经济社会文化实现追赶、跨越发展的历史时期；全面深化改革新时代，是中华民族实现伟大复兴的光辉时代，引领人类文明发展是新时代最亮丽的中国特色。

引领人类文明发展是中国梦的本质特征。复兴表达衰落之后的再次兴盛。中华民族曾长期引领人类文明发展，对人类社会的物质文明和精神文明发展都作出了巨大的贡献。中国共产党善于从中华民族引领人类文明发展的历史中汲取党的事业发展的力量，毛泽东同志在1939年撰写的《中国革命和中国共产党》不仅充分表达了他对祖国悠久的历史和灿烂的文化的热爱之情，而且显示出他对中国革命前途的信心和希望。习近平总书记既强调中华民族为人类文明进步做出了不可磨灭的贡献，也强调"历史是最好的教科书"，"学习党史、国史，是坚持和发展中国特色社会主义、把党和国家各项事业继续推向前进的必修课"。中国梦，是以习近平同志为核心的党中央总结中华民族的昨天、立足中华民族的今天、着眼中华民族的明天提出的重大战略思想。昨天，中华民族曾长期引领文明发展；今天，中华民族在广泛吸取先进文明的同时，积极为人类文明发展贡献智慧和力量；明天，中华民族将再次成为人类文明发展的引领者。新时代实现中华民族伟大复兴的中国梦，自然而然地使引领人类文明发展成为"走路"历程中社会主义的中国特色。

新时代开启中华民族引领人类文明发展的大幕。中国共产党是为人类进步事业而奋斗的政党,绝不会因现实复杂而放弃梦想,也不会因理想遥远而放弃追求。尽管人类文明进步依然面临许多挑战,恐怖主义、霸权主义、强权政治等因素直接威胁世界和平,重大传染性疾病、气候变化、日益严重的贫富分化等因素对人类社会的安宁构成严重的威胁。新时代的中国高举和平、发展、合作、共赢的旗帜,恪守维护世界和平;倡导并积极推动构建人类命运共同体,合作应对气候变化,建设持久和平、普遍安全、共同繁荣、开放包容、清洁美丽的世界,积极为人类社会的安宁祥和贡献中国智慧和中国力量。中国秉持共商共建共享的全球治理观,发起设立并推动"亚投行"稳健运行,积极促进"一带一路"国际合作,让越来越多的国家、越来越多的人看到人类社会的希望和美好未来。新时代进行伟大斗争,建设伟大工程,推进伟大事业,实现伟大梦想,不断为世界进步发展贡献中国智慧、中国方案和中国力量,正把引领人类文明发展的特征镌刻在中国特色社会主义的旗帜上。

三、新时代彰显社会主义中国特色的实践机制

未来较长历史时期内,社会主义和资本主义两种制度并存与竞争依然是人类社会的常态。虽然资本主义社会深层次的矛盾不断凸显,资本主义的制度性危机频频爆发,但两种制度并存的"资强社弱"格局并未得到根本性的改观。新时代意味着科学社会主义在21世纪的中国焕发出强大的生机活力,在世界舞台上高高举起了中国特色社会主义的伟大旗帜。新时代是中国特色社会主义必然对世界社会主义运动产生重大而深远影响的伟大时代。新时代"走路"历程中彰显社会主义的中国特色依然会面临严峻的困难和挑战。从主动彰显而不是被动地评说的角度,新时代要主动规划并着力建构"用言宣传、以行示范,在合作中渲染、在斗争中衬托"社会主义的中国特色的实践机制。

(一)用言宣传中国特色

经历改革开放四十余年的理论探索和实践发展,中国已经具备主动讲清中国特色的底气。讲好中国故事,讲清楚社会主义的中国特色,是新时代哲学社会科学研究的重要任务。习近平总书记强调,"一个没有发达的自然科学的国家不可能走在世界前列,一个没有繁荣的哲学社会科学的国

家也不可能走在世界前列"①，"坚持和发展中国特色社会主义必须高度重视哲学社会科学"②。新时代的哲学社会科学必须善于从改革开放实践经验中总结提炼理论范畴，归纳理论范式，凝练理论学说；运用中国的实践成就丰富这些范畴的内涵，增强运用这些范畴、范式、学说进行理论演绎的直观性，提高运用这些范畴、范式、学说讲述中国故事的准确性和通俗性。新时代借鉴吸收国外哲学社会科学研究成果，推动中西话语体系的融合，运用西方话语、西方人能够听懂的话语和方式，清晰详细地阐明我国秉持的正确义利观、发展观、合作观、安全观、全球治理观、经济全球化观等；在对外文化交流的过程中，还要特别注意依托网络信息技术，运用新媒体与自媒体手段，做好中国故事的国际传播。

（二）以行示范中国特色

中华民族注重身正为范，素有以行示范的传统。保持战略定力，是以行示范中国特色的核心和关键。新时代，中国特色社会主义事业必然会遇到种种困难和风险。应对困难和风险，是对信心、耐心和能力，特别是战略定力的综合考验。我们必须正视、重视困难和风险，但绝不能因暂时的、局部的困难和风险而轻易质疑，甚至是改变新时代的重大战略决策部署。党的十八以来，以习近平同志为核心的党中央超前把握我国经济发展进入新常态，国家安全面临传统安全问题和新兴安全问题交织的形势，经济全球化总体趋势不变与逆全球化潮流的兴起泛滥交互影响等一系列深刻变化；全面深化改革，坚持稳中求进工作总基调，迎难而上、开拓进取，未雨绸缪、抢先布局；出台一系列重大方针政策，推出一系列重大举措，推进一系列重大工作，推动改革开放和社会主义现代化建设取得了历史性成就，引领党和国家事业发生了历史性变革，从理论和实践两个维度，系统回答了"新时代坚持和发展什么样的中国特色社会主义、怎么坚持和发展中国特色社会主义"这一重大时代课题。新时代以行示范社会主义的中国特色，重在自觉维护以习近平同志为核心的党中央的权威，深入学习领会、自觉践行习近平新时代中国特色社会主义思想，因时因地制宜，创造性地落实党中央的决策部署。

---

① 习近平：《在哲学社会科学工作座谈会上的讲话》，北京，人民出版社，2016年版，第2页。
② 习近平：《在哲学社会科学工作座谈会上的讲话》，北京，人民出版社，2016年版，第2页。

(三) 在合作中渲染中国特色

经济全球化的本质是国与国之间的经济合作。应对气候变化、全球生态危机、国际恐怖主义等问题，也亟待加强国际合作。霸权主义者宣称的合作，是维护和巩固其霸权的手段；其对外经济合作，特别是与广大发展中国家的经济合作，往往预设、附带诸多条件；国际垄断资本正是在推行国际合作中获得高额垄断利润，霸权国家也常常以国际合作为幌子干涉控制他国政治。中国历来重视互利合作，与霸权主义不同，中国把合作视为共赢及共同发展的手段和途径。中国严格遵守和奉行和平共处五项原则，从不以经济合作为名干涉他国内政，不借助国际合作对他国指手画脚、说三道四，不在合作中谋求地缘政治利益，不依托大国优势谋求合作利益分享上的优先权。中国秉持正确义利观，在共享合作利益时，往往遵循弱者优先原则，主动让利于相对弱势方。新时代在合作中渲染中国特色，既要注意在合作方案设计、合作事务、合作进程以及合作利益分享上彰显大国风范，也要注意在合作中与对方交心，借助对方之口宣传中国特色，以丰硕直观的国际合作成果增强中国特色的感染力和影响力。

(四) 在斗争中衬托中国特色

霸权主义思维不可理解中国的和平崛起，也不会心甘情愿接受中国的和平崛起。新时代在不断扩大"朋友圈"的同时，必然面临一些西方霸权国家对我国进行的更加恶劣、卑鄙的围堵、干扰和遏制，与其进行政治、经济、军事、外交等领域的斗争在所难免。正如毛泽东同志多次强调，统一战线"以斗争求团结，则团结存；以退让求团结，则团结亡"，实现世界的和平安宁，构建人类命运共同体，必然存在和平力量与霸权主义的斗争。衬托社会主义的中国特色的斗争，包括与霸权主义的斗争，与歪曲中伤中国特色社会主义的言行的斗争等内容。

与霸权主义的斗争是实力信心和斗争艺术的综合比拼。霸权主义者最初依靠掠夺实现崛起，又依靠霸权维系对其他国家、其他民族的掠夺，霸权主义奉行"国强必霸"的理性。五千年文明史孕育的中华民族信奉"己所不欲勿施于人""故国虽大，好战必亡；天下虽安，忘战必危"的理性。社会主义的中国特色在与霸权主义的斗争中得以烘托和渲染。在与霸权主义展开的有理、有利、有节的斗争中要有必胜的信心，坚信得道多助失道寡助、乌云总是遮不住太阳。与依靠掠夺、已习惯奢华的霸权主义者不同，中华民族有勤俭节约、艰苦朴素的传统，中国拥有世界上最为完善的工业体系，中国拥有与霸权主义进行"持久战"的天时地利人和。具体的斗争总是以双方的协商妥协告终，这种妥协必然是让霸权主义付出代价、增长记性的妥协。

对歪曲中伤中国特色社会主义的言行要做原因和动机的区分。国内歪曲中伤中国特色社会主义的言行，有的是因为相信、使用道听途说的虚假材料，有的则是因为盲目迷信西方，以西方理论之履硬套中国实际之足；有的是因为论证方法、论证过程有缺陷，论据材料有缺失；有的是哗众取宠、故意离奇；还有的是认识的偏见，更有甚者是里应外合的文化汉奸。新时代，中国需要有针对性地运用信息发布、法律规范、学术研讨、舆论宣传等工具和手段，通过有针对性地与歪曲中伤中国特色社会主义的言行进行斗争，衬托社会主义的中国特色。

第五章　中国特色社会主义最本质特征的理论意蕴

中国特色社会主义最本质的特征是中国共产党领导，中国特色社会主义制度的最大优势是中国共产党领导。《中国共产党章程》开宗明义地指出："中国共产党是中国工人阶级的先锋队，同时是中国人民和中华民族的先锋队，是中国特色社会主义事业的领导核心。"[①] 中国共产党的领导，就是中国特色社会主义最本质的特征。不忘初心、不谋私利，始终坚持自我革命，全面从严治党，永葆党的先进性和纯洁性，是中国共产党与世界上其他执政党最显著的区别，也是中国特色社会主义最本质特征的内在成因。

第一节　中国特色社会主义最本质特征的论断依据

揭示中国特色社会主义最本质特征的论断依据，旨在论证坚持党的领导的必然性。历史已经证明并将继续证明，办好中国的事情，关键在党。与西方国家的政党代表特定群体的利益，是特定群体的代言人不同，"党除了工人阶级和最广大人民群众的利益，没有自己特殊的利益"[②]，中国共产党一以贯之地坚持全心全意为人民服务。从立党宗旨、党建制度安排的角度，杜绝党员干部、党的组织成为特定利益相关者的代表，防止党的组织成为财团俱乐部，防止党的活动偏离为公为民的要求沦为谋私利的工具和手段，是成就中国特色社会主义最本质特征的基本遵循，也是中国特

[①] 《中国共产党章程》，北京，人民出版社，2017年版，第1页。
[②] 《中国共产党章程》，北京，人民出版社，2017年版，第19—20页。

色社会主义最本质特征的彰显方式。中国共产党诞生于民族危亡之际，始终坚持天下为公，致力于民族解放、民族振兴，是不带个人特殊利益的使命型政党。分析中国政治运行，研究中国的国家治理，不能简单套用西方政党政治的理论；必须立足于中国特色社会主义最本质的特征，总结中国共产党治国理政的实践经验，提炼理论范畴，建构理论分析模式和框架。

一、马克思主义政党学说的基本结论

坚持共产党对无产阶级运动的领导，是马克思主义政党学说的基本结论。马克思主义经典作家在不同的历史条件下，从不同的维度论证阐释了这一基本结论。中国共产党领导是中国特色社会主义最本质的特征，正是这一结论的中国化表达。中国共产党"以初心使命赢得历史和人民的选择，以党的领导引领国家前进方向，以新型政党制度保证政治秩序，以选贤任能培养治国人才，以党的组织力推进社会转型，以自我革命实现社会革命，以党的领导力铸就国家能力"[①]。坚持党的领导，是中国取得革命、建设、改革的历史性成就的根本原因，是中国发展的核心优势。

（一）坚持党的领导是马克思主义明确的主张

共产党领导无产阶级运动是《共产党宣言》的基本结论。《共产党宣言》是马克思主义公开问世的标志，深刻揭示共产党、无产阶级运动的性质，完成对这一基本结论的论证。它指出："过去的一切运动都是少数人的，或者为少数人谋利益的运动。无产阶级的运动是绝大多数人的，为绝大多数人谋利益的独立的运动。"[②] 而共产党人不仅"没有任何同整个无产阶级利益不同的利益"，而且"始终代表整个运动的利益"。既然"共产党人强调和坚持整个无产阶级共同的不分民族的利益"[③]，无产阶级运动自然应该坚持共产党的领导。在《共产主义者同盟中央委员会告同盟书》中，马克思、恩格斯还强调，无产阶级政党通过自己的各级组织活动实现对无产阶级运动的领导，工人政党"应该使自己的每一个支部都成为工人协会的中心和核心，在这种工人协会中，无产阶级的立场和利益问题应该

[①] 祝灵君：《党的领导是中国发展的核心优势》，《红旗文稿》2019 年第 19 期，第 14—16 页。
[②] 中共中央马克思恩格斯列宁斯大林著作编译局：《马克思恩格斯文集（第 2 卷）》，北京，人民出版社，2009 年版，第 42 页。
[③] 中共中央马克思恩格斯列宁斯大林著作编译局：《马克思恩格斯文集（第 2 卷）》，北京，人民出版社，2009 年版，第 44 页。

能够进行独立讨论而不受资产阶级影响"①。列宁也明确指出,无产阶级政党是无产阶级的先进部队,是无产阶级和劳动群众的领导者和组织者,无论是在民主革命中,还是在社会主义革命和社会主义建设中,都必须毫不动摇地坚持党的领导权。② 马克思主义创始人坚信,无产阶级只有在党的领导下,采取有组织的斗争,才能推翻资产阶级的统治,才能消灭剥削制度,才能实现自身的解放。坚持党的领导,也就成为贯穿马克思主义政党学说的中心和红线。

　　坚持党的领导在社会主义制度实践中得到正反两方面的验证。马克思、恩格斯从理论上论证了马克思主义政党学说的基本结论,列宁在领导俄国革命和社会主义制度实践中,完成对马克思主义政党学说的基本结论的理论和实践二维论证。在俄国革命和苏联社会主义制度实践中,在苏联共产党领导得力、深得民心的条件下,苏联共产党有20万党员时打败了资产阶级临时政府,有200万党员时打败了德国法西斯,保卫了政权。当苏联共产党发生严重的腐败堕落,却在有2000万党员时自己打败了自己。苏联解体的悲剧,反证执政党的自我革命,坚持马克思主义对意识形态指导的重要性。苏联共产党在执政过程中放松党的建设,执政党逐渐发生腐化变质,政党的马克思主义属性也逐渐褪色。苏联共产党放弃对意识形态的主导,一是给予人民群众更多的"自由"以期缓解人民群众对自身的失望和不满,二是马克思主义政党属性逐渐淡化褪色,既使苏联共产党迷失了自我、迷失了发展方向,也使苏联共产党逐渐失去人民群众的信任,逐渐丧失主导意识形态的能力。习近平总书记高度重视中国共产党在新时代的自我革命问题,全面从严治党,创新党的建设,既以加强和改善党对意识形态工作的领导为目标,又以意识形态工作的成效为考核检验标准。

（二）坚持党的领导是毛泽东思想的基本结论

　　毛泽东同志对党的领导资格进行了系统而深入的论述。在中国革命和建设的不同时期,毛泽东同志多次谈到党的领导资格问题,既强调了认清党的领导资格问题的重要性,又提出了党的领导资格的人民认可原则,还

---

　　① 中共中央马克思恩格斯列宁斯大林著作编译局:《马克思恩格斯文集（第2卷）》,北京,人民出版社,2009年版,第193页。

　　② 中共中央马克思恩格斯列宁斯大林著作编译局:《列宁专题文集 论无产阶级政党》,北京,人民出版社,2009年版,第3页。

告诫全党应不断提升能力以确保党的领导资格的长期有效性。① 早在第一次国内革命战争时期撰写的《中国社会各阶级的分析》中，毛泽东同志就强调，"工业无产阶级是我们革命的领导力量"②，"革命党是群众的向导，在革命中未有革命党领错了路而革命不失败的"③。《在抗日战争胜利后的时局和我们的方针》一文中，毛泽东同志谈到一个美国记者对他的提问，曾说："去年有个美国记者问我：'你们办事，是谁给的权力？'我说：'人民给的。'如果不是人民给的，还有谁给呢？"④ 在《〈共产党人〉发刊词》中，毛泽东同志将统一战线、武装斗争、党的建设，视为中国共产党在中国革命中战胜敌人的三大法宝，并强调要"把党的建设问题同统一战线问题、同武装斗争问题联系起来看一下"⑤，认为"统一战线和武装斗争，是战胜敌人的两个基本武器。统一战线，是实行武装斗争的统一战线。而党的组织，则是掌握统一战线和武装斗争这两个武器以实行对敌冲锋陷阵的英勇战士"⑥。在毛泽东同志看来，党的正确领导，不仅是革命成功的关键，也是党的领导得到人民认可的关键。"所谓领导权，不是要一天到晚当作口号去高喊，也不是盛气凌人地要人家服从我们，而是以党的正确政策和自己的模范工作，说服和教育党外人士，使他们愿意接受我们的建议"⑦，党的领导权是在党卓有成效的工作中自然获得的，是人民群众心悦诚服地赋予的。

党的领导资格不是一劳永逸的问题。毛泽东同志一再告诫党内同志，不能靠老资格吃饭，必须加强学习，保持同人民群众的血肉联系。革命战争年代，要坚决反对"自以为对革命有功，摆老资格，大事做不来，小事又不做，工作随便，学习松懈"⑧。新中国成立后，毛泽东同志深刻认识到，党的领导资格的维持取决于人民群众对党的工作的认可，"如果我们在生产工作上无知，不能很快地学会生产工作，不能使生产事业尽可能迅速地恢复和发展，获得确实的成绩，首先使工人生活有所改善，并使一般

---

① 郑丽娅、胡学举：《毛泽东论党的领导资格及其启示》，《探索》2011年第3期，第21—24页。
② 毛泽东：《毛泽东选集（第1卷）》，北京，人民出版社，1991年版，第9页。
③ 毛泽东：《毛泽东选集（第1卷）》，北京，人民出版社，1991年版，第3页。
④ 毛泽东：《毛泽东选集（第4卷）》，北京，人民出版社，1991年版，第1128页。
⑤ 毛泽东：《毛泽东选集（第2卷）》，北京，人民出版社，1991年版，第614页。
⑥ 毛泽东：《毛泽东选集（第2卷）》，北京，人民出版社，1991年版，第613页。
⑦ 毛泽东：《毛泽东选集（第2卷）》，北京，人民出版社，1991年版，第742页。
⑧ 毛泽东：《毛泽东选集（第2卷）》，北京，人民出版社，1991年版，第360页。

人民的生活有所改善，那我们就不能维持政权，我们就会站不住脚，我们就会要失败"①。党在领导人民群众创造历史的过程中，必然会不断面临新的问题和挑战，坚持的党的领导，必须高度重视学习问题，确保党员干部、党的各级组织有驾驭不断变化的时局的能力。毛泽东同志不仅自己是看书学习的典范，还带领全党加强学习，做出一系列的党内学习部署。重视学习，不懈推进学习型政党建设，才能确保党长期执政。

（三）坚持党的领导是中国特色社会主义理论的基本结论

邓小平同志坚持和发展了坚持党的领导的基本结论。1979年，在党的理论工作务虚会上，针对"文化大革命"所造成的思想混乱，邓小平同志强调："我们要在中国实现四个现代化，必须在思想政治上坚持四项基本原则。这是实现四个现代化的根本前提。这四项是，第一，必须坚持社会主义道路；第二，必须坚持无产阶级专政；第三，必须坚持共产党的领导；第四，必须坚持马列主义、毛泽东思想。"②邓小平同志还强调，坚持党的领导，还必须高度重视确立和维护党的领导核心。邓小平同志的领导核心思想包括，党必须要有领导核心，领导核心本身就是力量，必须维护好党的领导核心等三个方面的内容。"马克思主义也从来没有否认领袖人物对于政党的作用。按照列宁的著名说法，领袖是'最有威信、最有影响、最有经验'的人们，毫无疑问，他们的这种威信、影响和经验乃是党、阶级和人民的宝贵的财富。"③领导核心的确立不是自封的，也不是偶然的，而是历史的选择，是人民的意愿。"每一个社会时代都需要有自己的大人物，如果没有这样的人物，它就要把他们创造出来。"④邓小平同志以马克思主义理论家的理论勇气，无产阶级革命的实践智慧，以马克思主义中国化的丰硕成果，生动阐释了党的领导核心的理论价值和实践价值。

"三个代表"重要思想发展了坚持党的领导的基本结论。以江泽民同志为代表的中国共产党人深刻认识到，办好中国的事情，关键和核心在于党的领导。"三个代表"重要思想，进一步回答了毛泽东同志提出的党执

---

① 毛泽东：《毛泽东选集（第4卷）》，北京，人民出版社，1991年版，第1428—1429页。
② 邓小平：《邓小平文选（第2卷）》，北京，人民出版社，1994年版，第164—165页。
③ 邓小平：《邓小平文选（第1卷）》，北京，人民出版社，1994年版，第234页。
④ 中共中央马克思恩格斯列宁斯大林著作编译局：《马克思恩格斯选集（第1卷）》，北京，人民出版社，1995年版，第432页。

政资格的问题,在国际国内局势发生重大变化的背景下,回答了怎么加强和改善党的领导的问题。坚持党的领导,就是要"保证党始终发挥总揽全局、协调各方的领导核心作用"①,改革和完善党的领导方式和执政方式、领导体制和工作制度,进一步提高党的领导水平和执政能力②。进入21世纪,以胡锦涛同志为总书记的党中央着力把坚持党的领导这一理论命题,转化为拒腐防变、抵御风险、提高党的领导水平和执政水平的实践命题。胡锦涛同志在庆祝中国共产党成立90周年大会上指出:"全党必须清醒地看到,在世情、国情、党情发生深刻变化的新形势下,提高党的领导水平和执政水平、提高拒腐防变和抵御风险能力,加强党的执政能力建设和先进性建设,面临许多前所未有的新情况新问题新挑战。"③ 只有坚持党要管党、从严治党,才能经受执政考验、改革开放考验、市场经济考验、外部环境考验,化解精神懈怠危险、能力不足危险、脱离群众危险、消极腐败危险。

新时代丰富和发展了坚持党的领导的基本结论。新时代,国际国内局势发生深刻变化,对党的建设、坚持党的领导提出了新的更高要求。习近平总书记指出:"我们必须以更大的决心和勇气抓好党的自身建设,确保党在世界形势深刻变化的历史进程中始终走在时代前列,在应对国内外各种风险和考验的历史进程中始终成为全国人民的主心骨,在发展中国特色社会主义的历史进程中始终成为坚强的领导核心。"④ 进入新时代,以习近平同志为核心的党中央从理论和实践两个维度,丰富和发展马克思主义政党学说的基本结论。在实践维度,彻底突破"就党建论党建、把党建视为一项独立工作"的思维局限,更加强调对"党要管党、从严治党"的系统谋划,在"四个全面"战略布局的框架下谋划管党治党,党内法规及管党治党的体制机制更加完善,党内政治生态得以显著优化,管党治党的水平、党的长期执政能力得以显著提升。在理论维度,习近平新时代中国特色社会主义思想的党建学说把执政党的自我革命作为重要的研究对象,明确表述了党的品格,提出新时代党的建设总要求,突出政治建设在

---

① 江泽民:《江泽民文选(第2卷)》,北京,人民出版社,2006年版,第29页。
② 中共中央文献研究室:《江泽民论有中国特色社会主义(专题摘编)》,北京,中央文献出版社,2002年版,第576页。
③ 中共中央文献研究室:《十七大以来重要文献选编(下)》,北京,中央文献出版社,2013年版,第751页。
④ 习近平:《全面贯彻落实党的十八大精神要突出抓好六个方面工作》,《求是》2013年第1期,第3—7页。

党的建设中的重要地位。党的十九大明确指出,"勇于自我革命,从严管党治党,是我们党最鲜明的品格"①;明确提出中国特色社会主义最本质的特征、中国特色社会主义制度的最大优势是中国共产党领导的重大论断;把坚持党的领导更加明确地表述为"坚持党对一切工作的领导""坚持党对人民军队的绝对领导"②;明确党是最高政治领导力量,必须全面深化和改善党的领导。

二、中国共产党的宗旨和品格决定党的领导地位

中国共产党以"全心全意为人民服务"为立党宗旨,如果不能成为执政党,不能长期执政,中国共产党的宗旨终究会沦为一句空话。中国特色社会主义,源于党对更好地履行宗旨的追求。坚持中国共产党的领导,自然成为中国特色社会主义最本质的特征。

(一)中国共产党的宗旨决定党的领导地位

中国共产党成立时就开宗明义地宣称自己的马克思主义属性,以最终实现共产主义伟大理想为自己的奋斗目标。中国共产党之所以有自我革命的勇气,就在于中国共产党始终不忘初心、牢记使命,坚持为中国人民谋幸福,为中华民族谋复兴。除了国家、民族、人民的利益,中国共产党没有任何自己的特殊利益。中国共产党只有长期执政,坚持领导人民谋幸福,才能真正做到牢记使命。《中国共产党章程》规定了党的领导地位、党的性质和党的宗旨,提供党的领导地位的学理论据,党履行宗旨的过程和成果对党的领导地位做出了实践论证。

中国共产党是既不忘初心也不自满的政党。不忘初心、方得始终。不忘初心,是一个政党拒腐防变的基本前提。中国共产党人的初心和使命,就是为中国人民谋幸福、为中华民族谋复兴。为了自己的初心,中国共产党始终坚持党的最高理想和现阶段的最低纲领的统一,用党的最高理想指引现阶段的行动,以现阶段的扎实行动奠定和充实最高理想的根基。党章指出:"中国共产党人追求的共产主义最高理想,只有在社会主义社会充

---

① 习近平:《决胜全面建成小康社会 夺取新时代中国特色社会主义伟大胜利——在中国共产党第十九次全国代表大会上的报告》,北京,人民出版社,2017年版,第26页。
② 习近平:《决胜全面建成小康社会 夺取新时代中国特色社会主义伟大胜利——在中国共产党第十九次全国代表大会上的报告》,北京,人民出版社,2017年版,第20—24页。

分发展和高度发达的基础上才能实现。"① 理想和现实的巨大反差，一是形成矛盾冲突的张力，进而转化形成推动党的事业发展的动力；二是为中国共产党人的努力指明方向，时刻警醒中国共产党人，"理想还很遥远，同志必须努力"，正如习近平总书记的期冀和要求——"我们不能因现实复杂而放弃梦想，不能因理想遥远而放弃追求"②。"社会主义制度的发展和完善是一个长期的历史过程"③，只有坚持党的领导，才能凝聚起这个历史过程中的共识，才能聚集起这个历史过程中创造辉煌的磅礴动力。新时代坚持底线思维，打好防范重大风险攻坚战，就是党既不忘初心又不自满，坚持最高理想和现实最低纲领相统一的生动范例。底线思维是以底线为导向的一种思维方法，要求不回避矛盾，不掩盖问题，客观分析每个可能出现的问题，凡事从坏处准备，努力争取最好的结果。最坏处的结果，就是当前工作的底线，是我们可以承受的最大损失，也是现实工作的最低纲领。有了最坏处的准备，就能做到遇事不慌，就牢牢把握住了发展主动权。能够接受底线、承受底线时的最大损失，但不拘泥于底线、不自满于底线时的工作成果，努力争取到的最好结果，就是追求最高理想的现实成果。

党的宗旨凝练了党领导人民的任务和追求。全心全意为人民服务的立党宗旨，直接彰显党的马克思主义政党属性，表明党领导人民的任务和追求。马克思主义始终以人的发展、人类的命运，以人的解放、人的全面发展为理论旨归。人的解放包括人与自然的和解，实现自然的解放，以及人与人的和解，实现人自身的解放。党章规定，"中国共产党领导人民建设社会主义生态文明"④，立足人与自然关系的现状，着眼人与自然之间现实的、具体的矛盾冲突，规定和阐明党领导人民解放自然、实现人与自然和谐发展的具体任务、途径和方式。党章规定，"我国社会主义建设的根本任务，是进一步解放生产力，发展生产力，逐步实现社会主义现代化，并且为此而改革生产关系和上层建筑中不适应生产力发展的方面和环节"⑤；规定社会主义建设中人的解放、人与人关系调整所遵循的原则、

---

① 《中国共产党章程》，北京，人民出版社，2017年版，第2页。
② 习近平：《决胜全面建成小康社会 夺取新时代中国特色社会主义伟大胜利——在中国共产党第十九次全国代表大会上的报告》，北京，人民出版社，2017年版，第58页。
③ 《中国共产党章程》，北京，人民出版社，2017年版，第2页。
④ 《中国共产党章程》，北京，人民出版社，2017年版，第14页。
⑤ 《中国共产党章程》，北京，人民出版社，2017年版，第7—8页。

所围绕的中心线索。党章不仅强调，党的各项工作都要"尊重劳动、尊重知识、尊重人才、尊重创造，做到发展为了人民、发展依靠人民、发展成果由人民共享"①，而且还把社会主义建设中的人与人关系调整的要求和内容细化落实到党领导人民发展社会主义市场经济、社会主义民主政治、社会主义先进文化、构建社会主义和谐社会、维护和发展平等团结互助和谐的民族关系的各项任务中。党对军队的绝对领导，党与全国各民族工人、农民、知识分子的团结，与各民主党派、无党派人士、各民族爱国力量的团结，为坚持党的领导构筑起坚强的后盾。走和平发展道路，实施独立自主的和平外交政策、互利共赢的开放战略，不断为营造坚持党的领导的良好外部环境创造条件。

（二）中国共产党的鲜明品格成就党的领导地位

中国共产党历经革命、建设和改革开放的锤炼，已经被锻造成为成熟的马克思主义政党。成熟的政党具有以下特征：一是有坚定明确的宗旨和信念；二是有清晰完善的目标体系，定性目标和定量目标相结合、长远目标和短期目标相衔接；三是有实现目标的行动方案；四是目标和行动的落实有保障。中国特色社会主义必须坚持党的领导，既在于中国共产党已经是一个成熟的政党，也在于党在革命、建设和改革中铸就和彰显出许多优秀的品格。勇于自我革命，从严管党治党，是中国共产党最鲜明的品格。

中国共产党具有重视党的建设和自我革命的优秀品格。中国共产党从成立开始就注重党的建设，党的历代中央领导集体都高度重视党的建设。毛泽东同志在七届二中全会上就明确提出了执政党建设的问题，要求全党在革命胜利后务必继续地保持谦虚、谨慎、不骄、不躁的作风，务必继续地保持艰苦奋斗的作风，要警惕资产阶级糖衣炮弹的袭击。中国特色社会主义发展进程中，中国共产党把党建的具体内容从"思想建设、组织建设、作风建设"丰富发展为"政治建设、思想建设、组织建设、作风建设、纪律建设，把制度建设贯穿其中"。把党的政治建设摆在首位，绝不是要削弱新时代思想建设的重要性。政治建设是党的根本性建设，决定党的建设方向和效果。正如邓小平同志早在1993年指出的那样，"发展起来以后的问题不比不发展时少"，新时代全面深化改革面临广泛而深刻的利益调整，正在崛起而尚未崛起、正在变强而尚未真正强大的特殊时期所遭

---

① 《中国共产党章程》，北京，人民出版社，2017年版，第8页。

受和面临的巨大遏制，都前所未有地凸显党的政治建设的重要性和紧迫性。新时代，党的思想建设虽然也面临严峻的困难和挑战，但思想建设彰显党的本质、彰显中国共产党的马克思主义政党属性、制度建设巩固思想建设成果等主要是存在如何在实践中落实的问题，并不存在认识上的摇摆和理论的模糊。新时代思想建党和制度建党的结合必将开创党的政治建设的新境界，"思想建党是从意识维度，内在地规定了党的宗旨；制度建党是从制度维度，外在地规定了党的纪律；两者内外配合，为管党治党提供了关键抓手"①。党内法规作为党的制度建设的重要成果，从三个维度彰显中国共产党的马克思主义政党属性：一是党内法规的具体内容蕴含了对马克思主义基本原理的坚持和运用，二是党内法规的制定和实施体现了党的历史经验，三是党内法规针对和解决党自身发展以及经济社会发展面临的现实问题。新时代深入推进依规治党，也是加强和改善党的政治建设的重要途径和手段。《中国共产党章程》明确要求："党的中央、地方和基层组织，都必须重视党的建设，经常讨论和检查党的宣传工作、教育工作、组织工作、纪律检查工作、群众工作、统一战线工作等，注意研究党内外的思想政治状况。"② 党的十九大明确了新时代党的建设总要求，对全面从严治党，长期执政能力建设进行了详细的规划和部署，全面展示了中国特色社会主义领导者的勇于自我革命的风采。

党的自我革命成就坚持党的领导的历史必然性。党的自我革命是党以壮士断腕的勇气，主动发起的一场刀刃向内、祛除沉疴痼疾的"强身健体"工程。党的自我革命针对党内存在的思想不纯、组织不纯、作风不纯等突出问题，着眼于经受长期执政考验、改革开放考验、市场经济考验、外部环境考验，致力于防范精神懈怠、能力不足、脱离群众、消极腐败四大危险，是中国共产党的红色基因和不变底色。内因是影响事物发展的根本性因素，外因是影响事物发展的辅助性因素，外因总是通过内因起作用。事物运动发展过程中，在内因和外因的共同作用下，总会滋生促使事物运动背离初始方向的异化力量。"三个不纯""四大考验"和"四大风险"，就是背离党的初心、制约党的领导能力提升、危害党长期执政的异化力量。党自我革命的对象正是这些异化力量，正是制约党的领导能力和

---

① 韩庆祥、黄相怀等：《建设世界上最强大的政党》，北京，中国人民大学出版社，2018年版，第210页。

② 《中国共产党章程》，北京，人民出版社，2017年版，第36页。

长期执政能力提升的内因，党的领导和长期执政自然也就成为这场革命的结果。坚持党的领导的历史必然性，取决于党的自我革命是否能持续深入地推行。习近平总书记一再强调，"打铁必须自身硬""全面从严治党永远在路上"，在十八届中央纪委二次全会上，他创造性地提出党的政治生态问题，提出要以政治生态的优化夯实党的领导、党长期执政的根基。以习近平同志为核心的党中央高度重视政治生态，提出了全面从严治党的顶层设计，完善了不敢腐、不能腐、不想腐的管党治党体制机制，管党治党的法律、制度和规范不断优化和完善，实现了坚持党的领导的理论逻辑向实践逻辑的转换。

三、坚持党的领导是历史和人民共同的选择

选择和接受表达事主与事实的主动和被动关系。事主要么主动选择事实，要么被动接受事实，不可能置于事实之外。坚持中国共产党的领导是历史和人民的选择，我国的国体和宪法遵从历史和人民的选择，并明确而规范地表达了历史和人民的选择。中国共产党领导之所以是中国特色社会主义最本质的特征，不仅因为国体和宪法对人民选择的遵从，更在于党不懈的自我革命、自我建设、从严管党治党，永葆先进性和纯洁性，始终跃立于历史发展的潮头。"历史和人民选择中国共产党领导中华民族伟大复兴的事业是正确的，必须长期坚持、永不动摇。"[①] 党的十九大在回顾总结建党以来党领导中国人民革命、建设和改革伟大历程的基础上，创造性地提出党的领导是中国特色社会主义最本质特征和最大的制度优势，创造性地提出全面从严治党，实现党的革命性锻造，这既是对误解曲解、恶意中伤中国特色社会主义的正面回应，也是向世界庄严宣告中国特色社会主义的特色，更是提出保持和彰显中国特色的战略考量。

（一）坚持党的领导是历史的选择

历史选择，就是顺应和表现历史规律的历史事件的发生以及历史潮流的兴起。从人民群众创造历史的主动性的角度，历史就是历史选择在时间顺序上的展开。自1840年鸦片战争起，中国一步一步沦为半殖民地半封建社会，这不是历史的选择，而是中华民族不得不被动接受的历史事实和

---

① 习近平：《在庆祝中国共产党成立95周年大会上的讲话》，北京，人民出版社，2016年版，第5页。

历史结果。一部近代史，就是一部中华民族不甘受奴役、努力抗争、无数仁人志士在反复比较试错中寻求民族振兴路径和方法的历史。"近代中国屡遭西方列强的侵略和蹂躏，逐渐成为半殖民地半封建社会。为了救国救民，不同阶级、不同社会阶层、不同政治力量，提出并实践过各式各样的救国方略。但无论是旧式的农民起义还是封建统治阶级的自救，无论是资产阶级的改良还是革命，都不能担负起实现民族独立、人民解放和国家富强、人民富裕的历史使命。"① 苦于没有正确的领导，中华民族不得不一再接受太平天国运动失败、洋务运动失败、戊戌变法失败、义和团运动失败、辛亥革命失败这一连串的历史之痛。

历史之痛催生了正确的历史选择。科技进步和制度创新，是历史发展的两大动力。洋务运动和辛亥革命，是认识理解近代中国历史发展动力的两大标尺。洋务运动坚持"中学为体，西学为用"，它的失败，宣告在封建主义制度框架内不触及封建统治的变法图强行不通。这表明，只有制度和科技有效结合，才能焕发推动社会进步的动力。资本主义制度相较于封建制度的历史进步性不容置疑，辛亥革命的失败，宣告简单沿袭、套用资本主义制度也行不通。这表明，先进的制度文明，只有和本国实际紧密结合，才能发挥历史进步作用。1921年，在马列主义同中国工人运动相结合的进程中，中国共产党应运而生。自从有了中国共产党，中国社会面貌就焕然一新，中国历史就由被动接受转向主动选择。中国共产党引领中国社会发展，就是历史的选择。党带领人民创造历史，尽管历经千辛万苦、付出巨大牺牲，终究取得了新民主主义革命的伟大胜利，建立了新中国，完成了社会主义革命，建立了社会主义制度，实行了改革开放，开辟了中国特色社会主义道路，从根本上改变了中国人民和中华民族的前途命运，赢得了全国各族人民的衷心拥护和支持。中国共产党领导革命、建设、改革的风雨历程，让世界见识了中国社会发生的深刻变革，见识了中国人民命运发生的重大变化，见识了中华民族一步一步走向复兴的伟大辉煌，进而论证了坚持党的领导的历史逻辑。

（二）坚持党的领导是人民的选择

历史选择，归根到底是作为历史创造者的人民大众的选择。人民总是

---

① 中共中央党史研究室：《历史是最好的教科书——学习习近平同志关于党的历史的重要论述》，北京，中共党史出版社，2014年版，第18页。

从历史活动的实践和比较中，不断寻找能够带领自己前进的领路人，坚持中国共产党的领导是中国人民从长期奋斗中得出的基本结论。实现中华民族的伟大复兴，是近代以来中国人民最强烈的愿望。"如何才能使国家富强，使人民过上好日子"，是中国最广大的人民群众判断并接受任何政治团体、政治主张和政治人物的基本标准，是人民选择带领自己创造历史的领导者的基本标准。

中国共产党在领导人民创造历史的过程中实现自身的发展壮大。中国共产党成立时只有 50 多名党员。尽管势单力薄，中国共产党仍公开表达自己的纲领，不懈地实践自己的纲领，追求自己的理想。越来越多的劳苦大众从中国共产党的纲领和实践中，从中国共产党员的一言一行中看到自己的希望、国家的希望和民族的希望。中国共产党逐渐在全中国人民中树立起了最坚定、最彻底的爱国形象，赢得了人民支持，获得了最广泛、最丰厚、最坚定的政治资源，成为中国各族人民的领导核心。带领人民群众创造历史的百年风雨历程中，中国共产党从最初只有 50 多名党员的小党，发展壮大成为拥有 9191.4 万名党员、468.1 万个基层组织①的世界上最大政党，成为为世界提供"政党治理"的中国经验、为国际提供"国家治理"的中国智慧、为人类贡献"全球治理"的中国方案的政党。

（三）历史和人民的选择完善坚持党的领导的历史逻辑

鸦片战争至中国共产党成立的近代历史，见证没有主心骨的中华民族被动接受命运安排的痛苦和艰辛。中华民族在黑暗中求索呼唤主心骨的历史反证，如果没有中国共产党，中华民族难以逃脱在黑暗中摸索的历史宿命。从中国共产党诞生到新中国成立，党的领导逐步从内部走向外部、从部分走向全面、从局部走向全国、从建立政权到全面巩固政权；党逐渐成为中华民族民族复兴领导者的历史初证，只有坚持党的领导，中华民族才能主宰自己的命运。

社会主义道路探索以及党自我纠错的历史再次证明坚持党的领导的历史必然性。新中国成立后，在党的领导下，我国成功实现从新民主主义到社会主义的转变，初步建立起社会主义基本制度，在一穷二白的基础上构建起独立完整的工业体系，真正实现政治、经济上的站起来，为中国特色

---

① 新华社：《数读 2019 年中国共产党党内统计公报》，http://www.xinhuanet.com/politics/2020－06/30/c_1210683845.htm。

社会主义建设和发展奠定了根本政治前提、制度基础和物质基础。在社会主义道路探索中，尽管发生了"大跃进""文化大革命"等严重错误，党也通过自我纠错重新步入发展正轨。新中国成立到十一届三中全会开启中国特色社会主义新征程的历史再次证明，只有坚持党的领导，中华民族才能做出正确的历史抉择。

新时期坚持和改善党的领导实现富起来的历史，确证最本质特征论断的历史必然性。改革开放新时期，党领导人民不断丰富和完善并稳步实施社会主义现代化发展战略，粉碎了国内外诱使、促使中国"变色"的图谋，在东欧巨变、国际共产主义运动遭受重大挫折的背景下，坚持和发展中国特色社会主义；成功实现从计划经济体制向社会主义市场经济的转型发展，用四十多年时间走过西方发达国家上百年走过的路程，成为世界上第二大经济体和产业门类最齐全、工业经济规模最大的国家。党领导人民创造中华民族实现从站起来到富起来伟大飞跃的辉煌历史确证，只有坚持党的领导，中华民族才能牢牢把握历史发展的主动权。

新时代坚持和加强党的全面领导奔向强起来的历史，保证最本质特征论断的历史必然性。全面深化改革新时代，党以自我革命全面提升长期执政能力，提出一系列重大方针政策，推进一系列重大工作，解决了许多长期想解决而没有解决的难题，办成了许多过去想办而没有办成的大事，党和国家事业发展取得了全方位、开创性的成就。新时代党领导人民在世界格局的风云变幻中坚持和发展中国特色社会主义，为广大发展中国家走向现代化提供了成功经验、展现了光明前景，中华民族日益走近世界舞台中央。由富向强的飞跃做出了历史保证，只要坚持党的领导，中华民族就能实现伟大复兴，就能傲立于世界民族之林。

四、坚持党的领导是中国社会现代化的需要

现代化是不安于现状、不固守传统，追求进步、追求发展的过程以及在这个过程中取得的积极成果的统称。近代中国，正是由于封建统治阶级安于现状、固守传统，错失现代化发展的历史机遇，才一步步陷入贫困落后的境地，沦为列强欺压侵略的对象。拥抱先进文明，积极追求现代化，是中国共产党的先进性、进步性的重要表现。中国社会现代化的历史进程，证实了坚持党的领导的现实必要性和历史必然性。

(一) 新中国的成立真正拉开了中国社会现代化的大幕

现代化是人类社会发展的价值取向和理性追求,但半殖民地半封建的中国没有条件,也没有能力真正追求社会现代化。中华人民共和国成立标志着中华民族实现独立和解放,标志着中国社会终于可以追求现代化。现代化是中华民族伟大复兴的必由之路,中国共产党孜孜以求中国社会现代化,坚持党的领导使中国社会现代化实现从构思到行动、从理想到现实的转变。

毛泽东同志明确提出中国社会现代化的目标和任务。早在1945年,毛泽东同志在党的七大政治报告中就明确指出:"中国工人阶级的任务,不但是为着建立新民主主义的国家而斗争,而且是为着中国的工业化和农业近代化而斗争。"这实际上是立足于中国生产力水平极其落后的客观现实的现代化建设思想萌芽。在1949年3月召开的七届二中全会上,毛泽东同志指出:"我们已经或者即将区别于古代,取得了或者即将取得使我们的农业和手工业逐步地向着现代化发展的可能性。"明确提出了"现代化"这一概念,从传统与现代的分异,从生产力发展的角度,对现代化的目标和任务进行了初步的思考。

社会主义建设明确了现代化的目标和任务。1954年,周恩来同志在第一届全国人民代表大会上首次提出工业、农业、交通运输业和国防现代化的四个现代化目标。1956年,党的八大将四个现代化目标写入大会通过的党章。1964年,周恩来同志在第三届全国人民代表大会上提出:"要在不太长的历史时期内,把我国建设成为一个具有现代农业、现代工业、现代国防和现代科学技术的社会主义强国。"中国共产党明确了领导中国人民建设社会主义现代化国家的目标和任务。四个现代化战略目标,既是社会主义建设实践经验的总结和提炼,也是对中国社会现代化内容、要求和任务的界定,对中国经济社会的发展具有重要的现实意义和深远的历史意义。1975年,四届全国人大一次会议提出社会主义现代化的时间表和任务图:第一步,在1980年以前,建成一个独立的比较完整的工业体系和国民经济体系;第二步,在20世纪内,全面实现农业、工业、国防和科学技术的现代化,使我国国民经济走在世界的前列。社会主义建设中建立起来的完整的工业体系和国民经济体系,为中国社会现代化奠定了坚实的物质基础,也为改革开放以来我国经济持续高速发展创造了良好的条件。

（二）中国特色社会主义现代化建设成就离不开党的领导

现代化是表征历史进步的一系列"化"的整合过程。人们也习惯于依据"化"的对象，罗列现代化的任务和内容。对"化"的对象、"化"的方式、"化"的节奏把控等方面的认识和理解差异，是诱发现代化进程中矛盾冲突的重要原因。现代化进程中的矛盾冲突如果成为撕裂社会的推手，社会不免跌入现代化的陷阱。改革开放探索出了中国特色社会主义现代化道路。中国共产党坚强有力的领导，使中国特色社会主义现代化进程中的矛盾冲突有效转化成为推动社会进步和历史发展的动力。

改革开放使中国社会现代化的图景不断清晰和完善。十一届三中全会开启改革开放新征程，党和国家的工作重心转移到经济建设上，中国社会现代化建设步入快车道。邓小平同志强调："我们从八十年代的第一年开始，就必须一天也不耽误，专心致志地、聚精会神地搞四个现代化建设。"党的十二大强调全面开创社会主义现代化建设新局面，既强调现代化建设的全面性，也强调现代化建设必须尽快立新功、取得新成就。党的十三大把建设社会主义现代化国家纳入党在社会主义初级阶段基本路线，从国家战略，从制度、组织领导上保障社会主义现代化建设的持续稳定性。党的十四大提出要加快改革开放和现代化建设，既是要求现代化建设提速，也是强调改革开放对现代化建设的重要作用。党的十五大做出21世纪现代化建设的三步走规划，第一个十年实现国民生产总值比2000年翻一番，使人民的小康生活更加宽裕，形成比较完善的社会主义市场经济体制；再经过十年的努力，到建党一百年时，使国民经济更加发展，各项制度更加完善；到21世纪中叶建国一百年时，基本实现现代化，建成富强民主文明的社会主义国家。党的十五大强调，改革开放这场新的伟大革命，为社会主义现代化建设创造了良好的体制条件，彰显了中国共产党对改革开放推动现代化建设的自信。

21世纪以来，现代化的整合效应不断显现。党的十六大提出，本世纪头二十年要集中力量，全面建设惠及十几亿人口的更高水平的小康社会，继续推进现代化建设、完成祖国统一、维护世界和平与促进共同发展的三大历史任务，吹响在中国特色社会主义道路上实现中华民族伟大复兴的号角。党的十六大既总结和肯定我国现代化建设使中国历史进入全面建设小康社会阶段的伟大成绩，也把社会主义现代化建设纳入中华民族伟大复兴的系统思考，拓展和深化了对社会主义现代化建设的认识。党的十七大提出到 2020 年实现全面建成小康社会的奋斗目标。从建设小康社会到建成小康社会，直观生动展示了党自我加压践行党的宗旨的责任担当。党的十七大强调，要加快推进社会主义现代化，完成时代赋予的崇高使命，吹响了社会主义现代化建设提速增效的号角。

（三）新时代提出中国特色社会主义现代化的新要求

党的十八大选举产生以习近平同志为核心的党中央，中国特色社会主义由此进入新时代。党的十八强调，建设中国特色社会主义，总任务是实现社会主义现代化和中华民族伟大复兴，并提出"两个一百年"奋斗目标，打响社会主义现代化建设冲刺的发令枪。党的十九大提出，在从十九大到二十大这"两个一百年"奋斗目标的历史交汇期，我们既要全面建成小康社会、实现第一个百年奋斗目标，又要乘势而上开启全面建设社会主义现代化国家新征程，向第二个百年奋斗目标进军；明确社会主义现代化建设冲刺阶段的时间表、路线图。新时代是努力奋斗的时代，是撸起袖子加油干的时代。新时代赋予中国特色社会主义现代化新的使命，对中国特色社会主义现代化提出了新的要求。

新时代提出中国特色社会主义现代化建设提速的要求。党的十三大、十五大都是提出 21 世纪中叶基本实现现代化，党的十九大提出 2035 年就要基本实现现代化，把基本实现现代化的时间提前了十五年。现代化的内涵在改革开放进程中不断得以丰富，现代化的标准也不断提高，而基本实现现代化的时间不但没有延后，反而提前了十五年。按照十九大的部署，到 2035 年，经济建设、政治建设、文化建设、社会建设和生态文明建设"五位一体"都要达到基本实现现代化的目标；现代化经济体系基本建成，国家治理体系和治理能力现代化基本实现，社会文明程度达到新的高度，向全体人民共同富裕迈出坚实步伐，美丽中国目标基本实现。① 基本实现提前现代化的原因，一方面是改革开放四十多年来我国经济持续较快发展，工业化城镇化快速推进，各项事业全面进步，现代化提速有着坚实的物质基础。另一方面，新时代全面从严治党、党的长期执政能力建设取得显著成就，中国特色社会主义现代化的组织领导能力得以进一步强化，为现代化提速创造了良好的条件。现代化的目标越是远大，现代化的任务越是艰巨，越是要求全党同志精神状态、思维方式、工作方式有新的转变，

---

① 中共中央宣传部理论局：《新时代面对面》，北京，人民出版社，2018 年版，第 78—79 页。

素质能力有新的提升，越是要不断增强党的政治领导力、思想引领力、群众组织力和社会号召力。

新时代提出中国特色社会主义现代化建设提质的要求。党的十三大提出，21世纪中叶基本实现现代化时要达到中等发达国家水平；党的十五大提出，21世纪中叶建成富强民主文明的社会主义国家；党的十九大提出，21世纪中叶建成富强民主文明和谐美丽的社会主义现代化强国。21世纪中叶建成的社会主义现代化强国，不仅自我纵向比较是国力鼎盛、制度定型、人民幸福的国家，而且横向比较是世界性强国，是一个对他国有重要示范效应，对国际政治经济发展有重要影响力和引领能力的强盛国家。从中等发达国家到社会主义现代化强国，社会主义国家的特征从富强民主文明到富强民主文明和谐美丽，这不仅是量的提升，更是质的飞跃。现代化建设提质的背后，是新发展理念蕴含的质量、效率、动力"三个变革"的要求，是贯彻落实新发展理念对不平衡不充分的发展问题的有效化解。现代化的质的要求越高，越是对新发展理念"总－分－合"的实践模式提出新要求。党中央适应和把握经济发展新常态，顺应社会主要矛盾运动变化，着眼发展难题破解、发展困难克服和发展目标实现，把实现全国人民总体利益、长远利益和根本利益的要求具体化为贯彻落实新发展理念的总体部署，保证贯彻落实新发展理念的统一完整性和持续稳定性。各地区、各部门党组织立足自身发展条件，充分发挥主观能动性，创造性地分解落实而不是简单地沿袭照搬党中央的总体部署，形成差异化、多样化的、体现区域和部门特色与优势的新发展理念实践模式。党中央汇总集成各地区、各部门贯彻新发展理念的创新经验，丰富完善贯彻新发展理念的策略和政策工具，推动贯彻新发展理念与时俱进。

（四）党的领导夯实社会主义现代化的根基和保障

中国共产党领导的多党合作制，是社会主义现代化建设得以持续稳定推进，不断开创新境界的根本保障。中国共产党长期执政，保障了战略稳定性、战略实施各阶段目标任务的继承性和衔接性。多党参政，多方面汇集现代化建设的智慧，使社会主义现代化建设不断凯歌高奏。"把中国现代化建设的长期性与发展的阶段性相结合，科学划分发展阶段，始终做到分阶段、有步骤地推进社会主义现代化，这是中国共产党推进社会主义现代化建设的一条成功经验。"① 由一个有远大理想,并不懈地为实现远大理想而奋斗的政党长期执政,可以有效保障治国理政方略的持续性和稳定性,有效避免治国理政方略左右徘徊、频繁更替引发社会动荡。中国共产党把以人民为中心的原则贯彻落实、融会贯通于实现共产主义远大理想的过程中,这是中国共产党长期执政的合理性来源。新时代开启全面建设社会主义现代化强国的历史征程,就是这种合理性的生动例证。

第二节　中国特色社会主义最本质特征的彰显机制

中国特色社会主义最本质的特征,以党的政治领导力、思想引领力、群众组织力、社会号召力等形式,在党总揽全局、协调各方,把方向、谋大局、定政策、促改革的过程中得以彰显。党的建设、党的自我革命,成就了中国特色社会主义最本质的特色,也成就了世界上最强大的政党。"一个政党是否强大,要看它是否具有强大的政治引领力、强大的民心感召力、强大的组织动员力、强大的自我革新力。"② 新时代彰显中国特色社会主义最本质的特色,必须加强和维护党中央权威和集中统一领导,全面深化党的领导,加强党对一切工作的领导。党的领导必须依靠社会主义法治。我国宪法明确规定了党的领导地位,坚持党的领导本身就是依宪治国、依法治国的体现和要求。党性和人民性的有机统一,决定我国的法既是党的主张同时也是人民的意愿;党领导人民制定宪法和法律,党领导人民实施宪法和法律,党自身必须在宪法和法律范围内活动。③ 中国共产党是一个执政整体,同时也是由九千余万党员个体、由各级各类党组织构成的集合。整体与形成集合的个体之间有着显著的差异,这既要求每个党组织、每个领导干部不能以党自居,一言一行都必须服从和遵守宪法和法律,也要求建立健全中国特色社会主义最本质特征的彰显机制,消弭作为执政整体的党和具体党组织、党员个体之间的差异。先锋队先进性锻造机

---

① 中共中央宣传部:《习近平新时代中国特色社会主义思想三十讲》,北京,学习出版社,2018 年版,第 127 页。

② 韩庆祥、黄相怀等:《建设世界上最强大的政党》,北京,中国人民大学出版社,2018 年版,第 43 页。

③ 中共中央宣传部:《习近平新时代中国特色社会主义思想学习纲要》,北京,学习出版社,2019 年版,第 105 页。

制、整体意志和分散意志耦合机制、分散意志间的协商协调机制等协同，形成中国特色社会主义最本质特征的彰显机制。

一、先锋队的先进性锻造机制

中国共产党凭借其先进性登上历史舞台，党的章程明确强调党的先进性。"中国共产党是中国工人阶级的先锋队，同时是中国人民和中华民族的先锋队，是中国特色社会主义事业的领导核心。"① 先锋队的定位，再加上先锋队不懈的自我革命，持续不断与时俱进地加强先锋队建设，使先锋队的作用始终得以彰显和发挥。

（一）理论创新锻造先进性

历史发展进程中，理论是实践的先导。"人类社会每一次重大跃进，人类文明每一次重大发展，都离不开哲学社会科学的知识变革和思想先导。"② 正如"没有革命的理论，就不会有革命的运动"③，没有先进理论的指导，就不可能保持先进性。"只有以先进理论为指南的党，才能实现先进战士的作用。"④ 马克思主义揭示了人类社会发展的基本规律，但并没有穷尽真理，而是开辟了通向真理的道路，马克思主义必然是在创新中实现马克思主义中国化和时代化。中国共产党有着坚定的理论信仰，杜绝思想僵化，以在实践中不断丰富发展的马克思主义作为自己的指导思想。《中国共产党章程》开宗明义地指出："中国共产党以马克思列宁主义、毛泽东思想、邓小平理论、'三个代表'重要思想、科学发展观、习近平新时代中国特色社会主义思想作为自己的行动指南。"⑤ 一个政党要想一直走在前列，引领经济社会发展和历史进步，就必须弄清政治发展规律与人类社会发展规律，不断产生引领文明前行的大思想、大理论。持续不断的理论创新，使党能够不断深化对共产党执政规律、社会主义建设规律、人类社会发展规律的认识，更好地遵循和利用规律，锻造自身的先进性。

锻造党的先进性的理论创新有着严格的规范和遵循。首先，理论创新

---

① 《中国共产党章程》，北京，人民出版社，2017年版，第1页。
② 习近平：《在哲学社会科学工作座谈会上的讲话》，北京，人民出版社，2016年版，第3页。
③ 中共中央马克思恩格斯列宁斯大林著作编译局：《列宁全集（第6卷）》，北京，人民出版社，2013年版，第23页。
④ 中共中央马克思恩格斯列宁斯大林著作编译局：《列宁全集（第6卷）》，北京，人民出版社，2013年版，第24页。
⑤ 《中国共产党章程》，北京，人民出版社，2017年版，第1-2页。

必须坚持马克思主义立场、方法、观点的有机统一。立场、方法、观点的有机统一，是马克思主义的基本要求，也是马克思主义者的品格。马克思主义理论研究者只有站在马克思主义立场，运用马克思主义的方法剖析经济社会发展难题，揭示人类社会发展面临的风险和挑战，才可能得到马克思主义的科学结论，真正推进理论创新。以马克思主义为指导的社会实践主体，只有站在马克思主义的立场，依据实践条件和目标，切实地把马克思主义的观点、科学结论转化为实践方法、实践遵循，才能取得预期的实践成果，为理论创新积累丰富的实践素材。其次，理论创新必须以紧密依靠人民群众的伟大实践和创造为动力。理论创新是在实践的基础上对客观事物发展规律认识的深化和发展。实践是理论创新的源泉，人民群众是历史的创造者，是全部历史的基础。① 第三，理论创新要坚持自我完善为主，借鉴吸收外来经验为辅。马克思主义的理论批判、实践批判和自我批判是自我完善的基本路径，自我完善不是自我封闭，自我完善不排斥借鉴吸收外来经验。外来经验需要经过内化，方能转化为理论创新的要素。

（二）社会革命锻造先进性

锻造先进性绝不是闭门搞自我修行，而是要领导并紧密结合社会实践。党的先进性在党长期执政过程中不断得以锻造。党长期执政的实质是党协同推进自我革命和社会革命。革命意味着革故鼎新的变革，意味着事物的质变和飞跃，社会革命意味着社会的巨大变化，自我革命则意味着对自身的省察与反思。党的先进性蕴含在社会革命的成果中，党推进社会革命的过程，同时也是党的先进性锻造过程。社会内涵的宽泛性决定着社会革命的深刻性，"社会革命不是一种革命的类型，而是历史的运动"②。党执政推进的社会革命，党领导的社会革命，是要实现一种合理的社会秩序，创造一种理想的社会模式，形成一种先进的制度文明；其深刻之处在于它以持续不断的革命性变革，产出了社会全面进步的效能。经济社会发展取得的巨大成就，社会生产关系和上层建筑所做的广泛而深层次的调整，人民生活水平的显著提升，国际地位的显著提升及在国际治理中话语权的增加等，都直观体现党领导的社会革命的成果。

---

① 刘建德、杜红荣：《理论创新是党的先进性建设的根本思想基础》，《人文杂志》2008年第2期，第64—67页。

② 齐卫平：《论改革开放与党领导的伟大社会革命》，《思想理论教育》2018年第7期，第4—10页。

社会革命的崇高目标成就其锻造先进性的功能。在改造客观世界的同时改造主观世界，是社会革命锻造先进性的学理依据。中国共产党领导的社会革命是以最终实现共产主义远大理想为目标，一切阻碍共产主义远大理想实现的社会因素，都是社会革命的对象。作为社会形态的共产主义，是指社会主义发展的高级阶段。共产主义远大理想描绘的场景，以实现自然的解放和人的解放、人与自然的和解为基本要求，以物质产品的极大丰富，人的需求全面满足、人的能力全面发挥、人的个性全面张扬，以实现每个人的自由而全面发展为基本特征。理想源于现实又高于现实，共产主义理想之所以远大，是因为它高于现实太多，现实和理想之间尚存在巨大的差距。习近平总书记强调："我们不能因现实复杂而放弃梦想，不能因理想遥远而放弃追求。"① 党领导社会革命，正是在追求遥远理想的现实具体行动。共产主义理想的远大崇高性，决定党领导的社会革命就是一场锻造党的先进性的伟大运动。

社会革命的现实要求成就其锻造先进性的功能。党领导人民进行伟大社会革命，是党领导革命在时间上的延续，也是党长期执政的现实任务，党的领导权和长期执政权源于党的先进性。过去先进不代表可以永远先进，已有的领导和执政地位并不保证可以长期领导和执政。党在社会革命中锻造先进性是履行党的宗旨的内在要求。量的积累是发生质的飞跃的必然条件。实现共产主义远大理想，必然要落实到现实的细微的社会活动。新时代的社会革命为实现共产主义远大理想积累条件，就必须引导人民群众美好生活需要的理性增长，着力解决发展不平衡不充分的问题。正所谓"实践出真知""不经一事，不长一智"，党员干部在践行党的宗旨，各级党委、各级党组织在领导社会革命的过程中，遇到的问题越多、越尖锐，也就越能锤炼党的先进性。党员干部在落实党领导社会革命的战略部署中，既要敢于正视问题、解决问题，不回避矛盾，又要突出重点，全面落实，不能挂一漏万，顾此失彼；既要立足当前，又要着眼长远；既要不急功近利，不好大喜功，又要求真务实，注重实效，不做表面文章，不搞形象工程和政绩工程。党员干部落实党领导社会革命的行为要求越严格，行为准则越详细，党员干部落实和遵循这些行为要求、行为准则越彻底，党的先进性就表现得越充分。

---

① 习近平：《决胜全面建成小康社会 夺取新时代中国特色社会主义伟大胜利——在中国共产党第十九次全国代表大会上的报告》，北京，人民出版社，2017年版，第58页。

(三) 自我革命锻造先进性

社会革命本质是生产关系的革故鼎新,党在领导社会革命的过程中实现自我革命。正如马克思主义创始人所言:"革命之所以必需,不仅是因为没有任何其他的办法能够推翻统治阶级,而且还因为推翻统治阶级的那个阶级,只有在革命中才能抛掉自己身上的一切陈旧的肮脏东西。"① 社会革命提出了党的自我革命的现实要求,也为党的自我革命提供了现实的抓手。习近平总书记强调:"在进行社会革命的同时不断进行自我革命,是我们党区别于其他政党最显著的标志,也是我们党不断从胜利走向新的胜利的关键所在。"② 党的自我革命锻造先进性,就是要为社会革命创造政治条件、提供政治保证;党的自我革命,是党推进社会革命的必然要求,没有党的自我革命,党就不可能领导社会革命。

党的自我革命成就党领导革命的权力。中国共产党成立之后,正因为其不断地进行自我革命以保持先进性,才能够逐渐赢得广大人民群众的信任和爱戴,才能一步步获得对政治革命的领导权以及进行全面执政和长期执政的权力。勇于自我革命是中国共产党最鲜明的政治品格,也是中国共产党区别于其他政党最显著的特征和最大的优势,党的领导、党长期执政和党的自我革命是不可分割的有机统一体。"中国共产党领导政治革命推翻旧政权后,并不意味着革命任务的完成,它还要利用所掌握的政治权力,来推动上层建筑领域的文化革命以及经济基础和生产力的社会变革;中国共产党在进行政治革命时,需要掌握革命的领导权,而在政治革命成功后,为了推进社会变革,亦需要掌握革命的领导权。"③ 虽然党的领导是历史的选择,但如果躺在历史功劳簿上睡大觉,时过境迁必然导致领导权的丧失。坚定不移地依靠自身的力量,始终同人民群众紧密结合在一起,不断自我革命,勘误纠错,彰显了中国共产党高度自信的品格,也是中国共产党始终保持蓬勃朝气、保持先进性的秘密所在。

全面从严治党就是党的自我革命。全面从严治党,不懈推进理论批

---

① 中共中央马克思恩格斯列宁斯大林著作编译局:《马克思恩格斯选集(第1卷)》,北京,人民出版社,2012年版,第171页。

② 新华社:《巩固发展反腐败斗争压倒性胜利——聚焦习近平总书记在十九届中央纪委三次全会上的重要讲话》,http://www.gov.cn/xinwen/2019-01/12/content_5357217.htm。

③ 陈锡喜:《论中国共产党作为革命党、领导党、执政党的统一及其与社会革命的关系》,《思想理论教育》2018年第12期,第4—9页。

判、实践批判、自我批判，意在锻造不追求私利的先锋队。"习近平总书记指出：'中国共产党的伟大不在于不犯错误，而在于从不讳疾忌医，敢于直面问题，勇于自我革命。'实践证明，我们党每一次自我革命，都不是简单的自我修复，而是从里到外的深刻改造、深度重塑，使我们党一次次转危为安、化危为机，不断由小到大、由弱变强"①，不断开创革命、建设、改革的新境界。初心和使命是激励共产党人勇于自我革命的根本动力，勇于自我革命是把党建设得更加坚强有力的现实需要②。聚焦自身存在的问题，直面积弊，猛药去疴，不断进行自我革命，推进全面从严治党向纵深发展，把进一步提高党的凝聚力、战斗力、领导力和号召力的要求因时因地制宜地落实到各级党组织建设中，锻造一支信念过硬、政治过硬、责任过硬、能力过硬、作风过硬"五个过硬"的队伍，就是在推动先锋队的先进性锻造机制运转。

　　锻造先进性的自我革命必须与时俱进。影响党的先进性、弱化党的纯洁性的因素及其作用，也会在党自我革命的进程中不断发生变异。党面临的执政考验、改革开放考验、市场经济考验、外部环境考验是长期的、复杂的，面临的精神懈怠危险、能力不足危险、脱离群众危险、消极腐败危险是尖锐的、严峻的。全面从严治党永远在路上，只有不断完善党的先进性锻造机制，才能防止在党的肌体内隐藏得越来越深的病毒危害党的事业。党长期执政，必然面临组织生命的永续性和组织成员生命的短暂性之间的矛盾，面临组织长期目标和个人短期目标之间的矛盾冲突。只有与时俱进，不断加强党的先进性、纯洁性建设，提高党的组织能力，加强党的政治建设，始终讲政治，才能化解党长期执政的要求和党员干部个人生命的有限性、工作的短暂性之间的矛盾冲突。政治能力，就是把握方向、把握大势、把握全局的能力，就是保持政治定力、驾驭政治局面、防范政治风险的能力。把握方向、把握大势，要特别注意运用历史唯物主义原理，把握新旧事物的辩证关系和矛盾运动，分析现有和应有、已经存在和不应该存在的现象之间的关系，善于发现和识别被大量旧事物裹挟的新事物的萌芽，努力摆脱旧事物的束缚，积极拥抱新事物，做出不愧于时代、不愧于先锋队的行为选择。

---

　　① 中共中央宣传部：《习近平新时代中国特色社会主义思想三十讲》，北京，学习出版社，2018年版，第309页。
　　② 王明生：《勇于自我革命的底气何在》，《人民论坛》2018年第9期（上），第26—27页。

二、整体意志和分散意志的耦合机制

整体和部分的辩证关系中，整体居于主导地位，整体统率着部分，具有部分没有的功能，整体的性能状态及其变化会影响到部分的性能状态及其变化；部分也制约着整体，甚至在一定条件下关键部分的性能状态会对整体的性能状态起决定作用。党的整体诉求、集体意志和党员个体诉求、分散意志的有机耦合，是中国特色社会主义最本质特征的重要成因。党的集体意志和整体诉求能够切实体现和落实在个体党员分散的意志和诉求中，党的组织建设、组织工作把党员个体分散的意志有效整合为党的集体意志和整体诉求。

（一）无产阶级政党整合工人个体分散的力量

马克思主义创始人高度重视工人组织起来后的联合力量。马克思恩格斯在《共产党宣言》中明确指出："工人有时也得到胜利，但这种胜利只是暂时的。他们斗争的真正成果并不是直接取得的成功，而是工人的越来越扩大的联合。"[①] 无产阶级的先进性一方面在于其与当时社会最先进的生产力联系在一起，另一方面在于社会分工和生产社会化的发展，滋生和壮大了不以工人个体意志为转移的工人联合的力量。在指导工人阶级革命斗争中，马克思恩格斯强调工人队伍数量规模扩张，更强调工人的组织和联合；"工人的一个成功因素就是他们的人数；但是只有当工人通过组织而联合起来并获得知识的指导时，人数才能起举足轻重的作用"[②]。拥抱先进文明，掌握最新知识和先进理论，是正确认识并利用规律指导实践的前提条件。马克思恩格斯义无反顾地承担起为工人组织起来提供理论指导的历史使命，组织起来的工人使最新知识、先进理论更大程度、更好地转化为现实生产力，更好地发挥理论指导实践的功能。

无产阶级政党的正确领导，是无产阶级实现组织起来反对资产阶级剥削和压迫的基本途径。马克思高度重视无产阶级政党的组织联合功能，"无产阶级在反对有产阶级联合力量的斗争中，只有把自身组织成为与有

[①] 中共中央马克思恩格斯列宁斯大林著作编译局：《马克思恩格斯文集（第2卷）》，北京，人民出版社，2009年版，第40页。

[②] 中共中央马克思恩格斯列宁斯大林著作编译局：《马克思恩格斯文集（第3卷）》，北京，人民出版社，2009年版，第13—14页。

产阶级建立的一切旧政党不同的、相对立的政党,才能作为一个阶级来行动"①。无产阶级政党的成立及积极工作,是无产阶级从自发阶级转化为自为阶级的前提条件。工人阶级要摆脱资产阶级的支配,"最好的办法就是在每一个国家里建立一个无产阶级的政党,这个政党要有它自己的政策,这种政策显然与其他政党的政策不同"②。制定实施把个体分散的诉求、分散意志有效整合、有机集成为阶级的集体意志、整体诉求的政策,是无产阶级政党彰显先进性,区别于其他政党的重要方式。社会主义民主的精髓就在于民主后的集中,民主不是单纯表达个体分散意志的方式,而是作为分散个体利益与诉求集成整体利益与诉求的手段。在处理个体和整体的关系问题上,民主和民粹的区别在于,民主强调整体利益对个体利益的集成,民粹则是看重整体对个体的顺从与迎合。

(二) 中国特色社会主义政治制度安排具有集成分散利益的优势

中国特色社会主义政治制度分层次多维度表现出集成分散利益的优势。一是通过党内民主,把党员和党组织分散的利益整合集成为党的整体意志。"中国共产党永葆活力、不断强大的关键秘密,就在于中国共产党能以经常性、严肃性的党内政治生活和组织生活,严密的纪律和高标准的要求,实现党内团结,统一全党意志。"③ 二是党的群众路线践行机制,使党员干部的个体意识能自觉吸取他所接触和联系的人民群众的利益诉求,使各级党组织有正式的制度安排、稳定的渠道接纳吸收人民群众的意愿。三是党的组织生活,特别是党的基层组织的组织生活本身就是扎根于人民群众,具有党群沟通、集成分散利益和诉求的先天优势。

我国的政党制度就是集成分散利益的制度。中国共产党领导的多党合作制和政治协商制度的运行机制,就是国家整体意志和不同社会群体分散意志耦合的机制,是中国特色社会主义本质特色的彰显机制。中国共产党代表最广大人民群众的利益,没有自己的特殊利益,全面从严治党,永葆党的先进性,使中国共产党能够真正着眼国家长治久安、人民幸福,把各

---

① 中共中央马克思恩格斯列宁斯大林著作编译局:《马克思恩格斯文集(第3卷)》,北京,人民出版社,2009年版,第228页。
② 中共中央马克思恩格斯列宁斯大林著作编译局:《马克思恩格斯文集(第3卷)》,北京,人民出版社,2009年版,第92页。
③ 韩庆祥、黄相怀等:《建设世界上最强大的政党》,北京,中国人民大学出版社,2018年版,第127页。

民主党派和无党派人士紧密团结起来,实现分散意志的集成和耦合。中国共产党只是要求无产阶级先锋队成员必须着眼大局、着眼长远,不能夹带和追求个体私利,并不排斥和否定其他社会团体、普通社会成员追求个体利益。个体私利之间存在对立和冲突不可避免,只有由不带个体私利追求的先锋队成员协调、集成存在对立冲突的个体利益形成整体利益诉求,才能保证整体利益诉求不单纯是分散私利之间妥协和平衡的结果,保证整体利益诉求与国家和社会长远利益、根本利益一致。党的领导使人民群众分散的个体利益、局部利益、短期利益整合形成人民群众的整体利益、全局利益和长远利益,并使人民群众的个体利益、局部利益、短期利益,以及整体利益、全局利益、长远利益和根本利益在党的路线、纲领、政策中被代表、被表现出来。

社会主义协商民主凝聚共识、弥合分歧。习近平总书记强调:"民主不是装饰品,不是用来做摆设的,而是要用来解决人民要解决的问题的。"社会主义协商民主为社会各方面搭建了对话交流、恳谈沟通的平台。与西方民主政治投票决定意见和利益取舍,迫使少数服从多数不同,中国特色社会主义民主政治在投票环节之前先经历了广泛而深入的协商,投票既是一种决策机制,更是一种人民意志和协商民主成果的表达机制。毛泽东同志说过,"国家各方面的关系都要协商",我们政府"可以叫它是个商量政府"①,我国在广泛民主协商基础上的民主投票,是运用规范程序明确和表达协商结果,这与西方民主制度下借助投票实现多数对少数的压制具有本质的不同。我国民主协商的广泛性和深入性通过协商的渠道和协商的内容,以及协商的层级得以体现。从协商渠道看,民主协商包括政党协商、人大协商、政府协商、政协协商、人民团体协商、基层协商以及社会组织协商等;从协商内容看,涵盖党和国家政治生活中的重大事项、法律规定的执行和修改、经济社会发展的重要决策、涉及人民群众切身利益的实际问题、各协商渠道自身建设的相关事务等;从协商层级看,包括从中央到基层各个层级。

三、分散意志间的协商协调机制

分力的方向是决定合力大小的关键因素。马克思主义创始人深刻认识

---

① 中共中央宣传部:《习近平新时代中国特色社会主义思想三十讲》,北京,学习出版社,2018年版,第175页。

到，只有无产阶级能够实现有组织的联合，无产阶级的数量规模才能成为无产阶级革命的优势。无产阶级政党的基础工作，就在于把分散微小的个体力量聚合成为一个强大的整体力量。社会成员分散意志间的协商协调，是整合形成强大整体的基础和前提，是促使创造历史合力最大化的有效方式。中华民族悠久的历史文化，滋养了个体成员之间沟通协调、求大同存小异的机制。中国特色社会主义文化建设，坚定文化自信，使个体成员之间的沟通协调机制升华为中国特色社会主义最本质特征的彰显机制。

(一) 中华历史文化蕴含分散意志协调的基因

文明泛指人类所创造的财富，特指人类历史发展中创造的精神财富，是人类审美观念和文化现象的传承、发展、糅合和分化过程中所产生的生活方式、思维方式的总称。文明标识社会历史的内涵和底蕴，文明总是在人们对其的信仰、实践和追求中得到传承。在当代多元文明共存的条件下，对文明的信仰彰显当代人的精神风貌和价值追求。历史是文明繁衍的空间，一种文明存续的历史跨度彰显其发展动力和教化影响力的大小。中华文明连绵五千多年，是世界上唯一没有发生中断的文明，这既是中华文明源远流长、文明发展具有强大的内在动力的标志，也是中华文明具有强大的教化能力、内隐强大的协调和聚合分散意志的能力的标志。

文明的核心内容是文化。文化是一个国家、一个民族的灵魂。文化兴国运兴，文化强民族强。文化的内容既有世界观、人生观、价值观等具有意识形态性质的部分，又有自然科学和技术、语言和文字等非意识形态的部分。中华文化博大精深，中华民族为人类社会发展繁荣既贡献了卓越的物质财富，也贡献了卓越的精神财富。中华文化在传承和发展中，积累了丰富的协调和凝聚分散意志的智慧。中华文化自古就讲究的"和为贵""己所不欲勿施于人"等文化信仰和价值追求，无不蕴含着社会生活中不同个体之间互让互谅、协商协调、求同存异的行为原则。"先天下之忧而忧，后天下之乐而乐""天下兴亡，匹夫有责""苟利国家生死以，岂因祸福避趋之"等耳熟能详的名言警句，展现了分散意志协商协调的国家利益导向。新时代推动优秀传统文化的创新性发展和创造性转化，需要注重对中华文化蕴含的分散意志协调基因进行深度编辑，把社会成员个体追求自我发展的分散的微小动力聚合成为中华民族伟大复兴的磅礴力量。

(二) 中国特色社会主义文化浇铸分散意志间的协商协调机制

中国特色社会主义文化的内容及结构,对分散意志间的协商协调机制的形成及运行都有着至关重要的滋养作用。"中国特色社会主义文化,源自于中华民族五千多年文明历史所孕育的中华优秀传统文化,熔铸于党领导人民在革命、建设、改革中创造的革命文化和社会主义先进文化,植根于中国特色社会主义伟大实践。"① 中华优秀传统文化是中华民族的精神命脉,是我们最深厚的文化软实力,也是新时代中国特色社会主义文化的精神基因。中华优秀传统文化中的"和为贵""己所不欲勿施于人"等协调分散意志的基因,自然会在中国特色社会主义文化繁荣发展中裂变重组,助力中华民族伟大复兴的磅礴力量的凝聚。革命文化蕴含着丰富的革命精神和厚重的历史文化内涵,承载着中国人卧薪尝胆、奋起自强的精神,它继承了中华优秀传统文化"革命"元素的基因,又成为社会主义先进文化发展的重要源头。落实"四个全面"战略布局,应对和打破国际霸权主义对中国和平崛起的围堵和打压,需要发扬光大革命精神、弘扬革命文化。革命的共同利益,革命的美好前途,自然会成为个体之间搁置争议、化解利益分歧的纽带。社会主义先进文化以社会主义核心价值观为精髓,植根于中华优秀传统文化,建立在革命文化基础上,凸显了中国特色社会主义文化的本质属性,展现当代中国人追求社会主义现代化的精神风貌。繁荣社会主义先进文化,使中华优秀传统文化和革命文化能够超越分散意志当下冲突的表象,着眼创造更加美好的未来,而不是仅仅局限于既有利益的重新分配去协调分散意志。

四、"四个伟大"的统揽机制

中国共产党是没有任何私利的无产阶级使命型政党,履行使命和履行使命的能力建设就成为党不变的实践主题。紧密联系、相互贯通、相互作用的伟大斗争、伟大工程、伟大事业和伟大梦想,是党的使命、党的实践主题在新时代的具体表现和具体落实。整体由部分组成,整体呈现出各组成部分所不具备的系统集成功能。"四个伟大"从四个方面彰显社会主义的中国特色,"四个伟大"的有机整体叠加集成四个方面的特色,凸显中

---

① 习近平:《决胜全面建成小康社会 夺取新时代中国特色社会主义伟大胜利——在中国共产党第十九次全国代表大会上的报告》,北京,人民出版社,2017年版,第41页。

国特色社会主义最本质的特征。

(一)"四个伟大"蕴含社会主义的中国特色

中国特色社会主义必须坚持伟大斗争。一部党史就是一部伟大斗争的历史,在斗争中求发展,是社会主义的中国特色。中国特色社会主义进程中,"抵御西方国家对我国进行'西化''分化'图谋,进行'颜色革命',要斗争;反对'三股势力',维护民族团结,维护社会稳定,要斗争;铲除腐败,割除党身上的毒瘤,反对'四风',持续改进作风,要斗争;战胜各种自然的、社会的以及政治的、经济的、文化的、军事的风险挑战,要斗争"[①]。斗争形势越尖锐越复杂,越是需要坚强有力的政治领导、思想引领、群众组织和社会号召。当今世界,没有哪一个政党的组织领导能力、引领号召能力能与中国共产党比肩看齐。党对斗争形势的深刻认识和把握,党对伟大斗争的安排部署,以及党领导伟大斗争取得的巨大成就,无不深刻揭示坚持党的领导的现实必要性和重要性。

伟大工程持续增强党对中国特色社会主义的领导能力。党强大的政治领导力、思想引领力、群众组织力和社会号召力不是自然生成的,而是党不懈地进行自我革命、自身建设的成果。党的先进性和纯洁性,是形成党强大的组织领导能力、引领号召能力的基础和前提;影响和制约党保持先进性和纯洁性的主客观条件和因素总是处在不断变化之中,党的建设必然也是常建常新。世上没有绝对完美的事物。肌体免疫系统与危害肌体健康的病毒之间的斗争存在于生命全过程。不可否认,党内不免会存在"毒瘤"、存在"不正之风",但这绝不是质疑党的领导的理由,而是创新伟大工程新的依据。因时因势因地制宜,不断调整自我革命的任务和对象,不断完善党内法规,不断创新执纪手段,不断深入地推进自我革命,不断更新自我建设的抓手和突破口,本身就是执政党建设的中国特色。

伟大事业伟大梦想凝聚着社会主义的中国特色。伟大事业伟大梦想蕴含着"由己及人,关怀天下"的社会主义中国特色。事业的伟大,既在于其目标的崇高和远大,也在于其任务的艰巨,还在于其胸怀的责任与担当。中国特色社会主义,承载着共产主义的远大理想,紧盯着实现共同富裕、不断提高人的发展水平和发展能力的目标,肩负着实现社会主义现代化和中华民族伟大复兴的历史重任,胸怀着给世界上那些既希望加快发展

[①] 曲青山:《"四个伟大"的由来及其相互关系》,《中国纪检监察报》2017年11月8日。

又希望保持自身独立性的国家和民族提供全新选择、为解决人类问题贡献中国智慧和中国方案的担当。伟大的事业总是始于梦想。中国共产党一经成立，就义无反顾地以国家富强、民族振兴、人民幸福为己任，团结带领人民群众一步步逼近实现中华民族伟大复兴的梦想，锻造和彰显出迥异于分肥型政党、选举型政党的使命型政党品格。梦想源于现实又高于现实，中国共产党把伟大梦想的愿景镌刻到合乎时代潮流、顺应人民意愿的改革开放部署中，分解落实为一系列逐梦项目和追梦行动，把梦想与现实之间的张力转化为党和人民奋勇向前的强大动力，凸显了使命型政党的智慧、责任与担当，铸就了使命型政党领导社会主义建设的中国特色。

（二）统揽"四个伟大"丰富社会主义的中国特色

"四个伟大"的统揽机制承载双重使命。行动是无声的语言，"四个伟大"的整体性现实表现为党的统揽决策。党对"四个伟大"的统揽机制，是要在实际行动中深刻揭示"四个伟大"内在联系，并用丰硕的实践成果向世界昭示社会主义的中国特色。"四个伟大"紧密联系、相互贯通、相互作用，其中起决定性作用的是党的建设新的伟大工程。伟大梦想分解落实在伟大事业中，伟大事业承载着伟大梦想；伟大斗争克服和化解实现伟大梦想、制约伟大事业的障碍，伟大工程增强追求伟大梦想、推进伟大事业、从事伟大斗争的能力。党统揽"四个伟大"，既是要使伟大工程成为梦想指引事业、事业成就梦想的联动载体，又是要通过伟大斗争清除伟大工程的实践障碍，化解伟大梦想和伟大事业之间的时空隔阻，形成"四个伟大"相互促进、相互成就的实践格局。

统揽"四个伟大"体现在贯穿于党的全面领导之中。党的全面领导是对执政党的领导职能的明确和强调，是新中国成立以来、特别是改革开放以来坚持和改善党的领导的实践经验总结。统揽"四个伟大"是党总揽全局、协调各方的实践要求和现实表现。统揽"四个伟大"体现在党的政治领导、思想领导、组织领导中，贯穿于党科学执政、民主执政、依法执政的全过程。党总揽全局、统揽"四个伟大"，成就了既合理分工、又密切配合，既充分发扬民主、又有效进行集中的发展优势，为克服资本主义议会民主、多党制条件下广泛存在的议而不决、决而不行、行而不实、相互掣肘、效率低下等顽疾注入了强大的动力、提供了全方位的保障。新时代有效应对各种风险挑战，统筹推进"五位一体"总体布局、协调推进"四个全面"战略布局、贯彻落实新发展理念，既是党总揽全局的生动表现，也是党统揽"四个伟大"的实践成果。

第三节 党建创新是彰显中国特色社会主义最本质特征的平台

党建创新旨在增强党的长期执政能力。党的长期执政能力表现在政治领导力、思想引领力、群众组织力、社会号召力等方面。政治领导力是最核心最根本的执政能力；思想引领力是最基础的执政能力，没有强大的思想引领力，不可能有强大的政治领导力、群众组织力和社会号召力；群众组织力和社会号召力是政治领导力和思想引领力的具体表现。党建创新必然要具体细化落实到各级各类的党的组织运行中。党的基层组织是党的肌体的"神经末梢"，基层组织建设创新，是彰显中国特色社会主义最本质特征的微观平台。国有企业是中国特色社会主义的重要物质基础，是党执政兴国的重要支柱和依靠力量；高等学校承担着培养专门人才、发展科学知识、推动技术创新等使命；国有企业党建创新、高校党建创新，是彰显中国特色社会主义最本质特征的重要方式和平台。

一、基层党建创新

党的基层组织是党全部工作和战斗力的基础，是落实党的路线方针政策和各项工作任务的战斗堡垒。《中国共产党章程》规定："企业、农村、机关、学校、科研院所、街道社区、社会组织、人民解放军连队和其他基层单位，凡是有正式党员三人以上的，都应当成立党的基层组织。"[①] 重视党的基层组织建设是中国共产党区别于其他政党的显著优势。新中国成立以来，党的基层组织数量规模迅速壮大，从1949年的19.5万个增加到2019年的468.1万个，在不断强化党的事业的战斗堡垒的同时，也凸显了加强和创新基层组织建设的现实紧迫性。党的基层组织与群众之间没有时空隔阻，肩负着推动发展、服务群众、凝聚人心、促进和谐的使命和任务。党的基层组织覆盖面越广，基层组织生机与活力越强，就越能汇聚起中华民族伟大复兴的磅礴力量。截止2018年底，全国有158.5万家非公有制企业法人单位和26.5万个社会组织法人单位建立党组织，机关、事

---

① 《中国共产党章程》，北京，人民出版社，2017年版，第43页。

业单位、农村、社区党组织覆盖率均超过95％，公有制企业覆盖率为90.9％。① 基层党建创新是建设世界上最强大政党的基础。党的基层组织是党的事业的基础；基础不牢地动山摇，生动直观地表明基层党建创新在永葆党的先进性和纯洁性中的重要地位和作用。只有保持全党、全国人民的团结统一，中国特色社会主义集中力量办大事的制度优势才能得以充分发挥；国家治理体系和治理能力现代化的水平才能稳步提高；防微杜渐，把保持团结统一的现实具体制约化解在细微之处，化解于负面影响仅仅是露出苗头之时，是基层党建创新的重要任务。

（一）基层党建创新的理论意蕴

党的建设重点在基层，难点在基层，活力源泉也在基层。基层党建创新，蕴含着唯物辩证法质量互变、整体与部分辩证统一的理论意蕴。基层党建创新，以众多基层组织贯彻党的指示和要求、落实党的战略的执行力的点滴提升，凝聚成为党的执政能力的总体提升，汇聚成为国家治理能力现代化水平提升。基层党组织不是特立独行的微观单元，基层党建创新的核心和实质在于，把全面从严治党，加强和改善党的全面领导细化落实到基层组织的社会职能发挥、组织的日常运转之中。

创新基层党建是彰显无产阶级整体力量的基本途径。马克思主义创始人把工人运动的本质力量归结为工人联合所形成的组织功能和整体力量。"工人有时也得到胜利，但这种胜利只是暂时的。他们斗争的真正成果并不是直接取得的成功，而是工人的越来越扩大的联合。"② 科学社会主义之所以能在20世纪从理论变为现实，最根本的原因是无产阶级政党的组织领导，使工人越来越扩大的联合转变成为无产阶级争取自身解放的现实的物质力量。在历史发展进程中，工人在社会生产中走向联合，是客观力量和共产党人主观努力的综合结果。社会分工、社会化大生产的发展，彻底打破了自然经济条件下产品生产的分散独立性，产品越来越难以由单个劳动者独立完成而成为多人合作的成果，这使得个体人在生产过程中不得不走向联合。工人最初的联合还只是自然而然的无意识行为，工人也尚未对这种联合有着清醒的认识。马克思主义创始人最先发现这种联合的力

---

① 盛若蔚：《中国共产党党员总数超9000万》，《人民日报》2019年7月1日。
② 中共中央马克思恩格斯列宁斯大林著作编译局：《马克思恩格斯文集（第2卷）》，北京，人民出版社，2009年版，第40页。

量,并强调无产阶级政党、共产党人主动作为,促成个体分散的劳动者走向联合、加强联合。强调共产党人没有任何同整个无产阶级的利益不同的利益,要求共产党人保持先进性纯洁性,在改变现实的革命运动中不能有任何自己的私利,正是为了更好地实现这种联合。西方多党制的实践已经证明,如果政党仅仅代表特定群体、特定社会成员的利益,而不是社会整体全局的利益,无论政党的原初共识有多么深厚、多么强烈,政党对各自私人利益的追求,必然随着社会的发展演变为越来越大的党际分歧和社会撕裂。英国脱欧乱局久拖不决引发的社会分裂,美国政党政治的"特朗普现象",无不是对马克思主义创始人关于共产党人没有任何同整个无产阶级的利益不同的利益这一思想的真理性的反证。

创新基层党建是永葆共产党人先进性和纯洁性的现实条件。社会在发展,影响共产党人先进性、纯洁性的因素和条件也在发生变化,基层党建创新就是与时俱进地克服这些因素的影响。弘扬党"不忘初心、牢记使命"的政治文化,就是要把永葆共产党人先进性和纯洁性政治要求,内化为基层组织的行为决策原则,历练成为共产党人的精神风貌和实践品质。"科学社会主义所关注和要解决的,是人类命运和世界未来,是通过揭示整个世界发展的客观规律和历史大趋势,用以指导各国无产阶级及其政党领导社会主义革命、建设和改革的普遍真理。"[①] 中国共产党是为中国人民谋幸福的政党,也是为人类进步事业而奋斗的政党。当今世界,大行其道的霸权主义遮蔽不了各国相互联系和依存日益加深的事实和趋势,应对传统安全问题和非传统安全问题交织的复杂局面,亟需积极建构人类利益共同体、人类责任共同体、人类命运共同体。推动构建人类命运共同体,是中国共产党人先进性的当下表现。新时代基层党建创新,需要有人类社会整体发展的大视野,需要有浓郁的人文情怀和人类关怀,以促进推动构建人类命运共同体能力的稳步提升。

(二)基层党建创新的基本遵循

"上面千条线,下面一根针",基层工作总是面临"头绪多,任务杂"的挑战。基层党建创新要努力纠正和克服党建"说起来重要,做起来次要,忙起来不要"的现象。思想是行为的先导,基层党建创新,首先是要

[①] 李崇富:《作为科学社会主义新形态的中国特色社会主义——论我国改革开放40年的根本经验》,《马克思主义研究》2018年第10期,第5—14页。

创新理想信念教育的方式。其次，完善的制度是行动的保障，基层党建创新，必须有完善的制度保障，形成日常党务工作和党建创新活动、党建创新工作有机协同的格局。第三，避免就党建论党建，在基层党建和业务工作的融合中探寻基层党建创新之路。

顺应时势变化不断丰富和完善党的基层组织。人的本质属性是社会性，分散、独立的个体人借助特定纽带形成群体人，是个体人表现其社会属性的基本方式。个体人参加、融入社会组织，就是在追求社会属性的表达和实现；另一方面，社会组织也就成为个体人表达社会属性的载体。社会组织数量膨胀、种类扩容，旧组织消失和新组织产生是社会发展的常态。加强党组织的战斗堡垒作用，要求基层党组织新设、撤并等工作跟上社会组织变化的节奏。扩大基层党组织覆盖面，就成为基层组织建设的基本要求。只有依据不断变化的形势，在坚持以地域、单位为依据设置基层党组织的基础上，本着方便党员参加活动、有利于党组织发挥作用的考虑，完善基层党组织设置形式，全面推进不同领域、不同层级、不同类型的党的基层组织建设，才能做到党组织和党的工作全社会覆盖，形成有群众就有党的工作、有党员就有党的组织、有党组织就有健全的组织生活，就有党组织的思想引领、政治领导、社会动员作用。经济建设是党的中心工作，推动经济高质量发展的一项当务之急在于，借鉴推广在农民专业合作社、专业协会、外出务工经商人员相对集中点建立党组织的经验，在非公有制经济组织、中介机构、协会、学会以及各类新社会组织中建立党组织，以党的基层组织建设激活国民经济发展活力。

加强基层党建带头人队伍建设。党建带头人不仅是党建任务的具体落实者，也是以言传道、以行示范，彰显党的先进性和纯洁性的践行者。加强以党支部书记为班长的带头人队伍建设，内培和下派并举，选好、配备好基层党组织书记，以书记干在先示范普通党员，以党员干在先示范普通群众，是基层党建出成效的基本保障。上级党组织既要为新成立的基层党组织选好支部书记、配备好基层党建带头人队伍，还要及时、主动为组织涣散、党员先锋模范带头作用未能有效发挥的基层党组织下派书记。建立健全党组织书记工作绩效评估机制，果断调整不胜任现职、工作不在状态的基层党组织书记，及时整顿班子不团结、不能正常开展工作的基层党组织。建立健全未尽职尽责书记的帮扶机制，对工作存在突出问题、群众意见较大的，要帮助找准问题，切实加以解决。

统筹推动基层党建和基层业务工作。依据业务单元、业务流程设置党的基层组织，分层分类确定基层党建的中心和重点。农村基层组织建设要顺应带领群众致富、维护农村稳定、现代农业发展、新型农民培养的现实需要，依据乡村振兴战略在村民日常生产生活中的具体落实，灵活确定农村基层组织活动的重点、内容和组织形式。国企基层组织建设要促进企业生产经营和党建活动的融合，顺应增强国有经济活力、控制力、影响力的现实要求，着眼于建设高素质经营管理者队伍、人才队伍、党员队伍、职工队伍。非公有制经济组织、新社会组织中的党组织要围绕贯彻党的方针政策、引导和监督组织成员遵守国家法律法规、团结凝聚职工群众、维护各方合法权益、促进健康发展等职能探索其发挥作用的途径和方法。街道社区基层组织建设要以服务群众、凝聚人心、优化管理、维护稳定为中心，充分发挥基层组织在社会治理、建设文明和谐社区中的组织和引领作用。高校基层组织建设要把全面贯彻党的教育方针、科教兴国战略、创新驱动战略，培养社会主义建设者和接班人为核心，充分发挥基层组织在推进教育改革、搞好教书育人、加强教师队伍建设中的组织引领作用。

（三）基层党建创新应对"聪明人"的牢骚

社会生活中常常遇到一些"聪明人"，用其满腹的牢骚消解正能量，误导身边人，矮化甚至是诋毁党的形象。言其"聪明"，不仅缘于他们在各自工作岗位上真有不错的表现，更是因为他们总是善于发现现实生活中的"问题"，好像牢骚发得很有道理、很有远见，富有卓识。"聪明人"把普通人不问政治挂在嘴边，可引发牢骚的民生小事总是试图印证党执政的"无能"，牢骚的话题总是要回应对中国共产党执政合法性的"质疑"。"聪明人"往往自我调侃为"草民""吃瓜群众"，借以哗众取宠，无视自己言论的不良影响，逃避言论的社会责任。中共党员利用一切可能的机会宣传党的方针，敢于同错误思想作斗争，凝聚社会共识，动员人民群众投身党的事业，是中国革命胜利的重要经验。警惕"聪明人"以不问政治之名行矮化诋毁党的形象之实，及时揭批其牢骚的虚假与荒谬，既是普通党员在新时代守初心的重要表现，也是担使命的重要方式。依据应对"聪明人"的牢骚的现实要求，合理设置党建活动的研讨议题，着力提高每个党员应对"聪明人"的牢骚伎俩的能力，是基层党建创新汇聚和激发正能量的有效方式。综观生活中的"聪明人"，其牢骚"技巧"往往表现在以下三个方面。

一是不求其解行转移话题之能事。亮观点，摆证据，考究证据和观点之间的逻辑，方能有真正的思想交流和碰撞。一些"聪明人"把他的观点隐藏在"摆证据"的语气和语调中，其观点和证据之间的因果逻辑关系一旦遭遇批判和质疑，总是借言自己是"草民""吃瓜群众"，既拒绝正面回应对其的批判和质疑，又习惯于"摆证据"以转移话题。还有"聪明人"惯用比较，总是脱离社会主义初级阶段欠发达的国情，试图以我之短比人之长以佐证其观点。一旦有人用中国自我发展的历史纵向比较，用陷入发展陷阱的困难国家与中国比较回应其佐证时，"聪明人"又用"比好不比烂"的托辞金蝉脱壳、转移话题。

二是故作糊涂回应对新中国发展成就的礼赞。新中国取得了举世瞩目的成就，这是无法抹杀的客观事实。与礼赞新中国发展成就不协调的是，"聪明人"在分享我国发展成果的同时又表现出对发展成就的不屑。中国人实现了人类过去曾长时期梦寐以求的"上天入地"，有"聪明人"对"转述"他人评价津津乐道，而对中国为什么会有如此经济体量，一些国家为什么没有中国的经济体量丝毫不加反思和追问。新中国第70个国庆日，庄重的阅兵、欢乐的游行、热烈的联欢引发了全世界的瞩目，把全国人民礼赞新中国、歌唱祖国生日、庆祝新中国70华诞的活动推向了高潮，也勾起别有用心者的嫉妒和"酸葡萄"心理。有"聪明人"脱离语言是表达思想的工具的本质，人为割断新旧中国的历史联系，刻意混淆新旧中国的本质差异，以祖国生日、新中国70华诞等语言表达会引发中国国际维权争端的"担忧"。

三是混淆解决问题的手段和问题本身。矛盾是事物发展的根本动力。具体实践与对实践的理论预期之间的矛盾冲突，既是完善实践方案的依据，也是推动理论发展的动力。问题本身和解决问题的手段方案不完善、需要改进是两个截然不同的考察对象，发现和提出实践中的问题固然重要，提出现实问题的解决方案比发现和提出问题更为重要。"聪明人"不仅有意无意混淆现实问题和解决现实问题的手段和方法存在的问题，而且热衷于用"发现"的现实问题去质疑和否定党和政府解决问题的努力。资源稀缺，是人类社会无法回避的问题。人的欲望和诉求与满足欲望和诉求的手段和能力之间存在矛盾和冲突，是经济社会发展的客观现实。优质教育资源总是会撩拨望子成龙的中国家长的神经。"聪明人"总是无视党和政府为解决优质教育资源供给不足、优质教育分布不均衡所做的努力，混淆教育资源配置具体手段和资源配置问题本身，以具体手段存在的欠缺屏蔽党和国家优化教育资源配置的良好动机，全盘否定政府促进教育资源优化配置的种种努力。

"聪明人"和普通党员都生活在普通群众之中，代表着对凝聚社会发展共识、增强社会发展认同的两种不同力量。依据社区的具体舆情，以增强普通党员应对"聪明人"的牢骚为中心，推进基层党建创新，有的放矢地开展学习活动、讨论交流活动，是基层党建常建常新的重要途径和抓手。

二、国企党建创新

国有企业是社会主义市场经济的重要主体，是捍卫社会主义制度的经济保障，是中国特色社会主义的重要物质基础和政治基础。习近平总书记在 2016 年 10 月召开的全国国有企业党的建设工作会议上指出：坚持党的领导、加强党的建设，是我国国有企业的光荣传统，是国有企业的"根"和"魂"，是我国国有企业的独特优势。坚持党对国有企业的领导是重大政治原则，必须一以贯之，建立现代企业制度是国有企业改革的方向，也必须一以贯之。国企党建创新，既以两个"一以贯之"为遵循，也是融合两个"一以贯之"的基本途径。

（一）把握国企党务和国企党建的区别和联系

有机体的机能、能力总是在维护和保持的基础和前提下实现提升和改善。能力提升和能力保持并非泾渭分明、截然区分，能力提升总是在能力维护和能力保持的过程中实现的。依据企业决策的目标、动机、出发点是维护和保持既有能力还是使能力在现有基础上有所提高，将一般意义上的、笼统的国企党建区分为国企党务和国企党建，是为了增强党建活动的针对性、提高活动的效率、凸显活动的效果。国企党务主要是指日常性、程序性的党建工作，意在加强对党员干部的日常管理，保持党组织正常运行，维护组织肌体健康，保持党组织正常的战斗力。国企党建则是旨在进一步改善党组织肌体的功能，强化和提升党组织的战斗堡垒作用，增强党组织的战斗力，提高国企发展能力、组织能力的工作。国企党务是国企党建的重要手段，但把国企党建仅仅限制于、停留于国企党务，容易导致借言企业生产经营而忽略企业党建的现象发生。区分日常的、程序性的国企党务和非程序化、非日常的国企党建，一个重要的考虑就是国企党建体现和转化为现实的生产力。

国企党建是集成国企多重使命和功能的重要手段。企业是承担着社会责任的市场主体，企业对利润最大化、成本最小化的追求必须以履行社会责任为前提。与非公有制企业、一般的民营企业不同，国有企业承载着政治使命，国有企业不得违背政治使命去追求市场盈利。国有企业和民营企业虽然都肩负社会责任，但因国企承载着政治使命，二者的社会责任并不能相提并论、同日而语。民营企业履行社会责任往往遵循法定的最低要求、坚持法定的最低标准，国企的政治使命往往使其履行的社会责任高于民营企业的法定要求和法定标准。国有企业承载着落实宏观调控政策、保障国民经济安全的使命。国有企业掌控国民经济命脉，为落实国家宏观调控政策，保障国民经济安全发展，常常不得不因为企业长远利益、国家总体利益、民族根本利益而牺牲企业当前利益，放弃当前的投资盈利机会，投资一般民营企业不愿涉及的领域、不愿意投资的项目。国有企业使命光荣、任务艰巨，在与非公有制企业、民营企业同台竞争中，亟须通过党建把准发展方向，凝聚发展共识，增强落实使命和任务的能力，正确处理推进高质量发展、履行使命、承担社会责任所面临的矛盾、风险和挑战。

党建创新是融合国企生产经营和国企党员干部先进性锻造的重要途径。过去一段时间以来，国企发展中一度存在着较为明显、较为突出的国企党建和国企生产经营两张皮现象。党务工作和企业生产经营活动被视为是彼此独立，甚至是互有牵制和干涉的两项工作、两件事情。党务工作者抱怨工作开展难，缺乏调动生产经营一线人员参加党务活动的手段，党务工作不被生产经营一线人员所理解；生产经营一线人员抱怨党务工作流于形式、枯燥乏味，模式化和程序化严重，挤占生产时间、浪费资源。区分国企党务和国企党建，一方面是要围绕党员干部一般性的责任和义务落实抓好党务工作，围绕党员干部创造性地落实党的战略部署抓好党建；另一方面是要使党员在党务活动中强化党员身份认同、强化党员责任和义务意识，在党建活动中深化对党的创新理论的认识，增强细化落实党的战略部署的本领。在革命战争年代，毛泽东同志强调"支部建在连上"，通过党的组织单元和军事组织单元的组织重叠，使普通的革命战士零距离感受党员的先进性，党员干在前鼓励和激发普通革命战士，实现党的先进性向军事战斗力的转化。这启示我们，实现企业党组织单元和企业生产经营组织单元的组织重叠，有助于改变党务工作者不了解企业生产经营、企业生产经营者不理解党务工作者的局面，防范脱离企业生产经营孤立抓党建的形式主义。

(二) 推动国企党建与人力资源管理的融合

国企党建是体现和落实党的领导的载体和抓手。国企党建创新的目的在于更好地实现党对国企的领导。领导职能体现在领导者的行为决策中,必须依托组织载体、借助业务流程并最终落实到被领导者的业务活动中。党对国有企业的领导是政治领导、思想领导、组织领导的有机统一。国企党建与人力资源管理融合,首先是要使国企各部门、各层级的领导者提高政治站位,增强"守初心、担使命"的意识和能力,把党中央的战略决策融汇落实到企业的生产经营决策中;其次是要使国企普通党员增强使命担当,把企业生产经营信息及时上传给企业领导者,为企业领导者的决策提供信息支撑和决策建议,执行好落实好融合了党的战略决策意图的企业生产经营决策。

完善国企党建与人力资源管理融合的组织保障。破解国企党建和企业生产经营两张皮的难题,亟须国企党的基层组织与国企生产经营的业务单元实现组织的融合。革命战争年代的英雄火线入党后创造了许多原本不可能的辉煌、成就了原本不能实现的胜利,生动直观地展现了一个道理:党的基层组织和革命斗争的战斗单元融合,为党员干部发挥示范带动作用创造条件,能够最大限度地激发革命者主观能动性的发挥,使革命队伍焕发出最强劲的力量。国企党务党建部门和企业人力资源管理部门合二为一,有助于党建党务工作者熟悉了解企业生产经营业务流程,把党建活动植入、融合到企业生产经营业务流程、业务活动中。依据企业生产经营流程、企业生产经营活动类型设置党的基层组织,实现企业生产经营的末端组织和党的最基层组织的融合,意在借助党员与企业员工的角色身份的统一,消除普通党员彰显先进性、发挥模范带头作用和企业员工发挥推动企业发展主观能动性的时空隔阻,切实把党员的先进性转化为现实的生产力。

完善国企党建与人力资源管理融合的制度保障。党的十九大报告强调,制度建设是党的全面建设的重要保障,要将制度建设贯穿到党的其他各项建设中。化解国企党建在实践中存在边缘化、虚化、淡化等突出问题,亟须完善国企党建与人力资源管理融合的制度保障。统筹党务党建工作人员和企业生产经营人员配置,推进"双向进入、交叉任职"、一岗双责制等制度落实,充实党建与企业建设整体同步发展的人力保障。在生产经营作业线上开展党建活动,形成党员干部在履行岗位职责的过程中彰显先进性和纯洁性的制度和机制。构建国企党组织与国企管理各层级横向纵向的对接、合作机制，形成"上级引导下级，下级配合上级"的协同联动推进党建和生产经营融合的格局。压紧压实党支部党建工作职责，明确党建工作职责事项和业务内容，构建科学完备的党建责任链条，促进党建工作依靠制度推动、党建责任依靠制度落实。建立健全国企党建考核、奖惩机制，监督问责与奖励激励双向发力，推进党建工作安排落实政策落地。

三、高校党建创新

高校承担着培育中国特色社会主义建设者和可靠接班人的神圣使命。党中央把"立德树人"作为教育的根本任务，强调教育要培养德智体美劳全面发展的社会主义建设者和接班人，突出了"德"在人的全面发展中的突出地位，深刻揭示了道德发展与人的全面发展的辩证关系。社会主义建设需要的人才绝大部分来自高校，高校培养的人才是否适应社会主义现代化建设的要求，核心和关键在于党的教育方针能否得以切实有效的贯彻。高校党建创新，根本要求是细化落实党的教育方针，切实履行培养中国特色社会主义建设的中坚人才的神圣使命，把坚持和加强党的领导融入高校教育、科研和社会服务各领域各环节。

（一）细化和落实党对高等教育的全面领导

教育领导权是决定社会成员生命质量的关键因素。人的生命活动是"生活"，人以外的其他生物的生命活动仅仅是"生存"。"生存"是"生活"的基础和前提，通常所言的人的生命质量实质就是人的生活质量；一旦人"生存"所需的物质条件有充分保障，缘于教育的精神发展就成为决定人生活质量的最关键因素。遗传是物种存在和延续的条件和方式，人的遗传具有双重性，是"获得性遗传"与"遗传性的获得"的统一，即"自然的遗传"与"文化的遗传"的统一。教育领导权对精神产品的生产、流通、分配、消费都有着至关重要的影响，是决定人"遗传性的获得"的数量和质量的关键因素。中国共产党坚持以马克思主义为指导，马克思主义以实现人的解放、人的全面发展为旨归。坚持党对教育的领导，全面落实党的教育方针，就能使缘于教育的精神发展和人的"遗传性的获得"指向和服务于人的全面发展，使教育服务于、服从于人的生命质量改善。

党对高校的全面领导是高等教育发展的必然要求。"培养什么样的人、如何培养人、为谁培养人""办什么样的大学、怎样办好大学"是高校工作必须回答的两个根本性问题。坚持党对高校的全面领导,创造性地落实党的高等教育方针,是回答这两个根本性问题的核心要旨。在社会主义现代化进程中,党领导高等教育快速发展。21世纪以来,我国用了短短十余年时间实现了从精英教育到大众化教育的转变,高等教育在校生规模成为世界第一。2012年我国高等教育毛入学率仅仅只有30%,2017年我国高等教育毛入学率已经达到42.7%,2018年达到48.1%,有望在2020年前后进入50%的普及化阶段。[1] 党的十八大以来,我国高等教育进入历史最好最快的发展阶段,教育规模、教育质量、综合实力、国际竞争力持续迈上新台阶,高等教育对国家经济社会发展的人才贡献度显著增强,高等学校成为创新驱动发展的主要策源地。[2] 无论是应对全球人才竞争新格局进一步激化的高等教育竞争,还是顺应互联网大数据发展催生的教育方式新变革;无论是高等教育回应经济发展新常态提出的加快激发"人才红利"的诉求,还是民生需求新变化对高等教育提出的新期待,都需要加强和改善党对高校的全面领导。

高校党建创新是要更好地体现和落实党对高等教育的全面统一领导。中国共产党人的初心和使命体现在高等教育事业中,就是要满足人民群众日益增长的对于高水平高等教育的需求,努力办好人民满意的中国特色社会主义大学。其中最根本的,就是坚持和加强党对高校的全面领导,牢牢把握立德树人根本任务,并将之全方位贯穿到办学治校的全过程。新中国成立以来的历史表明,高等教育事业的持续健康发展,取决于党在高校的领导核心作用发挥得好不好。党委领导下的校长负责制,奠定了大学治理体现和落实党的教育方针,坚持社会主义办学方向的制度根基。习近平总书记强调,"加强党对高校的领导,加强和改进高校党的建设,是办好中国特色社会主义大学的根本保证"[3]。党建创新,就是要因时因地制宜,探索细化落实党的教育方针,党领导高校发展的有效方式。把党建创新的要求融入大学治理体系的规划与设计中,围绕党建工作与教学科研业务融

---

[1] 胡金焱:《加强党对高校的全面领导 牢牢把握立德树人根本任务》,《光明日报》2018年6月5日。
[2] 徐辉:《新时代的中国高等教育:成就、挑战和变革》,《教育研究》2018年第8期,第67—72页。
[3] 董洪亮:《习近平就高校党建工作作出重要指示强调:坚持立德树人思想引领 加强改进高校党建工作》,《人民日报》2014年12月30日。

合发展，不断探索创新高校党建工作的新路径新方法，是推动高等教育向纵深发展，为中国特色社会主义建设培养优秀人才的基本要求和重要保障。

（二）推动基层党组织和教学科研团队融合发展

党务党建、教学科研都必须落实到具体人的工作。与一般的社会公众相比，活跃在高校校园的人具有更高科学技术素养、更优秀的思维素养和能力、更强的社会洞察能力。建立健全"党委领导、校长负责、教授治学、民主管理"的大学治理体系，正是基于并适应于大学高素质高水平人才集聚的现实。把人的特殊性，体现在基层党组织和教学科研团队融合方式、融合路径选择之中，是高校党建创新的不竭动力。

完善党建和教学科研融合发展的组织载体。脱离教学科研业务抓党建、组织活动与教学科研活动各自特立独行，是过去一段时间高校基层党建流于形式、成效不佳的重要原因。党的基层组织是党的全部工作和战斗力的基础，推动基层党组织和教学科研团队融合发展，才能使党的先进性战斗力在大学治理中落地生根。把党支部建在学科链、科研链上，建立在教学科研和社会服务的活动流程上，是把党建创新要求融入教学科研业务活动中，在教学科研内容设计中植入党建创新元素，是凝练提升教学科研内容、丰富党建活动形式、增强教学科研的感召力、提高党建活动的影响力的有效途径和方法。

丰富基层党建活动的形式与内容。丰富组织生活内容，改进组织生活形式，利用多种渠道开展丰富多彩的组织活动，党建活动常办常新，才能稳步持续提高基层党建成效。推动党建活动逐步由单一型、被动型向多元型和自主型转变；不断地向聆听先进事迹报告、主题演讲、征文比赛、志愿者活动等党建活动注入新鲜的时尚元素，凸显活动集知识型、趣味性、实践性于一体的特色和风格；从科学家、人文大师，特别是忠诚于党的事业、一辈子勤劳工作的无名英雄的工作和业绩中选取教学内容、凝练科研选题、归纳科研方法、提炼成功之术，追寻为党尽忠为国创业的源动力，全方位多角度充实高校基层党建成效提升的保障。

第四节 抗击新冠肺炎疫情成就是彰显中国特色社会主义最本质特征的生动例证

病毒是看不见的敌人。战胜病毒、抗击疫情需要科学的组织、坚强有力的领导。新冠肺炎疫情来势汹汹，党领导全国人民奋勇抗疫、科学战疫，交出了一份堪称教科书的抗疫战疫答卷，用抗疫战疫的实际行动、丰硕成果彰显了中国特色社会主义最本质的特征。病毒无国界，是人类共同的敌人。全球大暴发的新冠肺炎疫情被称为"非传统安全领域的世界大战"，严重危及人类生命安全和世界经济发展。中国共产党和中国政府在领导和组织中国人民深入推进抗疫战疫斗争的同时，积极向世界分享抗疫战疫经验，对疫情严重国家和地区给予了力所能及的人力、物力和财力的支持，全面而充分地展现了具有显著国际影响力和领导力的大国风范与大国担当，在推进抗疫国际合作的进程中彰显了中国特色社会主义最显著、最本质的特征。

一、抗疫战疫信心源自党的领导

信心是希望，是行动勇气的源头。信心不是盲目乐观，不是回避矛盾和威胁的掩耳盗铃，而是建立在历史经验和形势评估之上调动意识主观能动性的表现。近代以来，苦难深重的中华民族多次遭遇不测风险，多次面临严峻的挑战，中国共产党领导全国人民一次次化险为夷、转危为安的历史经验，中国共产党领导中国人民推进现代化建设的现实成就铸就了抗疫战疫的必胜信心。

（一）坚定战疫信心的理论意蕴

新冠肺炎疫情是新中国成立以来我国面临的传播速度最快、感染范围最广、防控难度最大的一次重大突发公共卫生事件。习近平总书记多次强调，打赢这场疫情防控的人民战争、总体战、阻击战需要必胜的信心。战疫信心驱散病毒引发的恐惧，只有坚定必胜信心，才能充分激发和调动人民群众抗疫战疫的主观能动性。

坚定战疫信心是意识主观能动性原理的生动体现。意识具有目的性和计划性直观体现在党提出的抗疫战疫总要求总目标之中。新冠病毒的凶险性一经显现，党中央就提出了"坚定信心、同舟共济、科学防治、精准施策"的总要求，"坚决遏制疫情蔓延势头、坚决打赢疫情防控阻击战"的总目标，为有序推进防疫战疫的人民战争，统筹调度、合理配置战疫资源提供了方向指引。抗疫战疫彰显了意识活动的创造性。激发信心和调动激情，驱使人们寻求解决问题、完成任务、实现目标的更好方法。无论是建设雷神山医院、火神山医院的世间奇迹，还是迅速开辟并及时投入使用的方舱医院；无论是快速完成的病毒基因测序、稳步推进的新冠病毒疫苗研发，还是不断完善的新冠肺炎检测和医治方案；无论是社区封闭管理的井井有条，还是有序复工复产的新方案，都淋漓尽致地展现了中国人民的创造性。意识具有调控人的行为和生理活动的作用。战疫信心转化成为人民群众克服困难的行为自觉，转化为新冠肺炎患者积极配合治疗加快康复的神奇。

坚定战疫信心凸显物质对精神的决定性作用。信心是相信自己的理想、愿望或预测一定能够实现的心理，本质上是一种精神力量。孕育精神力量的物质基础越充实，精神力量在社会实践中焕发出的改造客观实践的物质力量越强大。战疫的信心不是凭空产生的，不是源自单纯的思维活动，不是盲目的乐观，更不是拒绝正视现实、无视困难的自欺欺人，而是建立在完整的产业体系、强大综合国力的基础之上，建立在"一方有难、八方支援"的火热实践的基础之上，建立在党领导人民群众一次次化险为夷、转危为机的历史成就的基础上，建立在抗疫战疫不断取得显著成就的基础上。疫情暴发初期，对病毒的恐惧、对抗疫战疫严峻形势的担忧和焦虑，也让一些人乱了方寸，个别人制造散播疫情谣言、抢购囤积防疫物资和生活物资，在一定范围内、一定程度上动摇了战疫信心。党和政府第一时间做出防疫战疫的具体安排，及时发布疫情信息，及时总结抗疫战疫实践经验，全方位多角度宣传报道抗疫战疫成就；让人民群众、世界各国及时了解中国战疫动态、战疫进展，激发和鼓励抗疫战疫热情与信心并将其最大程度地转化为战疫的物质力量，交出了一份让世界惊叹、堪称教科书的战疫考试答卷。

(二) 党治国理政思维滋养孕育战疫信心

坚持马克思主义世界观和方法论，掌握科学的思想方法和工作方法，是中国共产党总能化险为夷、转危为安的重要原因。党的十八大以来，以习近平同志为核心的党中央在治国理政中驾轻就熟的战略思维、创新思维、系统思维、辩证思维、历史思维、底线思维、法治思维滋养和孕育了战疫的信心。

历史思维知战疫大势。历史思维能力，就是善于运用历史眼光发现规律，从历史经验中汲取智慧用以指导现实的能力。运用历史思维，通晓历史，总能从历史中寻找到解决现实问题的启示。新中国的防疫抗疫史告诉世界，中国人民是不可战胜的，党的领导、全民参与是抗疫的制胜法宝。新中国先后打响的消灭血吸虫病、消灭丝虫病、消除疟疾、抗击"非典"等人民战争积累起来的防疫抗疫经验，凝结为党领导人民群众抗击新冠病毒的临危不惧、遇险不慌、抗疫不乱的沉着和果敢；新中国基层合作医疗卫生体系所实现的覆盖全民的历史成就，再现为城乡社区抗击新冠病毒的大动员，再现为全民抗疫的生动场景。新中国成立初期的"除四害"运动启示我们，防患于未然、未雨绸缪是主动积极的进攻，防疫也是为了更好地战疫；在新冠肺炎疫情防控取得明显成效时，我们并没有轻言成功，放松警惕，而是以有组织的爱国卫生运动巩固抗疫成果，寓战疫于积极防疫之中。

辩证思维增战疫智慧。辩证思维能力，就是在联系和发展中全面把握事物、在对立和统一中动态分析事物的能力。防疫战疫既坚持全国一盘棋，又分类指导各地依据疫情因地制宜、采取差别化的防疫战疫举措，实现防疫战疫的一般要求和具体推进的辩证统一。无论是"武汉胜则湖北胜，湖北胜则全国胜"，还是"疫情防控"和"复工复产"与确保如期全面建成小康社会和"十三五"规划圆满收官的两手抓、两手硬，都体现了"两点论"和"重点论"的辩证统一。

战略思维谋战疫全局。战略思维，就是高瞻远瞩，统揽全局，善于把握事物发展总体趋势和方向的能力。不谋全局也就难谋一隅，没有全局的考量，没有总体安排不免顾此失彼、手忙脚乱。以习近平同志为核心的党中央始终坚持从战略和全局的高度部署疫情防控，第一时间提出抗疫战疫总目标和总要求，始终强调把人民群众生命安全和身体健康放在第一位，全面参与、全国大动员的防疫战疫总是忙中有序、有条不紊、捷报频传。

创新思维增战疫活力。创新思维，就是超越陈规、因时制宜，推进思想进步和实践发展的能力。党领导全国人民运用创新思维，及时检视和审思抗疫实践，不断更新全民防疫战疫举措，更新理疗救治方法，探索总结出一系列的效能改进、任务集成、功能集成的防疫战疫措施。科技在防疫战疫中大显身手，防疫战疫拓展新技术的应用空间，开创了科技应用的新模式；特别是充分运用互联网、大数据、人工智能等技术手段实现的"智防""智控"，谱写了创新强战疫信心、创新增战疫活力的新篇章。

系统思维聚战疫合力。系统思维能力，就是从系统与要素的关系上把握事物的关联性、协同性、开放性和整体性的一种能力。抗疫战疫、疫情防控是一项复杂的系统工程，无论是防疫战疫方案的层层落实、企业转产防疫战疫物资、交通绿色通道开通、医疗卫生系统加紧药物研发等所形成的防疫战疫合力，还是东西南北中 380 多支医疗队、4.2 万余名医务人员紧急驰援湖北①，一省包一市有序对接形成防疫战疫协奏，都生动体现"疫情防控要坚持全国一盘棋"的系统思维。

底线思维定战疫边界。坚持底线思维，就是增强风险意识，从坏处准备，努力争取最好的结果的能力。疫情发生以来，上千万人口的武汉市毅然"封城"，全国各地坚持"宁可十防九空，不可失防万一"的精细安排及疫情好转后的解封不等于解防、外防输入内防扩散的抗疫战疫行为要求和准则；绷紧常态化防疫的弦，周密部署，坚决防止和杜绝疫情复发，不仅是党领导人民战疫的敢打必胜的信心和豪情的彰显，也是防疫战疫必须坚守的底线。

法治思维求战疫善治。法治思维能力，就是运用法治理念和法治原则去解决问题、推动工作的能力。防疫战疫，也是对社会治理的大考和检视。法是明确的强制性行为规范，依法防疫战疫，释放的是社会善治的力量。全国各省市区无论是在疫情暴发初期先后启动重大突发公共卫生事件一级响应并采取相应防控举措，还是疫情好转后降低风险防控级别；无论是依法处置涉疫事件、化解涉疫矛盾和冲突，还是完善《野生动物保护法》，依法打击捕杀、买卖、食用野生动物行为，革除吃野味的陋习，都透显出防疫战疫的法治力量。

（三）党激发人民战疫信心的途径和方式

信心不可能从天而降、凭空而生。个体总是在被示范、被激发中产生信心，个体信心总是在被引导、被汇聚中形成社会的信心。党领导人民抗疫战疫，首先是要充分激发人民的战疫信心。新冠肺炎疫情暴发之后，以习近平同志为核心的党中央因势利导、多措并举，全面而充分地激发人民

---

① 李保林、周呈思：《应勇主持召开专题会听取支援湖北医疗队代表意见建议 同时间赛跑与病魔较量 齐心协力打好湖北保卫战武汉保卫战》，《湖北日报》2020 年 2 月 25 日。

群众的战疫信心。

领袖关怀激发战疫信心。新冠肺炎疫情暴发后，习近平总书记第一时间掌握疫情信息，亲自担任全国防疫战疫总指挥，布置新冠肺炎疫情防控工作。防疫战疫的重要关口、关键节点，习近平总书记总是深入防疫战疫一线阵地，详细考察了解防疫战疫实际情况，看望慰问坚守防疫战疫一线的将士和被疫情所困的群众，为化解防疫战疫的现实难题支实招出巧招。人民领袖身临抗疫战疫一线，传递党对人民群众的关怀、党领导抗疫战疫的决心，消弭了党和人民群众的距离，让抗击疫情中的一线工作人员和隔离群众备受鼓舞，激发和增强战胜病毒、战疫必胜的信心和决心。

抗疫实力铸就战疫信心。实力是信心的保证，信心是实力的彰显。抗疫战疫需要技术支撑，需要物资保障。抗疫实力是生物技术、医疗卫生水平，人力、物力、财力、社会组织动员能力的系统集成和综合体现。疫情发生后，科研人员及时展开研究，迅速完成病毒基因测序，不断积累和深化对病毒的认识，为防疫战疫提供科学支撑。武汉封城，一时间医护人员短缺，医院床位急缺，医护物资告急、生活物资告急。党领导全国人民迅速做出反应，中央下拨专项资金支持武汉抗疫战疫；各地医护人员驰援武汉，生活物资集结运往武汉；医护物资生产企业迅速复工复产，一批企业迅速转产医护物资；数万建设大军火速集聚武汉，12天建成雷神山医院，10天建成火神山医院，16家方舱医院从启动到最后休舱只有35天，无不彰显强大的战疫抗疫实力。党的全面领导，大国经济和完整的工业体系，集中力量办大事的体制优势，上下齐心、一方有难八方支援的民族气质，既是抗疫实力的重要成因，也是战疫信心的底气和源泉。

抗疫成就彰显战疫信心。物质决定意识，实践是检验认识真理性的唯一标准；没有不断取得的胜利、实实在在的成就支撑的信心终归会是海市蜃楼。如果说疫情暴发初期强调战疫的信心主要是为了鼓励士气的话，那么防疫战疫进程中不曾衰减的信心就主要是不断好转的抗疫战疫形势、不断取得的抗疫战疫成就在思维中的再现。习近平总书记在统筹推进新冠肺炎疫情防控和经济社会发展工作部署会议上强调："经过艰苦努力，目前疫情防控形势积极向好的态势正在拓展。实践证明，党中央对疫情形势的判断是准确的，各项工作部署是及时的，采取的举措是有力有效的。"疫情暴发后，及时停工停产停学，果断封闭关键城市和道路交通，迅速切断了病毒向外传播的途径，控制了疫情向更大范围的蔓延；战疫取得的初步成效没有成为麻痹大意、松懈休整的借口，而是成为检视战疫实践、反思问题，发现并弥补防疫战疫短板，改进战疫举措的素材和依据。综观全球抗疫，我国呈现出抗疫战疫行动迅速、形势好转快，感染率病死率低、救治率高，对经济社会发展负面影响小等特点。中国以牺牲自身经济发展为代价的防疫战疫为世界各国防疫战疫创造了宝贵的窗口期，提供了防疫战疫成功的经验和范例。中国的战疫成就，为人类战胜新冠病毒树立了信心和希望，为构建人类卫生健康共同体做出了巨大贡献。

宣传舆论传播战疫信心。社会性是人最本质的属性，人的情绪在社会生活中相互感染，人的信心在社会交往中得以传播和汇聚。社会意识具有相对独立性，宣传舆论对激发信心、传播信心有着独特的作用和功能。战疫抗疫期间，互联网成为提振战疫士气、传播战疫信心，形成和维护"人隔离心相通"社会格局的不可或缺的工具。主流媒体积极发声，及时宣传党和政府的防疫战疫决策部署，及时报道防疫战疫取得的成就，及时批驳形形色色的涉疫谣言，全方位多角度讲述和传播防疫战疫故事，积极弘扬正能量，极大地鼓舞和激发了人民群众的战疫信心。

二、抗疫成就缘于党的领导

党的领导是全民抗疫战疫最重要的制胜之因。世界卫生组织总干事谭德塞指出，中国疫情防控做出了最大努力，为世界防疫赢得了时间，中国展现的领导力和政治意愿值得其他国家学习。联合国秘书长古特雷斯认为中国为新冠肺炎疫情防控工作做出令人印象深刻的反应。[①] 党领导全民抗疫战疫，就是对中国特色社会主义最本质特征的实践论证，是中国特色社会主义制度最大优势的现实彰显。

（一）党领导抗疫的显著成就

民众对病毒的高传染性和致死率总是有着近乎本能的恐惧和担忧。新冠肺炎疫情暴发后，党领导人民群众与时间赛跑、与病毒斗争，尽快截断病毒传播途径，迅速实现防疫抗疫形势显著好转，让人民群众看到战疫胜利的希望和曙光，取得抗疫战疫的显著成就。

行动迅速，防疫抗疫形势好转快。形势的尽快好转源自对疫情反应及时，抗疫战疫行动迅速。2020年1月23日10时，具有千万人口规模的

---

① 曹平：《人民日报思想纵横：疫情防控彰显制度优势》，《人民日报》2020年3月31日，http://opinion.people.com.cn/n1/2020/0331/c1003-31654663.html。

"九省通衢"武汉封城抗疫战疫,尽最大可能减少人员流动带来疫情传播;1月24日,湖北全省实现城乡封闭抗疫战疫。1月25日,中国农历新年第一天,习近平总书记组织召开中央政治局常委会会议,对防控新冠疫情做出动员部署,成立中央应对疫情工作领导小组;全国30个省、市、自治区同时启动重大突发公共卫生事件一级响应,严格控制人口流动,对确诊患者应收尽收、对疑似患者应检尽检、对密切接触者应隔尽隔,全国拉开流行病医学调查,筛查甄别每一个疑似患者和接触者,严防病毒大规模传染、疫情大范围暴发。党领导人民战疫的壮举被世界卫生组织称为"可能是史上最雄心勃勃、最快速和最积极的疫情防控努力",我国防疫战疫形势在较短时间内就实现根本性好转;新增病例从3月开始下降,直至4月中旬,除黑龙江、广东、香港等个别省市区以外,全国多个地方都实现了零新增甚至宣布了感染人数清零。

感染率病死率低、救治率高。我国防疫战疫始终"把提高收治率和治愈率、降低感染率和病亡率作为突出任务来抓"①。疫情防控遵循"早发现、早报告、早隔离、早治疗"的要求,病患救治秉承"集中患者、集中专家、集中资源、集中救治"的原则。2020年4月以来,随着全国疫情形势基本好转,疫情防控进入常态化阶段,战疫重点转变为"外防输入、内防反弹"。2020年4月8日零时起,武汉市解除离汉离鄂通道管控措施,标志着我国抗击新冠肺炎疫情取得了阶段性胜利;截至2020年4月8日24时,作为一个拥有14亿人口的大国,我国31个省(自治区、直辖市)和新疆生产建设兵团累计报告确诊病例81865例,累计死亡病例3335例。② 对比美国、英国等西方发达国家的病死代价,我国战疫成就实在是令世界刮目相看。

科技助力抗疫开启社会生产生活新模式。"科学技术是第一生产力",人类战胜病毒终归依赖科技进步。习近平总书记提出,要战胜疫情,关键就是要科学抗疫,人类同疾病较量最有力的武器就是科学技术。③ 疫情暴发以来,我国以抗疫为中心组织的科研攻坚取得了丰硕的成果。一是取得新冠病毒疫苗、抗体、病毒作用机制研究的重大成就,8天确定病原体、

---

① 习近平:《在统筹推进新冠肺炎疫情防控和经济社会发展工作部署会议上的讲话》,《人民日报》2020年2月24日。
② 国家卫生健康委员会官方网站:《截至4月8日24时新型冠状病毒肺炎疫情最新情况》,http://www.nhc.gov.cn/xcs/yqtb/202004/fa7bb40a7fbf4b2c8f3989d512fe5b77.shtml。
③ 习近平:《为打赢疫情防控阻击战提供强大科技支撑》,《求是》2020年第6期,第4—6页。

16天完成检测试剂盒优化,使人们迅速形成对这一新型病毒的较为全面的认识,奠定科学防疫的坚实基础。二是新冠肺炎救治技术攻关保障救治质量,奠定降低病死率的坚实基础。三是5G、AI算法、大数据、机器人等高新科技助力战疫,开启了远程办公、无接触交际、智慧物流配送等社会生产生活新模式。

防疫战疫对生产生活影响控制到最低程度。防疫战疫既有顶层设计总体安排部署,也有因地制宜的思路和对策创新,还有切中问题的量身定制;既坚持从上到下的层次落实,又坚持自下而上的新思路新方法的逐级汇聚;既强调各级各地"守土有责、守土尽责",又强调"一方有难、八方支援"。上下左右启动动员的防疫战疫,最大程度地控制和减少对经济社会发展的影响。一是把防疫战疫对人民的生活影响降到最低。生活物资供应充足、分发配送有序,是城乡社区封闭管理的前提和保障。行政首长负责保障蔬菜、肉蛋奶、粮食等居民生活必需品供应,中国电信、中国移动、中国联通、国家电网等国有企业提供"不停机""不停电""不停气""不断网"等服务保障,公安和市场监管部门对囤积居奇、哄抬物价、趁火打劫等现象保持严打态势,下沉社区的管理干部、社区工作人员、志愿者提供物资分发配送服务保障,为形成和维护疫情防控期间的正常社会生活秩序注入强劲动力。二是将疫情防控对经济发展的影响降到最低。防疫战疫在导致经济短期发展受影响的同时,也在为经济长期发展创造条件。习近平总书记在2020年2月3日的中央政治局常委会会议上指出:"要在做好防控工作的前提下,全力支持和组织推动各类生产企业复工复产。"在2月23日的统筹推进新冠肺炎疫情防控和经济社会发展工作部署会议上又进一步指出,要加大宏观政策调节力度,把财政贴息、大规模降费和缓缴税款等政策尽快落实到各企业,尤其是要帮一些中小微企业渡过难关。中央总体安排、统一部署与各部门各地区创新挖潜协同,政府优惠政策支持与市场主体活力迸发联动,汇聚形成疫情防控和复工复产两手抓、两手硬的格局,为疫情之后的经济快速复苏、强劲增长创造了良好的条件。三是将疫情防控对发展战略实施的影响降到最低。2020年是全面建成小康社会的决胜之年,是决战决胜脱贫攻坚的关键之年,也是"十三五"规划的收官之年。党高度重视化疫情对战略实施之"危"为"机",既突出强调政策创新又狠抓创新政策落实,力争把被防疫战疫耽误的战略实施时间补上来,把疫情对完成战略目标的影响降到最低。

（二）党领导抗疫的突出特征

大疫如大考。抗疫战疫是对国家治理的综合检视，党领导全民抗击新冠肺炎疫情，全面、直观、生动地展现了中国特色社会主义的制度优势。抗疫进程中，党强大的政治优势、组织优势和密切联系群众的优势，切实转化为疫情防控的工作效能。党领导抗疫，呈现出注重顶层设计、讲究群策群力和科学调度抗疫资源的突出特征。

注重防疫抗疫的顶层设计。事在四方，要在中央。新冠肺炎疫情发生后，党中央迅速决策，做出"坚持全国一盘棋"的防疫部署，明确疫情防控的顶层设计。中央专门成立应对疫情工作领导小组，加强对疫情防控的集中统一领导，全面统筹部署安排疫情防控；国务院建立联防联控机制，加强对防疫战疫具体事务的统筹协调。习近平总书记亲自指挥和部署，先后召开14次中央政治局常委会会议、4次中央政治局会议以及多次党的重要会议分析研判疫情形势，第一时间提出"坚定信心、同舟共济、科学防治、精准施策"的总要求，强调疫情防控"要把人民群众生命安全和身体健康放在第一位"，做出"坚决打好湖北保卫战、武汉保卫战"的重大指示，明确抗疫"要紧紧扭住城乡社区防控和患者救治两个关键"。① 党中央举旗定向、统筹部署，各地区各守其土、各部门各司其职，区域协调、部门联动。在中央部署之下，从省到村"五级书记"抓防控，统一领导、统一指挥；层层传导压力，级级落实政策；把一度饱受西方自由主义者冷嘲热讽的"封城"重大决策、"网格化"精细管理转化落实为防疫战疫的具体现实成就。

群策群力充分激发民众智慧。激发人民群众的实践智慧，是党领导革命、建设和改革取得胜利的基本经验。中国共产党历来注重"把党的正确主张变为群众的自觉行动，把群众路线贯彻到治国理政全部活动之中"②。疫情防控关系每一个人的健康和安全，群策群力、激发汇聚民众智慧尤为重要。习近平总书记指示，"紧紧依靠人民群众坚决打赢疫情防控阻击

---

① 习近平：《在统筹推进新冠肺炎疫情防控和经济社会发展工作部署会议上的讲话》，《人民日报》2020年2月24日。
② 习近平：《在纪念毛泽东同志诞辰120周年座谈会上的讲话》，北京，人民出版社，2013年版，第17页。

战"①，要求广泛动员群众、组织群众、凝聚群众，全面落实联防联控措施，构筑群防群治的严密防线。面对疫情，各级党政机关、企事业单位、群团组织、基层党组织紧急行动，人民军队闻令而行；党员干部，冲锋在前，行动在先，以行示范；医护人员逆行一线，日夜奋战，与时间赛跑，精心救治病患，竭力挽救生命；科技工作者精锐出战，争分夺秒，推进病毒溯源、药物研发、疫苗研究等工作；新闻工作者不畏艰险，及时、客观、全面报道疫情，记录抗击疫情的感人瞬间，弘扬传递强大正能量；公安干警、疾控工作人员、社区工作人员日夜值守、敢于担责；志愿者无私奉献、真诚付出……全国人民谱写和弹奏出合力抗疫的协奏曲，构筑起坚不可摧的严密防线，彰显了打赢疫情防控人民战争的伟力。

科学调度配置抗疫资源。兵马未动、粮草先行，是军事学的基本常识。取得战争胜利，既需要指挥得当，也需要充足的后勤保障。抗击新冠肺炎疫情是党领导的一场人民战争，科学调度配置抗疫资源是制胜的关键。党的十九届四中全会指出，社会主义制度有"坚持全国一盘棋，调动各方面积极性，集中力量办大事的显著优势"。抗击新冠肺炎疫情把这项显著优势体现得淋漓极致。疫情发生后，党中央统一指挥，全国各条战线、各个领域紧急行动，各类抗疫资源迅速集中到一线。一时间防护物资匮乏，相关企业迅速复工复产，保障供应；应对武汉保卫战缺人少物，全国范围内的人力、物力、财力迅速集结武汉；为应对巨大的防疫战疫物资消耗，交通运输"绿色通道"、多元物流配送渠道迅速投入运行。一方有难，八方支援，统筹调度、科学配置战疫抗疫资源，是抗疫战疫局面迅速实现从被动向主动转变，并最终取得战疫胜利的重要原因。战疫资源调度配置，是精诚团结、互爱互助的民族精神的体现，是我国大国优势的体现，更是我国提出抗疫国际合作主张的实践基础。

三、推进抗疫国际合作需要党的领导

新冠病毒是人类面临的共同威胁，世界各国唯有团结合作才能战胜病毒。自疫情暴发后，中国率先从疫情中复苏，积累了丰富、实用的抗疫战疫经验。中国拥有世界上最完整的工业体系，是全球防疫抗疫物资最主要的生产者和供给者。疫情全球暴发以来，中国积极支持世界卫生组织发挥

---

① 习近平：《团结带领广大人民群众坚决贯彻落实党中央决策部署 紧紧依靠人民群众坚决打赢疫情防控阻击战》，《人民日报》2020年1月28日。

全球抗疫的领导作用，先后向多个国家派遣抗疫专家团队，提供抗疫物资，成为全球抗疫的中流砥柱。推进抗疫国际合作，既有赖于中国共产党领导中国人民深入推进常态化的抗疫斗争，加快经济复苏，加大防疫抗疫物资生产，增强对全球抗疫的物资供给和保障能力；也有赖于中国共产党着眼全球抗疫形势，努力推进对外抗疫援助和支持；更有赖于中国共产党深入推进与世界卫生组织、欧盟、非盟等国际组织的合作。

（一）疫情引发对经济全球化的深入思考

新冠肺炎疫情增添经济全球化发展的变数。经济全球化快速发展的进程中，逆全球化思潮不时沉渣泛起。阻断新冠病毒传播的空间隔离和封闭，虽然是应对疫情、战胜病毒的不得已之举，却也助推了逆全球化思潮泛滥。在抗疫过程中，一些国家禁止防疫物资出口，也有国家为获取防疫物资，为掩盖自身抗疫不力的真相，完全放弃国际道义，不仅没有承担起大难当前、合作应对的责任和担当，反而演绎出信口雌黄、胡乱"甩锅"的闹剧，生动直观而又淋漓尽致地显示其自私冷血、横蛮霸道的作风。这都引发和驱使对以下三个问题的反思：一是国际贸易是否能够满足社会发展阶段跃迁、人的发展水平提升释放出的物资需要，特别是应对突发事件的物资需要；二是经济全球化健康发展的秩序、组织与领导如何得以维护和保障，经济全球化需要什么样的领导，谁堪当全球化的领导；三是经济全球化发展究竟有着怎样的前景和未来，是浴火重生、持续深入，还是逐步萎缩，终成国民经济自我封闭发展的点缀和补充。

新冠肺炎疫情不可能改变经济全球化发展的趋势。全球化是人类追求进步的成果和工具，有着不以人的主观意志为转移的内在动力。互通有无、满足人类不断增长的需要是全球化发展最原始、最基础的动力。人类社会只有在自然经济时代可以自我封闭、孤立发展，需要的多样化程度与社会生产力水平、社会发展阶段同向变化。当今世界绝大多数国家的生产力水平和社会需要水平已远远超越自然经济时期，现代国家不可能再退回到自主生产、自主消费、自我满足的发展状态。如果说产业门类完善齐全的大国在现代文明中还可以独立自主地满足民众日益增长、日趋复杂的需要的话；脱离全球化，国土面积小、人口规模不大、自然资源禀赋有限的国家根本无法在现代文明中生存。就是逆全球化思潮的坚定拥护者也拒绝缩减业已存在的多样化需要以适应自我封闭发展的状态，他们仅仅是因为对全球化的利益分配不公，或是因为全球化未能满足其贪婪与霸道而滋生对全球化的愤懑与抵触。

新冠肺炎疫情催生应对经济全球化战略和策略创新。新冠肺炎疫情虽不可能逆转全球化发展的大势，但也暴露了过去全球化发展存在的深层次问题，提出了全球化发展战略和策略创新的现实要求。全球化发展的理念、秩序、运行模式等都需要系统的变革。全球化发展需要超越互通有无，满足人现实的、多样化的需要的传统理念；当今世界需要以是否有利于构建人类命运共同体、促进人类共享繁荣、共同应对各类威胁为依据，审视全球化进程，谋划全球化出路。全球化不可能再成为大国牟取私利、主张和实现霸权的工具，而理应成为构建人类命运共同体、最终形成自由人联合体的手段。21世纪的全球化发展必将会经历和实现领导者重塑；发端于霸权、基于霸权的全球化领导必将会被发端于构建人类命运共同体、基于各国平等互利、友好协商的全球化领导所代替和超越。中国在全球化领导重塑中必将有着伟大的作为，也将面临前所未有的挑战和遏制。作为世界上工业体系最完善的国家，中国需要从经济安全、总体国家安全的角度，检视和创新经济发展战略；要着力发挥大国优势、社会主义制度优势，保持产业结构调整的灵活性、社会生产能力的弹性，建构和充实就算完全被排斥在全球化之外也能生存、也能发展的物质基础。

（二）国际合作抗疫的现实依据

全球大暴发的新冠肺炎疫情严重威胁人类的身体健康与生命安全，严重影响全世界的经济发展和社会稳定。抗击新冠肺炎疫情是当今世界面临的最严峻的挑战。依靠党的领导，凭借社会主义的制度优势，中国人民用三个月左右的时间取得了武汉保卫战、湖北保卫战的胜利，积累了丰富的防疫抗疫实践经验；生产生活恢复正常，经济加速复苏，中国成为世界抗疫物资的最大生产国。中国秉持人类卫生健康共同体的理念，积极援助支持他国抗疫，是推动国际合作抗疫的中坚力量。中国持续深入推进抗疫国际合作，就是中国特色社会主义最本质特征、中国特色社会主义制度最大优势的生动例证。

国际合作抗疫是对病毒渗入世界史发展的有力回应。病毒无国界，是人类的公敌；病毒总是在悄无声息地攻击人类，并在攻击人类的过程中发生变异，让人防不胜防。从民族史向世界史的转变，是人类社会发展的必然趋势。早在170多年前，马克思和恩格斯就指出："过去那种地方的和民族的自给自足和闭关自守状态，被各民族的各方面的互相往来和各方面的互相依赖所代替了。"① 各地方和各民族的历史也就成为世界历史。病毒在人口流动、人际交往中加速传播，扩大对人类的危害；但从世界史退回到民族史，封闭孤立、各自为阵地与病毒斗争，绝不是战胜病毒的理性选择。首先，只有加强国际合作，才能及时追踪病毒的变异，深化对病毒的认识，尽快寻找到杀死病毒的最佳方法。其次，加强国际合作，及时分享交流防疫战疫的实践经验，才能使有效的防疫战疫方法最大程度地发挥实践功效。第三，防疫战疫需要人力、物力和财力的投入，加强国际合作，才能使防疫战疫资源在世界范围内实现优化配置。第四，病毒是人类的公敌，自然需要人类共同应对。按照木桶原理，人类战胜病毒、摆脱病毒影响的最后时间取决于防疫战疫最差的国家和地区。国际合作抗疫、普遍提高防疫战疫的能力，是增强人类福祉的理性选择。面对疫情，所有人都不可能置身事外，独善其身，正如习近平总书记在给比尔·盖茨的回信中所指出的那样，"战胜关乎各国人民安危的疫病，团结合作是最有力的武器"②。通过国际的通力合作，加强国家与国家之间，国际组织与国际组织之间，国家与国际组织之间的合作，是防疫战疫、应对人类公敌唯一正确的选择。

推进战疫国际合作彰显中国的责任和担当。马克思主义以人类解放为旨归，中国共产党秉承"构建人类命运共同体"的理念；中国又率先取得抗疫战疫的胜利，积累了丰富的抗疫战疫经验，是抗疫战疫物资生产供应最重要的基地；中国积极推进抗疫战疫的国际合作，这是大国的宽广胸襟和主动担当。面对大规模传染病疫情遭遇战，没有哪个国家能事先完全做好准备。新冠肺炎疫情暴发后，中国社会在抗疫初期经历短暂的防疫物资短缺、民众迷茫慌乱与恐惧之后，在党的坚强领导下，依靠社会主义的制度优势，迅速扭转防疫战疫的被动局面，展现出领导国际防疫合作的坚强实力。与中国把人民生命健康放在首位，人民群众团结协作、主动配合的防疫战疫形成鲜明对比的是，西方发达国家频频出现了资本本性演绎出的"经济发展优先于防疫抗疫"，资本主义票选民主演绎出的"竞选需要优先于防疫战疫"，新自由主义的社会文化心理驱使的"居家隔离践踏自由""公共社交拒戴口罩"等既不利于自身防疫抗疫，更有害于抗疫国际合作

---

① 中共中央马克思恩格斯列宁斯大林著作编译局：《马克思恩格斯文集（第2卷）》，北京，人民出版社，2009年版，第35页。

② 习近平：《团结合作是国际社会战胜疫情最有力武器》，《先锋》2020年第4期，第4—15页。

的种种乱象。战胜人类公敌、期盼国际合作抗疫的领导者，西方发达国家无力、不愿担负推进抗疫国际合作的道义和责任，这更是凸显中国推进国际合作抗疫的难能可贵。

（三）党推进抗疫国际合作的成就

新冠肺炎疫情发生以来，中国共产党领导中国人民有效遏制国内疫情扩散，为国际社会应对疫情的暴发和蔓延积累了经验、争取了时间。中国共产党在领导全民战疫迅速取得胜利的过程中，一直本着公开、透明、负责任的态度，主动积极与世界卫生组织、相关国家保持着密切沟通与合作；及时向国内外发布疫情信息，介绍抗击疫情进展，回应境内外关切。中国共产党携手世界各国，提出防疫战疫国际合作的中国方案，贡献中国智慧，提供中国帮助，为最终战胜新冠病毒这一人类的公敌做出了巨大的贡献。

充实抗疫国际合作的物资保障。中国双管齐下，一方面极力加大防疫战疫物资生产，直接向他国提供防疫战疫物资，另一方面着力联通防疫战疫物资生产的国际产业链、供应链循环，力促全球防疫战疫物资的生产供给，堪称保障全球战疫物资供给的中坚力量。面对全球防疫物资的巨大缺口，中国开足马力、加快生产，持续保障防疫物资供应，力所能及地向世界多国捐赠防疫物资。截至 2020 年 12 月，中国便已向 150 多个国家和 10 个国际组织提供了抗疫援助①，多国称赞中国防疫物资供应可靠、及时。针对在全球产业链中有重要影响的企业复工复产面临的现实难题，针对处于全球产业链关键环节的产品的生产和出口遭遇的瓶颈，中国加大力度向国际市场供应原料药，联通国际产业链供应链循环，努力维护国际供应链稳定，为保障国际疫情防控的物资供应作出了积极贡献。

提供抗疫国际合作的经验和技术。新冠肺炎疫情全球暴发以来，中国政府直接向意大利、塞尔维亚、伊朗等国派遣医疗专家援助团，为国际合作抗疫直接提供现场的技术指导和技术支持。中国共产党通过电话、视频会议、云端等方式与各个国家政党保持交往，先后向世界上数百个政党发送了我国关于疫情防控的经验、做法，包括最新版的防控方案和诊疗方案；同百余个国家和地区以及东盟、欧盟、非盟、上合组织、加共体等国

---

① 《中国共产党简史》编写组：《中国共产党简史》，北京，人民出版社、中共党史出版社，2021 年版，第 510 页。

际组织举行了数十场专家视频会;国家卫生健康委汇编了最新的诊疗方案、防控方案等一整套技术文件,翻译成多国文字,及时分享给全球众多国家及国际和地区组织。分享防疫战疫的中国经验,提供中国方案,是中国对人类命运共同体理念的又一次生动实践,凸显中国通过为人类做贡献而走近世界舞台中央的和平崛起特征。

支持国际组织发挥国际抗疫合作的协调和指挥作用。全球抗击疫情需要高度专业化和高效有序协调的国际合作,专业性和协调性是国际组织的两大特征,国际组织在抗疫国际合作中具备天然优势。在全球抗击新冠肺炎疫情的斗争中,世界卫生组织始终发挥着领导和统筹的关键作用。中国和世界卫生组织保持了良好的合作,第一时间向世界卫生组织通报疫情、抗疫进展,世界卫生组织盛赞并积极向他国推介中国防疫战疫的经验;中国坚定支持世界卫生组织在协调全球抗疫合作中的领导作用,与世界卫生组织保持信息沟通并对其开放防疫战疫现场。中国与世界卫生组织保持密切的技术合作,对其提供成员份额外的资金支持,借助世界卫生组织卓有成效的工作,深入推进防疫战疫的国际合作。

(四) 党推进抗疫国际合作的显著特征

中国共产党是推进抗疫国际合作的中坚力量。习近平总书记在二十国集团领导人特别峰会上指出,"当前,国际社会最需要的是坚定信心、齐心协力、团结应对,全面加强国际合作,凝聚起战胜疫情强大合力,携手赢得这场人类同重大传染性疾病的斗争"[①],发出了积极推进抗疫国际合作的最强音。中国共产党推进抗疫国际合作,呈现出以下特征。

制度化的防疫战疫国际合作。点对点的抗疫国际援助固然重要,制度化的国际抗疫合作方能最有效地汇聚集成全世界、全人类的力量。中国不仅依靠社会主义制度集中力量办大事的优势,打赢了防疫战疫的人民战争,而且善于借助制度安排的力量,推进防疫战疫的国际合作。借助二十国集团领导人应对新冠肺炎特别峰会、东盟与中日韩(10+3)抗击新冠肺炎疫情领导人特别会议等平台,中国发出推进抗疫国际合作的最强音,把防疫战疫的具体方案和措施定型为抗疫国际合作具体制度安排。通过与世界卫生组织、欧盟、非盟等国际组织展开抗疫国际合作,改进和提升国

---

① 习近平:《携手抗疫 共克时艰——在二十国集团领导人特别峰会上的发言》,北京,人民出版社,2020年版,第2页。

际合作抗疫的实践方案，最大程度地激发抗疫国际合作的制度性力量。

急人之所急、务求合作抗疫的实效。中国推进国际合作抗疫，不是政治作秀，更不是口惠而实不至，而是言出必行、雪中送炭，想人之所想、急人之所急，务求实效。中国对外提供援助，总是尽力而为。一批批解燃眉之急的援助物资，一条条弥足珍贵的防疫经验，一队队经验丰富的医疗专家组，将中国与各国患难与共的情谊传播八方。

新冠肺炎疫情发生后，中国始终本着公开、透明、负责任的态度，及时同世界卫生组织和国际社会分享疫情信息，广泛开展国际合作。尽管中国抗疫举措受到了一些国家和政客的冷言和嘲讽，中国对外抗疫援助被不甘愿中国富强、企图遏制中国崛起的势力污蔑为谋求地缘政治利益、控制受援国发展，但中国仍然本着仁义精神，尽力向包括冷言嘲讽中国抗疫、歪曲和污蔑中国对外抗疫援助的国家在内的世界各国共享病毒信息、分享中国经验，并大力提供医疗物资、医疗技术支持。

第六章　新时代积极参与全球治理的理论意蕴

把握大势才能运筹帷幄，胸怀天下方显大国担当。改革开放顺应了经济全球化趋势，成就了我国四十多年经济高速增长的世界奇迹。在经济全球化迅猛发展的同时，贸易保护主义、单边主义等逆全球化潮流不时沉渣泛起。推动经济高质量发展，必须透视全球化和逆全球化交织的迷雾，把握经济全球化发展的大势。中国特色社会主义新时代，"中国与世界的关系在发生深刻变化，我国同国际社会的互联互动也已变得空前紧密，我国对世界的依靠、对国际事务的参与在不断加深，世界对我国的依靠、对我国的影响也在不断加深"[①]。从改革开放新时期努力适应和融入全球化，到新时代积极引领全球化发展，我国对国际规则和秩序的理解和运用都发生了深刻的变化。国际规则和秩序的本质是国际生产关系，体现国际交往中国与国之间的利益。无论是中国自身发展，还是倡导和发扬国际民主，推动全球治理体系改革和建设，都提出完善国际规则、完善国际治理的要求，实现从改革开放初期努力适应国际规则向新时代积极推动国际规则完善的转变。

第一节　全球化发展的马克思主义理论本质

维系全球化发展的国际规则和秩序是国际生产关系的条理化表达，是对"世界历史运动"的理性认识，是引导和规范国际交往的行为准则和制度安排。经济全球化是世界历史运动的现实表现，无论是顺应经济全球化

---

① 习近平：《习近平谈治国理政（第2卷）》，北京，外文出版社，2017年版，第442页。

还是逆全球化，彰显的都是世界历史运动中理性与自由之间的张力。遵守国际秩序、国际规则运用方式转变蕴含推动社会时空转换的智慧。

一、历史发展进程中的社会时空转换

时间和空间是物质运动的存在形式。以爱因斯坦相对论为基础的现代时空观念取代牛顿"绝对时空观"，引发人们对时空认识的巨大变化。马克思认识到，时间是人的积极存在，它既是人的生命的尺度又是人的发展空间；人类社会的一切节约归根到底是时间的节约，劳动者获得自由的根本条件是工作日的缩短，个人发展、社会发展，无不是争取时间以获得更广阔的发展空间。国内学者刘奔采用逻辑推理的方式，从时间空间表征物质运动规律出发推演出社会时空的概念。他认为：时间和空间是物质运动的规律性的表现，社会是运动的高级形式，当然也有自己特有的时空结构；社会时空特性从时空关系的角度体现社会运动的规律性。[1] 俞吾金教授在回溯马克思的时空思想的发展历程中阐明社会时空概念，强调马克思"是从人的实践活动，特别是从生产活动出发引申出时空概念的"[2]，社会时空承载和表征人的社会实践。王南湜教授认为，"人的实践活动是由生命运动、物理运动和社会运动复合而成的，而生命运动、物理运动和社会运动各有其内在的运动节律即时空特征，社会时空就是这三种时空或运动节律的复合"[3]。马克思主义的社会时空观要求把时空问题放到人的社会实践中去考察，社会时空是打上了人的烙印、体现和表征人的社会属性的时间和空间。正如物质的运动和时空不可分离，每一种运动形式都有自己的时间、空间和时空结构。社会时空和人的社会实践活动不可分离，任何社会实践活动都有自己的社会时间、社会空间和社会时空结构。社会时空范畴为研究人类社会发展提供了新思路，给唯物史观研究社会前进的动力提供了新的视角。

（一）社会时空的特性

社会时空是社会化的时间和空间，以自然时空为基础并扬弃和超越了自然时空。社会实践是社会时空产生、社会时空扬弃和超越自然时空的必

---

[1] 刘奔：《时间是人类发展的空间——社会时—空特性初探》，《哲学研究》1991年第10期，第3—10页。

[2] 俞吾金：《马克思时空观新论》，《哲学研究》1996年第3期，第11—19页。

[3] 王南湜：《社会时空问题的再考察》，《社会科学战线》2009年第3期，第225—233页。

要条件。社会空间不是简单等同于土地、建筑、景观等，它不仅是传统意义上人们居住的一种场所，而且是社会中各种力量成长、重组的重要变量。社会时空的特性，是自然时空和社会实践综合作用的体现。

第一，社会时空的主体性。社会时空承载社会运动的本质规律。而社会运动的主体是人，社会实践的主体是人，离开人和人的实践活动，社会时空就无从产生。现实的个人只有在生命运动中才构成了直接的主体，个体人的生命活力越强，把单位自然时间转化为社会时间的能力也就越强。时间是人类发展的空间，个体人有效利用时间自然拓展了自己的发展空间。实施健康中国战略，推进全民健身，增强个体生命活力而延长了社会时间，自然也就拓展了社会发展空间。个体人的科学文化素质越高，意识的主观能动性发挥得越充分，把单位自然时间转化为社会时间的能力也就越强。大力发展教育文化事业，促使个体人更加充分地发挥意识的主观能动性，也就能够更有效地推进自然时空向社会时空的转化。个体人组织联合成集合性实践主体，把自然时空延展为更长更大的社会时空的能力，既取决于个体人的生命活力、个体人的实践能力，更取决于个体人之间的组织和联合。执政党组织联合分散个体人的能力越强，自然时空转化为社会时空的延展性也就越强；得民心者之所以能得天下，正在于其能把分散的个体组织成为集合性实践主体，有着强大的把自然时空延展为社会时空的能力。

第二，社会时空的主客观统一性。主观和客观在彼此的矛盾对立中彰显自己的存在，没有主观也就无所谓客观，没有客观同样无所谓主观。强调客观性不是要拘泥屈从于现实，而是对主观精神、发挥主观能动性提出的要求；强调主观性不是天马行空为所欲为，不是陷入空洞的设想，而是对客观存在的重视，要在掌控客观现实的基础上设计更好地开发利用客观存在的思路。人们不能脱离自然时空随心所欲地创造社会时空，社会时空结构作为人的活动过程的结晶，又影响和制约人的活动，人的活动必然受到社会时空的约束，这是社会时空的客观性。人的精神状态、思维惯性、价值追求、主观能动性对自然时空延展为社会时空有着至关重要的影响，不同的人在相同的客观条件下，把自然时空延展为社会时空的方式方法以及结果等方面，都有着显著的差异，这是社会时空的主观性。

第三，社会时空的历史性。社会时空作为一种存在，只能从人的具体活动中获得它的规定性。社会时空的历史性，首先在于社会实践的历史性。社会时空的生成离不开人的社会实践，社会实践的历史性自然投射和反映到社会时空上。其次在于社会存在、自然时空的历史性。不同历史阶段的社会存在、自然时空存在差异。社会时空不能脱离社会存在、自然时空孤立存在，社会存在、自然时空的历史性自然也会投射到社会时空上。三是在于人的历史性。不同历史阶段，人们的精神状态、价值追求、思维特征等存在差异，这种差异自然也会投射到社会时空上。四是在于现实条件的历史性。不同历史阶段，自然时空延展转化为社会时空的现实条件也存在显著的差异，这种差异自然也会投射到社会时空上。

（二）社会时空转换的实践智慧

人在实践中创造自由时间，也就为自己开辟了发展的空间，这是人的本质力量对象化在时空关系上的表现。时间的空间化，即社会实践活动的结构要素转化为社会关系结构要素；空间的时间化，即社会关系结构要素转化为社会实践活动结构要素。这是社会历史发展中相辅相成的两种趋势。社会时空的主体性、主观价值性、社会历史性体现在社会时空转换对社会历史发展的推动作用之中。社会时空转换，是一种辩证思维，也是一种创造历史的实践智慧。

善用时间换空间创造历史的实践智慧。社会生活中，诸多耳熟能详的实践原则体现了时间换空间的辩证思维和实践智慧。改革开放以来，交通基础设施的改善，大大促进我国经济发展的诸多事实，淋漓尽致地体现了"想致富，先修路"所蕴含的时间换空间的实践智慧。修路改善了出行条件，提高了交通效率，拓展了人在单位时间内的活动空间，不仅使人在单位时间内可以从事更为复杂的经济活动，而且使人提高单位时间内从事特定的经济活动的频度，这都拓展了人获利致富的机会。在抗日战争时期，毛泽东同志的《论持久战》、共产党领导的游击战，也是以时间换空间的典型范例。就开动战争机器的能力而言，日本作为一个工业化国家，肯定比作为农业国家的中国更为强大。毛泽东同志以其卓越的哲学智慧，在对中日双方进行全面深入的分析之后，发现中国存在以时间（长时间的战争）换取空间（驾驭战争机器的能力）的条件，游击战就是促进这种时空转化的社会实践。

善用空间换时间创造历史的实践智慧。中国用四十多年时间，走过西方发达国家上百年时间走过的现代化路程，就是善用空间换时间的典范。改革开放以发展空间拓展实现工业化和现代化提速，体现了时空统一的辩证法。西方发达国家的工业化现代化没有经济全球化的大背景，其资源配置缺乏经济全球化的国际大舞台，主要是一个国家孤立推进工业化现代化。中国的改革开放，积极融入经济全球化的潮流，突破国土空间的范围限制在国际大舞台上寻求工业化现代化发展的资源配置优化之路。资源配置空间的拓展换来我国现代化时间的缩短。中国改革开放的后发优势，在很大程度上是我国善用空间换时间的智慧成就的。马克思主义创始人强调的无产阶级团结联合所形成的组织化的力量，管理实践中强调的组织的结构化资本等，蕴含和体现的正是空间换时间的智慧。个体人团结联合起来之后，借助社会联系网络和渠道，个体人的活动空间、活动范围得以拓展，换来其实现特定发展目标所需时间的缩短。社会属性是人的本质属性，社会交往是人的社会属性的直观体现。社会交往范围的拓展换来实现发展目标所需时间的缩短，这样的社交属于有效社交；社会交往范围的拓展并未带来实现发展目标所需时间的缩短，这样的社交属于无效社交。

二、全球化的世界历史运动实质及内在动力

马克思主义创始人通过对世界贸易、世界市场、世界历史的论述，揭示了经济全球化的历史必然性。"马克思通过考察资本的形成史和扩张史所阐发的世界历史理论，揭示了资本克服自然崇拜、克服民族界限和民族偏见、以时间消灭空间的所向披靡的变革世界的巨大功能，历史性地展示了资本开拓世界历史、塑造现代世界的革命性力量，在资本及其概念史中绘制、刻画了民族历史向世界历史转化的宏大的世界历史景观。"[①] 世界历史形成于经济全球化的过程中，经济全球化本质上是世界历史运动。世界历史运动的不同阶段，经济全球化的驱动力有着不同的表现。国际治理既要顺应经济全球化动力变迁，也不可避免地受到世界政治经济格局的牵制。

（一）全球化的世界历史运动实质

马克思以其惊人的洞察力注意到"历史向世界历史的转变"。作为整个人类历史的世界历史，是在资本主义社会化大生产的基础上，各民族、各国家产生世界性的生产与消费联系，进入全面相互影响、相互制约、相互渗透，使世界民族各国家"一体化发展"的历史。马克思将生产力发展看作世界历史形成的内在的、根本的原因，认为世界历史是资本主义发展

---

① 刘敬东：《理性、自由与实践批判》，北京，北京师范大学出版社，2015年版，第269页。

到一定阶段的必然产物，世界市场是世界历史形成的重要标志，普遍交往是世界历史发展的基本特征。① 世界历史是交往扩大的结果，交往形式及其扩大，是生产力的保存和发展的条件。"只有当交往成为世界交往并且以大工业为基础的时候，只有当一切民族都卷入竞争斗争的时候，保持已创造出来的生产力才有了保障。"② 生产力发展是历史进步的根本动力，世界历史的形成是生产力发展的结果，也是人类社会生产力发展的重要标志。世界历史的形成使各民族各方面的相互交往和相互依赖代替了人类社会由来已久的各自闭关自守、自给自足的状态，人类的经济形式实现从自然经济向商品经济的过渡。资本主义是世界历史的起点，但不是终点，世界历史将终结于共产主义社会的自由人联合体。世界历史形成和发展过程中所奉行的国际规则，正是资本主义社会向共产主义社会过渡时期的大国意志的集中表现。

霸权主义内生于世界历史的形成之中，人类今天所见的世界历史运动就是霸权主义的实践运动。资本主义的初衷就是掠夺，资产阶级热衷于不断拓展产品销售市场和扩充原料的来源地的"开疆拓土"，以强制和霸权开启世界历史进程。"资产阶级使农村屈服于城市的统治……它使未开化和半开化的国家从属于文明的国家，使农民的民族从属于资产阶级的民族，使东方从属于西方。"③ 时至今日的世界史也是世界霸主的兴衰更替史，霸主习惯于为被霸权掠夺者指定行为方式，制定行动规则。新兴大国的崛起挑战守成大国，实乃新崛起的大国不满守成大国的盘剥，并希望利用国际规则来实现自己的利益诉求，修昔底德陷阱正是对这一过程的描述。规避修昔底德陷阱，必须摒弃霸权主义，以互利合作共赢而不是霸权主义主导世界历史运动。中国积极倡导国际民主，倡导在广泛的平等协商基础上寻求对民主的认识以及对民主实现方式的共识。习近平总书记构建人类命运共同体的思想就体现和适应了世界历史运动摆脱霸权主义主宰的现实需求。

---

① 李丹：《从马克思世界历史视角看中国的新型全球化理论与实践》，《科学社会主义》2017年第5期，第37—42页。
② 中共中央马克思恩格斯列宁斯大林著作编译局：《马克思恩格斯文集（第1卷）》，北京，人民出版社，2009年版，第560页。
③ 中共中央马克思恩格斯列宁斯大林著作编译局：《马克思恩格斯选集（第1卷）》，北京，人民出版社，2012年版，第405页。

（二）全球化的内在动力变迁联动国际规则国际秩序完善

作为一种不以人的意志为转移的发展趋势和客观进程，全球化有其内在的动力。习近平总书记指出："经济全球化是社会生产力发展的客观要求和科技进步的必然结果。"① 在不同发展阶段、不同的历史时期，社会生产力发展的主导因素不同，全球化的内在动力也就存在差异。社会分工、生产社会化是全球化发展的最初动力。社会分工和专业化是一个问题的两个方面，社会分工既促进生产效率改进，也推动产品交换、货物贸易的发展；社会分工、产品交换和货物贸易彼此关联，社会分工和货物贸易跨越国界的空间拓展，为全球化注入动力。随着社会分工、生产社会化的发展，逐利资本运动逐渐成为全球化的主要动力。逐利资本不断突破地理空间的限制寻求更有利的投资机会，以资本为纽带，把原本孤立发展的国家联结成为相互倚重的复合体。"如果说，马克思所看到的世界历史的形成是西方资本携着工业、科技和军事的优势在世界各地强力殖民和血腥扩张的结果，那么在1945年以来的当代世界，世界历史或全球化潮流总体发展趋势，则是越来越普遍地表现为世界贸易组织等国际经济体系通过国际惯例和国际规范的文明方式来进行的。以资本扩张与科学技术革命的一体化作为深刻根基和强大动力的信息化数字化时代，则是世界历史在进入21世纪的时刻所取得的重大成就②"。以信息技术为代表的新兴技术的快速发展不仅大大压缩了资本运动的时空阻隔，而且极大地改变了科技和经济结合的模式。先进行技术研发，再进行技术成果转化、技术成果的经济化开发的传统模式、传统经济，正被科学技术和经济融合发展的新模式、新经济所取代。"网络状态成为新经济的表征，随着互联网革命与万物互联，以大数据化、高度智能化、强融合化、移动化和泛在化，推动全球经济社会呈现更紧密的联系。"③ 主要依靠逐利资本驱动全球化的格局已加速向科学技术和逐利资本协同驱动全球化的格局转变。

历史发展有其内在的规律，自觉地或不自觉地适应和把握了这种规律，现实中就表现为顺应历史潮流、推动历史发展。经济全球化有其不以人的主观意志为转移的内在动力，全球化的先觉者、先行者在主导构建国

---

① 习近平：《共担时代责任 共促全球发展——在世界经济论坛2017年年会开幕式上的主旨演讲》，《人民日报》2017年1月18日。
② 刘敬东：《理性、自由与实践批判》，北京，北京师范大学出版社，2015年版，第331页。
③ 陈文玲：《不可遏制的经济全球化内在动力》，《中国智库经济观察（2017）》第158—163页。

际秩序和国际规则时,尽管夹带了自己的"私货",但因自觉不自觉地顺应和利用了全球化的内在动力,国际经济规则和国际经济秩序仍然成为推动全球化快速发展的制度安排。第二次世界大战后,美国凭借强大的经济实力、军事实力和政治影响力,获得了主导国际规则制定、国际秩序安排的话语权;尽管美国将实现全球霸权的"私货"夹带到国际规则制定、国际秩序安排中,但由于以美国为首的西方发达国家顺应和利用了逐利资本流动驱动全球化趋势,国际规则和国际秩序充分发挥了为全球化保驾护航的功能。当前不时泛起的逆全球化思潮和运动,一方面缘于受国际经济霸权盘剥的国家和人民的觉醒,对国际规则和国际秩序不合理性的深刻认识;另一方面缘于全球化动力的转变,科学技术特别是以信息技术、网络技术、人工智能为代表的新兴技术对全球化的驱动作用大为增强,过去在逐利资本驱动全球化条件下夹带霸权主张的国际规则和国际秩序已经不再能满足霸权者的霸权主张。

三、全球化进程中的社会时空转换

信息技术、互联网的发展,更加凸显了全球化过程中的社会时空转换特征。经济全球化作为经济发展动力,也更加明显地通过社会时空转换的方式显现出来。美国学者帕拉格·康纳认为:"以关税减让为主要特征的传统全球化,最多能推动世界经济增长 5%,而以互联互通为主要特征的新型全球化,将推动世界经济增长 10%~15%。"① 互联互通的本质是社会空间拓展。霸权是资本主义主导的世界历史形成的依据。在全球化进程中,霸权国家和广大发展中国家面临的社会时空转换的条件、社会时空转换的内容都存在显著的差异。

(一) 先发霸权国家的社会时空延展型发展

霸权表现为大国、强国凭借军事、经济、科技实力,控制他国政治经济发展,主宰国家事务为本国谋取巨大利益。近代以来,西班牙、葡萄牙、荷兰、英国、德国、俄国、日本、美国都企图夺取世界霸权。霸权思维奉行"你得我失"的零和博弈思维,发达的西方霸权国家在对外侵略扩张中主导全球化发展,对外侵略扩张成为其拓展社会空间的手段,成为其

---

① 〔美〕帕拉格·康纳:《超级版图:全球供应链、超级城市与新商业文明的崛起》,崔传刚、周大昕译,北京,中信出版社,2016年版,第153页。

快速发展的秘诀。霸权国家借推动世界历史形成和发展、主导经济全球化的机会，将实现霸权的诉求固化为国际规则和国际秩序，发达的西方霸权国家借助于经济全球化实现社会时空延展型发展。先发国家不仅直接用军事侵略、政治干预等野蛮的方式撬开广大发展中国家的大门，也用国际贸易、过剩资本输出、成熟技术转移等"文明"手段突破广大发展中国家的对外防线，扩大经济全球化潮流的声势和规模。

（二）后发国家的社会时空压缩型发展

后发国家不得不依据先发国家的规范性要求融入经济全球化。广大发展中国家在遵守国际规则、顺应国际秩序融入经济全球化的过程中，不得不以显性或隐性的方式接受霸权国家的盘剥。霸权国家拉广大发展中国家进入全球化的大潮，并非如其所宣称的推销民主，为了他国人民的解放，而是要稳定扩大其盘剥的对象和空间。广大发展中国家在融入全球化的过程中的确也实现了自身的发展，但这种发展往往是以牺牲经济主权、不断加深对国际市场的依赖、不得不长期接受掠夺和盘剥为代价，这事实上是社会时空压缩型发展。

（三）全球化进程中的社会空间结构变迁

国际格局是国际事务参与主体的实力在特定时空条件下达到的均衡。国际格局的变化总是伴随大国兴替，现实变现为世界中心的地理偏移以及"中心—外围"结构的变迁。"中心—外围"理论，是由阿根廷经济学家劳尔·普雷维什提出的一种理论模式，它将资本主义世界划分成两个部分：一个是生产结构同质性和多样化的"中心"；一个是生产结构异质性和专业化的"外围"。前者主要是由西方发达国家构成，后者则包括广大的发展中国家。"中心—外围"格局是优胜劣汰的市场竞争规律在世界经济地理空间维度的体现，本身就蕴含着明显的强权逻辑。突出强调"中心"和"外围"的"不平等性"以及对其的辩护，是普雷维什这一理论的主要方面，也是该理论的关键和最终落脚点。这一主要方面正成为美国所奉行的霸权主义的理论基础，美国奉行的霸权主义是以美国为首的国际垄断资本对世界经济进行渗透和控制的集中表现，美国的国际垄断资本在全球推进资本扩张，推行资本主义生产方式，并利用科技推行其霸权主义，不断强化和巩固自己在世界发展的中心和统治地位。

第二节 "探路"时期努力适应和融入全球化的理论意蕴

"探路"时期努力适应和融入全球化,是我国的民族史转变为世界史的动力和标志。顺应全球化的趋势,把握全球化发展的内在规律,才能主动参与和推动世界历史运动,避免被动接受世界历史运动安排的厄运。资本是全球化的重要驱动力,是形成世界历史的重要推手。货币转化为资本,无论在逻辑上还是在历史上,都是人类历史走向世界历史的转折点,资本运动必然引致全球化。"探路"时期,我国努力适应和融入全球化,正是因为顺应和释放了资本的肯定性功能,使经济社会取得了巨大的发展。

一、"探路"时期顺应和融入全球化的牵引机制

正视资本的逐利属性,释放资本的肯定性功能,努力化解资本运动的现实障碍,形成了"探路"时期顺应和融入全球化的牵引机制。中国特色社会主义道路探索时期,我们以开放促改革,以融入经济全球化、与国际接轨倒逼经济体制改革,适应了资本驱动经济全球化的趋势和要求。

(一) 资本的肯定性和否定性双重功能

资本具有肯定性和否定性的双重功能。资本的肯定性功能集中体现在它促进社会生产力发展、推动社会生产方式跃迁上,而资本的否定性功能集中体现在它导致绝大多数人被掠夺、危害和侵蚀人类社会生存和发展的条件上。资本家、资产阶级是资本的人格化代表,马克思主义创始人高度评价资产阶级推动生产力发展的历史功绩,认为"资产阶级在它的不到一百年的阶级统治中所创造的生产力,比过去一切世代创造的全部生产力还要多,还要大"[1],形象直观地阐释了资本驱动生产力发展的肯定性功能。资本运动带来社会生活的丰富、社会生产关系的发展,"资本是集体的产物,它只有通过社会许多成员的共同活动,而且归根到底只有通过社会全

---

[1] 中共中央马克思恩格斯列宁斯大林著作编译局:《马克思恩格斯文集(第2卷)》,北京,人民出版社,2009年版,第36页。

体成员的共同活动，才能运动起来。因此，资本不是一种个人力量，而是一种社会力量"①，资本运动使社会加速分化形成各领域，使社会成员个体分属于不同阶层。

资本的双重功能蕴含历史与现实的张力。马克思认为资本有历史和现实两个维度，其历史维度主要是强调资本促进生产方式跃迁、推动世界历史形成等肯定性功能，其现实维度既有对资本促进生产力发展的肯定性功能，更有对资本的批判、资本导致人的异化、资本对工人的剥夺等否定性功能。马克思在《1844年经济哲学手稿》《德意志意识形态》《共产党宣言》《1857—1858年经济学手稿》《纽约每日论坛报》等一系列前《资本论》的著作文本中和大量的政论、时评中阐释论述了历史维度的资本，即关于资本的生成史，关于资产阶级（资本）越出国界、开辟世界历史的"伟大的文明作用"。②从整个人类史、从中世纪向现代社会过渡的角度，马克思强调资本的诞生和自由工人的出现标志着人类历史的一个新时代。正是有资本的出现，人类社会才逐渐克服对自然的直接依赖，告别自然崇拜，摆脱自然经济对人的需要发展的束缚，以发展商品经济的方式刺激生产发展，拓展人的需要的空间以及社会生产关系的范围。马克思在《资本论》中阐释了他对资本的现实的理解，即资本运动推动社会生产力发展，以及资本与劳动对立意义上作为批判对象的否定性的资本概念。

（二）释放资本肯定性功能适应和融入全球化

近代中国被动加入全球化的痛苦经历留下的"资本阴影"对新中国认识和理解资本产生了深远的影响。近代中国是世界东方的历史悠久、文化源远流长、地大物博、人口众多的古国，沿袭千年的封建制生产关系和自然经济形式，使近代中国成为率先跨越工业化门槛的西方列强垂涎的"羔羊"。帝国主义列强用坚船利炮强行撬开中国的大门，野蛮地将近代中国拖入全球化的进程，淋漓尽致地展现了资本殖民扩张的贪婪和罪恶，不可避免地使资本在国人心中留下阴影。随后的一段时期内，对资本否定性功能的深刻揭露和批判，又进一步抑制了资本肯定性功能的发挥。

改革开放正视资本肯定性功能适应了经济全球化的要求。社会主义道

---

① 中共中央马克思恩格斯列宁斯大林著作编译局：《马克思恩格斯文集（第2卷）》，北京，人民出版社，2009年版，第46页。

② 刘敬东：《理性、自由与实践批判》，北京，北京师范大学出版社，2015年版，第493页。

路探索时期建立的计划经济体制,采用政治动员的方式配置资源,在一穷二白的基础上建立起独立完整的国民经济体系。在导致计划经济体制最后走向僵化的诸多原因中,把资本看作资本主义的"专利",把计划和市场看作区分资本主义和社会主义的依据和标准,而拒斥资本、排斥市场值得深刻总结和反思。新时期党用宽广的国际视野把握事物发展的本质和内在联系,及时发现时代之问、人民之问、世界之问,逐渐适应和融入了经济全球化的潮流。改革开放从突破计划经济排斥商品交易、排斥市场的思维束缚开始,经历了从最初的"计划经济为主、市场调节为辅",到"有计划的商品经济",再到建立社会主义市场经济体制,不断深化对市场的认识,不断优化资本发挥肯定性功能的环境和条件。从十一届三中全会到1992年党的十四大明确提出建立社会主义市场经济体制,我国在计划经济体制的框架下不断扩大市场作用的空间和范围,逐步放松对资本的管控,主要以加工贸易的方式承接国际产业转移,提高国民经济和世界经济的融合程度。经济市场化改革使我国步入承接国际产业转移的快速发展阶段,"1992至1995年,中国每年吸引的外资规模成倍增长;1996至2001年,中国实际利用的外商直接投资额一直维持在400至500亿美元的水平。此阶段中国承接的产业以资本和劳动密集型相结合的产业为主,承接国际产业转移的方式也日趋多样化。2001年11月,中国加入世界贸易组织,逐渐成为外商直接投资的重要首选地"①。国民经济与世界经济的融合程度进一步提升。改革开放新时期,以资本为纽带,国民经济和世界经济的往来日益深化;以逐利资本流动为动力,改革开放逐渐去除传统计划经济体制套在资本头上的枷锁,中国经济逐渐融入经济全球化的潮流。

二、"探路"时期融入全球化发展中确立和巩固基本经济制度

物质资料生产是社会存在和发展的基础和前提,劳动者与生产资料结合是从事物质资料生产的现实条件。生产资料所有制决定劳动者与生产资料的结合方式,进而决定物质产品的分配方式。基本经济制度是国家依据社会性质及基本国情,通过法律对社会经济秩序中生产资料归谁所有、社会财富如何分配等最基础、最核心的问题做出的明确规定。我国基本经济制度是马克思主义中国化的成果,是新中国让人民群众过上好日子的实践

---

① 陈霄、王正攀:《全球化与社会主义市场经济:历程、转型与展望》,《探索》2013年第3期,第86—90页。

经验总结。基本经济制度是科学体系,既有体现社会主义本质,体现经济建设不变的价值追求的制度规定,也有体现和顺应价值追求时代性特征的制度安排。改革开放新时期,我国逐步打破公有制一统天下、排斥非公有制经济发展的格局,逐步放松对非公有制经济发展的管控和约束,不断积累和深化对社会主义初级阶段的生产资料所有制的认识。党的十五大最终把我国基本经济制度明确规定为"公有制为主体,多种所有制经济共同发展"。党的十九届四中全会系统总结我国经济建设的经验,进一步丰富和完善了我国基本经济制度的具体规定,明确指出"公有制为主体、多种所有制经济共同发展,按劳分配为主体、多种分配方式并存,社会主义市场经济体制等社会主义基本经济制度,既体现了社会主义制度优越性,又同我国社会主义初级阶段社会生产力发展水平相适应,是党和人民的伟大创造"[1]。我国基本经济制度是在正视和释放资本的肯定性功能,不断提高国民经济与世界经济的融合程度的过程中最终得以确立并在实践中得以丰富完善的。释放和发挥混合所有制经济的融合功能,不仅成为巩固基本经济制度的途径和手段,而且成为资本驱动世界历史发展的重要方式。

（一）混合所有制经济的融合功能

混合所有制是相对于单一所有制而言,"是由两种或两种以上的原生所有制结合而成的次生所有制,也可以说是由基本的所有制合成的一种所有制"[2]。次生的混合所有制在经济社会发展中的作用既取决于参与结合的原生所有制的发展,更取决于占社会主导地位的原生所有制给予其的发展空间。原生所有制具有鲜明的、排他的阶级属性,混合所有制经济发展战略直接体现占社会主导地位的原生所有制的发展自信及发展胆识。生产资料公有制是我国占主导地位的原生所有制,大胆发展混合所有制经济,推动不同类型的经济成分、经济权利和经济自由、经济公平和经济效率的融合,既是增强我国经济实力的重要途径,也是我国公有制经济发展质量及发展自信的重要体现。

1. 融合不同类型经济成分的发展

混合所有制经济是凝聚公有制经济和非公有制经济发展共识的媒介和

---

[1] 《党的十九届四中全会〈决定〉学习辅导百问》,北京,学习出版社,2019年版,第14页。

[2] 晓亮:《论混合所有制》,《企业活力》1998年第3期,第4页。

载体，它借助于不同所有者的生产资料的物的融合，实现生产资料所有者人的价值理念、发展目标、发展过程及发展结果的融合。"按照马克思主义经典理论，公有制是指在一个联合体范围内，生产资料归进行联合劳动的劳动者共同、平等地占有，并在生产过程中实现了劳动者和生产资料的直接结合，因而劳动成果也归劳动者共同占有的一种经济关系。公有制的本质特征，在于联合起来的劳动者共同地、平等地占有生产资料，它排除了利用生产资料占有的不平等而占有他人劳动的可能性，因而实现了等量劳动获得等量报酬的基本原则。"① 发展非公有制经济，就不可能避免生产资料所有者凭借其占有的生产资料控制劳动者和生产资料的结合、控制产品分配、占有劳动者的劳动的现象发生。

原生的公有制经济体和非公有制经济体之间的正常经济往来必然会受到阶级意识的干扰。我国企业在国际市场的资本重组、资产运作屡屡遭受莫名其妙的政治审查就是阶级意识干扰经济运行最为直观的例证。混合所有制只是为某种社会基本的、原生的所有制服务的一种所有制形态，用经济回报作为不同原生所有制经济主体经济交往的纽带，凝聚其发展共识，弥合、化解其分歧，从而实现带有根本的阶级冲突、利益冲突的生产资料原生所有制融合发展。"混合所有制的发展，直接推动公有制因素的增长，以及各种类型的私有制与社会主义公有制深度融合……混合所有制的开放性和多元性消除了社会主义与私有制二元对立的教条观念，实现了认识上的突破与创新。"② 混合所有制经济有助于在具有不同阶级意识的经济主体之间凝聚共识，有效排除阶级意识对经济活动、经济发展的干扰，具有明显的兼容性，因此，发展混合所有制经济是增强经济系统多样性、促进社会和谐的重要手段。

2. 融合对经济权利和经济自由的追求

混合所有制经济是化解生产资料的不同原生所有制之间存在的经济权利和经济自由对立与分割、实现经济权利和经济自由融合的重要载体。生产资料所有制之所以是生产关系中最为重要、最为关键的内容，就在于生产资料所有者凭借生产资料所有权，一是可以掌控生产资料和劳动者的结

---

① 孙宗伟：《准确理解"使混合所有制经济成为基本经济制度的重要实现形式"》，《思想理论教育导刊》2014年第8期，第68—71页。

② 贾华强：《马克思主义经典理论错了吗？——从混合所有制经济看社会主义的未来》，《学术前沿》2014年第3期（下），第6—13页。

合，进而掌控劳动者的劳动甚至是劳动者的人身自由；二是凭借生产资料所有权掌握社会财富分配的主动权，只要生产资料所有者和劳动者没有实现身份的统一，劳动者不是利用自己的生产资料展开劳动，生产资料所有者对劳动者事实上的剥削就客观存在。混合所有制经济为企业劳动者购买企业股份、实现劳动者和生产资料所有者的社会角色与身份的统一，为个体私人股份与其他类型的股份融合发展创造了条件，这有助于促进劳动者劳动权利和生产资料物的占有、支配及使用权利的融合。赋予企业员工持股的自由，也就赋予了民众个体直接凭借生产资料所有权参与社会财富分配的权利，赋予民众个体以其个人行为捍卫公有制、实现劳动者个体发展能力及发展水平提升的权利。发展混合所有制，必然需要赋予非公有成分参股、进入由公有经济、国有企业垄断领域的权利，拓展其自由的范围。不同类型的所有制混合，必然为生产资料和劳动者结合提供多样化的方式选择；生产资料和劳动者多样化结合的背后是生产资料所有者经济决策权和劳动者就业权利、劳动自由实现多渠道、多方式的融合。

混合所有制有助于化解独立经济成分之间进行市场交换的交易成本，为生产资料的不同占有主体实现投资和收益的融合创造条件。独立的公有制经济成分与独立的非公有制经济成分进行市场交换，由于市场交易的不确定性、交易的频率及资产专用性的影响，交易费用难以避免；混合所有制经济将公有经济成分和非公有经济成分之间的交易内部化，减少交易摩擦，降低交易费用，提高资产运行效率。[①] 战略性支柱产业、先导产业等关系国民经济命脉的产业投资一方面充满风险，另一方面具有重大盈利前景；仅仅靠公有资本、国有资本推动这些产业的发展，不仅会导致投资不足，而且还会导致投资效益低下。混合所有制经济拓展了这些产业、发展领域的投资来源，不仅有助于分散投资风险，壮大投资规模，而且有助于提高投资效益。现在给予民营企业冒险的自由和机会、战略投资的自由和机会，也就给予了民营经济未来分享高利润产业、高回报领域发展成果的权利。混合所有制经济促进生产资料的不同占有主体实现投资和收益的融合，是增强国有经济实力、控制力和影响力的重要途径，有助于公有制经济夯实其为实现共同富裕奠定物质基础的功能。

---

① 何自力：《混合所有制经济：性质、目的与根本方向》，《学术前沿》2014 年第 5 期（上），第 62—68 页。

3. 融合对经济效率和经济公平的追求

经济效率和经济公平紧密关联，效率是为了公平，公平需要效率，有效率才有公平的基础，有公平才有效率的意义。① 公平是制度、体制的表现，是权利关系，不同制度、体制下都有特定的公平标准，而效率是经营管理层面的问题，制度、体制层面的公平是经营管理层面的效率问题的前提。② 混合所有制不是一种独立的所有制形式，社会的基本经济制度最终决定混合所有制的社会属性。在我国，生产资料公有制保障全体社会成员都能够凭借生产资料所有者的身份参与社会财富分配，奠定实现共同富裕的物质基础，公有制经济发展注重对经济公平的追求。非公有制经济发展注重追求经济效率，多种所有制经济共同发展，重在利用非公有制经济追求经济效率的特性，促进社会生产力发展，夯实提高共同富裕水平的物质基础。混合所有制经济在宏观层面体现制度层面的公平标准与经营管理层面的效率要求相融合的特性，在微观层面把经济效率与经济公平融合的要求内化到企业生产经营管理的全过程、各领域、各方面；混合所有制经济在促进多种所有制经济互动、融合发展的过程中增强公有制经济保障民生改善、促进人的全面发展的能力。③

（二）我国混合所有制经济的发展历程

混合所有制经济是我国经济发展市场化改革的产物，混合所有制经济发展的探索历程，既是资源配置方式不断改进和完善的过程，又是混合所有制经济融合功能不断得以体现的过程。从融合功能发挥看，混合所有制经济在我国经济发展市场化改革之后先后经历了孕育和探索发展两个阶段，在全面深化改革新时代步入快速健康发展阶段。

1. 混合所有制经济发展的孕育时期

从1992年党的十四大召开到1997年党的十五大召开是混合所有制经济发展的孕育时期。1992年党的十四大明确我国经济体制改革的市场化取向，提出以公有制（包括全民所有制和集体所有制）为主体，个体经济、私营经济和外资经济为补充，多种经济成分长期共同发展的所有制结

---

① 胡培兆：《公平与效率可以互促并进》，《人民日报》2007年4月28日。
② 刘永佶：《政治经济学方法论教程》，北京，中国社会科学出版社，2012年版，第191页。
③ 杜黎明、孙晓雅：《以混合所有制经济巩固我国基本经济制度》，《经济纵横》2015年第9期，第50—53页。

构是社会主义市场经济的基础,鼓励不同性质的经济成分之间自愿实行多种形式的联合经营。在我国社会主义市场经济改革目标确立之初,并没有明确提出混合所有制经济的概念,但从发挥市场在资源配置中的作用出发,把联合经营作为促进资源优化配置的手段,突破公有制经济和非公有制经济泾渭分明的界限,开创了不同所有制之间以资本联合、资产联合的方式孕育混合所有制经济的先河。尽管如此,社会对非公有制经济的发展仍然心存疑虑,混合所有制经济的融合功能也仅仅是在极其有限的范围内发挥作用。由此观之,我国社会主义市场经济体制的探索完善过程,同时也就是不断积累对混合所有制经济发展的认识的过程。探索发挥混合所有制经济融合功能的途径和方式,需要在坚定中国特色社会主义道路自信、制度自信的基础上,以中华民族伟大复兴的总体目标为指引,及时总结混合所有制经济发展的历史经验,反思其面临的现实难题,不断深化对混合所有制经济发展的认识。

2. 混合所有制经济发展的探索时期

从1997年党的十五大召开到2013年党的十八届三中全会召开是混合所有制经济的探索发展阶段。1997年党的十五大把"公有制为主体、多种所有制经济共同发展"作为社会主义初级阶段的基本经济制度,指出公有制的实现形式可以而且应当多样化,要努力寻找能够极大促进生产力发展的公有制实现形式;同时还指出股份制是资本主义和社会主义都可以运用的现代企业资本组织形式,要把企业股份制改造作为促进资源优化配置的手段,明确了不同所有制企业以股份制的形式共同出资发展混合所有制经济的法律地位。国家和集体控股具有明显的公有性,是扩大公有资本的支配范围、增强公有制的主体作用的重要手段。在经济发展实践中,赋予股份制的化解国企解困资金瓶颈的功能被过度强化,这也局限了对混合所有制经济的认识。把发展混合所有制经济看成我国经济体制改革、国企改革不得已而为之的策略,严重影响发展混合所有制经济的积极性和主动性,也制约了对混合所有制经济发展规律的探索。新时代推进混合所有制经济发展,需要克服把股份制仅仅当作单纯的融资工具、当成企业资本经营手段的思维局限,从全面发挥混合所有制经济融合功能的角度,完善企业股份融合的方案。

1999年党的十五届四中全会着力激发发展混合所有制的积极性和主动性,明确提出积极探索公有制的多种有效实现形式,股份制和混合所有制经济是有效实现公有制的形式,重要的混合所有制企业由国家控股。

2002年党的十六大着力拓展混合所有制经济的发展领域和发展空间，明确提出，除极少数必须由国家独资经营的企业外，积极推行股份制，发展混合所有制经济。2003年十六届三中全会把混合所有制经济发展的地位提升到公有制主要实现形式的高度，要求大力发展国有资本、集体资本和非公有资本等参股的混合所有制经济，实现投资主体多元化。虽然混合所有制经济的发展受到越来越广泛的重视，其融合功能也得以越来越充分地发挥，但混合所有制经济发展主要还是作为增强公有制经济功能的途径，对非公有制经济利用混合所有制经济这一工具实现快速发展并未给予足够的重视，混合所有制经济的融合功能的发挥也主要是依靠公有制经济单方面的努力。新时代推进混合所有制经济发展，需要特别注意调动非公有制经济利用混合所有制经济这一发展工具的主动性和积极性，体制机制改革要着力为非公有制经济主动参与混合所有制经济发展创造良好的条件。

3. 混合所有制经济健康发展时期

2013年党的十八届三中全会开创了混合所有制经济快速健康发展的新阶段。十八届三中全会审议通过的《中共中央关于全面深化改革若干重大问题的决定》指出，混合所有制经济是基本经济制度的重要实现形式；强调混合所有制经济不仅是公有制的实现形式，而且是非公有制经济的实现形式，是在把混合所有制经济作为公有制实现形式的基础上的重大突破。发展混合所有制经济，既是要让国有资本放大功能、保值增值、提高竞争力，更是要让各种所有制资本取长补短、相互促进、共同发展。十八届三中全会要求，全面深化改革，必须以经济建设为中心，发挥经济体制改革的牵引作用。经济基础决定上层建筑，因此，坚持和完善基本经济制度，是全面深化改革的基础和前提；积极发展混合所有制经济是坚持和完善基本经济制度的重要内容；全面深化改革，就是要为混合所有制经济发展创造良好的体制机制环境。十八届三中全会明确提出"三个允许"，国家允许更多地发展混合所有制经济，允许非国有资本参股国有资本投资项目，允许混合所有制经济实行企业员工持股。这既有助于解决国有经济做大做强所面临的企业竞争力不足问题，也有助于解决民营经济发展面临的发展空间及发展领域拓展受阻的问题，还有助于解决资本所有者和劳动者的分离、民众增收面临的渠道单一的问题。

混合所有制经济发展孕育、催生了三大平台，"一是多种经济成分共同发展的微观体制平台，二是真正发挥市场配置资源决定性作用的体制平台,三是推进资本化经营、整合资本资源、释放资本能量的体制平台"①。这三大平台在全面深化改革的过程中不断加以完善,转而又为混合所有制经济更好地发挥其融合功能、动员激发全社会的经济发展活力提供了重要保障。无论是公有制经济还是非公有制经济,无论是国有企业还是民营企业,都可以借助混合所有制经济这一工具实现快速健康发展,这既从总体上充实了国家改善民生的经济投入能力,也为民众就业、追求职业发展和人生发展搭建了广阔的平台。民众个体收入增加,是其改善发展条件、提高发展水平的重要基础和直观表现,因此,促进混合所有制经济的健康发展,也是不断改善民生的现实需求。

(三)发挥混合所有制经济融合功能的方式

公有制企业和非公有制企业交叉持股,是发展混合所有制经济的典型途径。混合所有制经济发展的核心和关键集中表现在三个方面:一是国家通过公有制经济发展牢牢掌握经济主权、国民经济发展的主动权,二是不同所有制经济能够彼此协调、相互促进、共同发展,三是不断增强公有制经济对经济社会发展、对人的全面发展的支撑和保障能力。从全面激发公有制经济和非公有制经济的主动性和积极性、体现混合所有制经济发展核心和关键、实现不同经济成分互动融合发展的角度,通过股份制实现不同所有制资本混合、不同所有制企业战略混合、对承载国家战略目标的非公有制企业进行经营扶助等,都是促进混合所有制经济发展、促进混合所有制经济融合功能发挥的重要方式。

1. 资本混合

国有资本、集体资本、非公有资本交叉持股、相互融合,以资本为纽带,采用股份制的形式实现不同所有制的企业联合与共同发展,是严格意义的混合所有制经济发展。资本混合是源自不同所有制的投资者借助金融平台和金融工具,采用股份制的方式,共同掌控混合所有制企业资本品的价值运动,共同分配企业资本品的价值增值。在不危及经济主权的领域,公有经济不追求对混合所有制企业控股权的掌握,公有资本和非公有资本融合看重的是非公有制经济发展对存量国有资本的提升,及其对国民经济发展效率的刺激和改进,混合所有制经济发展要致力于实现公有资本增殖

---

① 谢鲁江:《混合所有制经济:三重意义上的体制平台》,《学术前沿》2014年第3期,第49—55页。

最大化。对关系经济主权的领域，公有制经济必须掌握混合所有制企业控股权，并借助于控股权掌控混合所有制企业资本品使用价值运动。公有资本和非公有资本融合看重的是非公有资本在促进混合所有制企业加强生产经营管理、拓展产品市场、促进企业资本价值增值方面的功能，混合所有制经济发展要致力于提高国家对关键性、战略性核心资源的实际掌控能力。

资本混合具有内在的融合不同类型经济成分发展的功能，新时代推进资本混合的重点是如何充分发挥混合所有制经济的战略融合和经营扶助功能，使资本融合不再是单纯的融资手段、资本经营手段。更好地发挥对追求经济权利和经济自由、经济效率和经济公平的融合功能，首先要剥离公有制经济，特别是大中型国有企业及其经营管理者事实上享有的政治权利和经济特权，除了极少数关系国家经济、军事安全的领域外，国有企业同其他企业享受相同的市场权利、履行相同的市场义务，避免政治特权、政府行政强制权渗透进入资本混合进程。其次，加快推进企业收入分配制度，特别是上市公司股份分红制度改革，切实保障中小投资者投资获利的权利，企业劳动者购买、持有企业股份并据此直接参与企业收入分配的权利，挤压资本市场的投机泡沫，充分发挥资本市场的资源优化配置功能，拓展资本融合的广度。第三，加快推进行政性垄断、政策性垄断以及烟草、盐业等政府特许经营领域的改革，梳理并明确这些领域企业承担的社会责任，规范企业履行社会责任的行为，在确保企业履行其特殊社会责任的前提下，破除行业的资本进入壁垒，为追求效率的非公有资本进入以推动资本混合创造条件，使这些行业的公有经济成分在切实履行社会责任、保障社会公平的前提下更多、更好地分享资本混合带来的资本经营收益和资本增殖效益。

2. 战略融合

企业之间除了以资本为纽带实现融合发展，还可以通过企业发展战略融合而实现融合发展。以战略融合促进公有制企业和非公有制企业融合发展，同样是促进混合所有制经济发展、增强混合所有制经济融合功能的重要途径。企业战略混合一是可以采用战略信息共享的方式，使不同企业都能及时捕捉、利用最新信息实现共同发展。二是可以采用战略资源共用、企业生产经营流程共建的方式，降低单个企业实现战略目标的投入规模，并在共用战略资源的过程中加强沟通、交流和合作。三是可以采用企业目标融合的方式，使不同企业分散的小目标汇聚成为企业群体的大目标，企业在衔接、对接目标的过程中实现融合发展。四是可以采用企业文化共建的方式，使不同企业信奉相同、相似的文化理念，以共同的文化诉求、文化价值取向引导企业融合发展。

以战略融合发挥混合所有制经济的融合功能，要求制定实施国家战略的相关机构和部门、承载国家战略的公有制企业建立健全战略信息发布制度，规范战略信息、国家战略的发布流程，使非公有制企业能够便捷地获取国家战略信息，并依据国家战略信息修正企业发展战略。公有制经济和非公有制经济实现战略融合，一是可以采用战略目标对接的方式，非公有制企业承担国家战略目标的分目标、子目标，国家因此以政策资源扶持、允许非公有制企业进入国有资本控制的特定行业和领域等途径，让非公有制企业成为国家战略的承担者。二是采用政府购买的方式，政府依据规范的程序，定向采购非公有制企业的特定产品，一方面以政府购买为纽带引导、促进非公有制经济发展，另一方面使政府间接掌控非公有制企业的发展。三是采用人事交流的方式，国家面向非公有制企业所有者、经营管理者招录国家机关干部，在为其提供实现人生价值、人生抱负的平台过程中，推进战略融合。

3. 经营扶助

政府、公有制企业尽管不持有非公有制企业的股份，但仍可以采用应非公有制企业的现实所需的方式，给予其生产经营扶助，在与非公有制企业建立紧密的生产经营联系的过程中促进公有制经济和非公有制经济融合发展。发挥经营扶助的融合功能的关键，一是扶助对象和扶助条件选择，既要避免扶助干扰市场正常运行，又要防止企业养成对扶助的依赖，对扶助形成不合理的预期；二是扶助方式和扶助流程规范，避免扶助异化为权钱交易、利益输送，成为腐败的温床；三是扶助的回报方式设计。

非公有制企业，特别是中小民营企业、个体私营企业的发展往往受信息、技术、资金获取的制约。地方政府、处于行业领军地位的公有制企业可以搭建专门的信息收集与发布平台、技术转让及交易平台、技术研发平台，扶助非公有制企业跨越信息及技术鸿沟。当前，一些民营企业，特别是民营军工企业、民营高新技术企业在积极承载国家战略、推进技术创新的过程中遭遇资金瓶颈制约，政府、资本雄厚的国有企业以购买企业优先股票、企业债券的形式对这类企业给予经营扶持，承诺不向企业派驻管理人员、不干预企业生产经营、不改变企业股权结构，只是在企业克服瓶颈制约之后，以较低的固定比例分享企业利润，同样有助于促进公有制经济和非公有制经济融合发展。

不同所有制、不同经济成分融合发展，是社会和谐的重要保障。混合所有制经济融合功能的全面发挥，是国家治理现代化水平提升的重要标志，必然是在全面深化改革、更好地发挥政府作用以便充分发挥市场在资源配置中的决定性作用的过程中得以实现。①

三、"探路"时期融入全球化发展中建构经济安全屏障

资本驱动经济全球化的本质是逐利。融入经济全球化，在拓展资源优化配置的空间同时，也增加了经济发展的风险。发端于美国次贷危机的国际金融危机，拉美国家在融入经济全球化的过程中，实施"华盛顿共识"却跌入"拉美陷阱"的事实，无不引发对资本驱动经济全球化的反思。我国在融入经济全球化的过程中始终保持了经济的高速发展，最根本的原因在于始终坚持党的领导，坚持独立自主地探索中国特色社会主义道路，坚持广泛借鉴但绝不盲从外来经验，着力建构经济发展的安全屏障，这给世界历史创造留下深刻的启示。

（一）防范资本运动引发生产力发展和经济发展的过度背离

资本驱动经济全球化，先后经历了商业资本驱动、产业资本驱动和金融资本驱动三个阶段。过度的金融创新是2008年国际金融危机的最重要的成因。国际金融危机带来的发展创伤，促使人们深刻反思金融资本运动所引发的产业空心化、所导致的实体经济和虚拟经济发展、经济发展和生产力发展的过度背离，以及金融资本驱动全球化的深刻反思。

在市场经济条件下，物质财富以商品的形式存在，生产力发展以物质财富创造为中心，而经济发展以货币财富创造为中心。生产力发展是经济发展的物质支撑，经济发展的范围大于生产力发展。生产力发展和经济发展的适度背离，有助于推动生产力和经济发展，二者的过度背离，会危及生产力安全发展。经济发展和生产力发展的背离，主要源于以下三个方面。②

首先，商品使用价值运动和价值运动受时空影响的差异，导致生产力

---

① 杜黎明、孙晓雅：《以混合所有制经济巩固我国基本经济制度》，《经济纵横》2015年第9期，第50—53页。

② 杜黎明：《论新发展理念对马克思主义生产力理论的创新》，《中南民族大学学报（人文社会科学版）》2018年第2期，第6—9页。

发展和经济发展的背离。商品使用价值运动以商品的流通、消费为载体，受时空的影响较大，而商品价值运动以货币金融体系为载体，受时空的影响较小。信用的引入，更使得价值运动在一定范围内超越使用价值运动而实现自我膨胀，进而致使经济发展得以背离和超越生产力发展。在经济全球化背景下，世界分工体系不断发展，先发国家凭借其发达的货币金融体系，借助在其主导下制定的充分体现、固化其利益的世界经济运行规则，利用价值运动对使用价值运动的超越，实现对后发国家创造的物质财富的掠夺，这也凸显和加剧了经济发展和生产力发展的背离。

其次，服务业发展滋生生产力发展和经济发展的背离，服务产品过度生产、过度供给，会对生产力安全发展带来威胁。服务产品可以分为两类，第一类是服务本身具有直接满足人生产和生活需要的使用价值，这类服务的使用价值的生产和使用价值消费同时发生，这类服务产品是生产力系统运行、生产力发展的结果。第二类是不具有直接服务生产和生活的使用价值，由服务活动的关联延伸而引致的服务——比如会计核算、炒买炒卖中介服务、背离实业发展的金融创新等——这类服务离现实的生产活动、消费活动越远，其诱发的生产力发展和经济发展的背离就越明显和剧烈。在一定的范围内，这类服务的发展是生产力发展的现实需要，但若服务业过度背离生产、生活需要，成为服务行业、服务业者的自娱自乐，其最终会成为不为社会所需的服务。人的欲望是无限的，再加上使用价值是客观的，但对使用价值的评价带有主观性，这对判断服务是否为社会所需变得异常困难。从理论上讲，一项服务被取消后，对生产、生活并无影响，这项服务就是多余服务。

第三，人的发展诉求的增长加剧生产力发展和经济发展的背离。人的需求扩张经历从物质需求向精神需求延伸，从物质产品需求向服务需求延伸；围绕满足人的精神需求、服务需求而开展的活动属于经济发展的范畴，但不属于生产力发展的范畴。人的全面发展水平的提升必然要求人不断增长的物质需求和精神需求、服务需求得以满足，因此，促进人全面发展也必然刺激经济发展背离生产力发展。另一方面，人的发展水平的提升，使"人－物"结合的生产力系统中人的因素不断得以改善，又为生产力发展注入持续的动力。如何在促进人全面发展的过程中把生产力发展和经济发展背离控制在一个合理的范围，是我们必须努力求解的难题。

金融资本仍然是全球化发展的重要动力，是世界历史发展的推手。全面深刻地认识金融资本的作用，着力防范和化解金融风险，调节和保持实体经济与虚拟经济之间、经济发展和生产力发展之间的张力,是融入全球化、推动世界历史发展的现实要求。

(二)锻造融入全球化发展的核心能力

经济全球化是一把双刃剑,主动融入经济全球化并非一定就是发后国家追求发展的灵丹妙药。只有适应全球化动力转换,锻造融入全球化的核心能力,方能把握世界历史发展的主动权。在先进行技术开发,然后再推动技术成果转化、技术的经济化开发的传统发展模式中,资本不仅借助研发投入控制技术开发,而且借助技术成果转化控制技术运用,成为"万能的统治者"。互联网、人工智能等新型技术的迅猛发展与广泛运用,科学技术与经济社会日益呈现融合发展的态势,这也势必引发全球化驱动方式的变化。

锻造融入全球化发展的核心能力必须仔细审视西方自由主义经济学的教条。依据西方自由主义经济学教条,在市场机制作用下,拓展资源优化配置空间的努力自然会形成经济全球化的结果。以市场换技术,是符合资源优化配置要求的理性选择。科学技术是第一生产力,资本控制科学技术,也就控制了生产力发展。经济全球化发展的实践也已经证明,经济全球化不等于关键核心技术的全球化,以市场换技术只能换回成熟的技术,甚至是即将淘汰的技术,绝不可能是能代表先进生产力的关键核心技术。如果说以市场换技术作为理性经济人个体的行为选择,作为主权国家在科学技术水平全面落后于世界先进水平的条件下为实现经济在短时间起飞发展而采用的战略,还有其现实的合理性的话,主权国家要想把握世界历史发展的主动权,绝不能以市场换技术的方式实现长期持续健康发展。"造不如买,买不如租"在实践逻辑上的缺陷在于其过度看重及时短期利益,牺牲长期利益,自动放弃生产激发和推动科学技术发展的经济红利。在经济全球化的过程中,特别是在霸权思维还严重冲击经济全球化、科学技术日益成为竞争制胜的核心和关键的条件下,不能指望通过市场购买获取关键核心技术,2018年"中兴遭美封杀"事件就是明证。

锻造融入全球化发展的核心能力必须辩证看待制度和技术的关系。"探路"时期主动融入全球化,以与国际接轨倒逼体制机制改革,以制度创新释放经济发展的动力的事实,并不能作为"制度重于技术"的事实论据。"互联网+新制度安排"的实践表明,缺乏技术支持的制度创新成果往往难以真正得以落实;没有合理的制度安排,科技创新成果转化与运用也会步履艰难。虽然不能笼统地论断制度与技术谁更重要，但在特定时空条件下确实存在制度创新与技术创新谁更紧迫的现实问题。"制度重于技术"仅仅是特定条件下制度创新比技术创新更紧迫的具体结论，不是论断制度和技术一般的、普遍关系的抽象结论。洋务运动和辛亥革命，为理解制度创新和技术创新的关系提供了深刻的历史启示。洋务运动坚持"中学为体，西学为用"，它的失败宣告，在封建主义制度框架内不触及封建统治的变法图强行不通。这表明，只有制度和科技有效结合，才能焕发推动社会进步的动力。资本主义制度相较于封建制度的历史进步性不容置疑，辛亥革命的失败，宣告简单沿袭、套用资产阶级制度也行不通。从而表明，先进的制度文明，只有和本国实际紧密结合，才能发挥历史进步作用。

第三节　全面深化改革新时代积极引领全球化的理论意蕴

改革开放新时期，我们主要是积极融入经济全球化，主动参与世界历史发展，以同国际接轨倒逼体制机制改革。全面深化改革新时代，一方面，我们对经济全球化发展的规律已有较为深刻的认识，熟悉并运用既有国际规则和秩序促进开放经济高质量发展；另一方面，逆全球化潮流沉渣泛起，经济技术发展提出改革和完善国际规则和秩序的要求，世界历史运动呼唤全球化持续健康发展的引领者。无论是从经济技术综合实力，还是国际影响力，新时代的中国都有条件有能力积极引领全球化持续健康发展。

一、积极引领全球化中遏制资本的否定性功能

逐利资本运动导致两极分化，导致对自然资源的掠夺，是资本的否定性功能的重要表现。新时代积极引领全球化，既要在遏制资本否定性功能上取得显著成绩，也要在遏制资本否定性功能的一般方法和原则探索上取得突破，还要努力使这些方法和原则在有效传播、广为认同中得以广泛实施。

（一）遏制资本对财富占有的极化功能

资本对财富占有的极化功能内嵌于市场机制中。市场竞争机制运行，既对资本所有者进行优胜劣汰的筛选，引发资本集中，在资本所有者内部形成资本占有的"两极分化"格局；也对劳动者进行优胜劣汰的筛选，迫使劳动者接受资本提出的严苛条件，形成资本所有者和劳动者在权利主张、诉求表达上的"两极分化"格局。资本所有者凭借资本所有权参与社会财富分配，攫取劳动者创造的剩余价值；劳动者凭借劳动力商品使用权转让参与社会财富分配，借助劳动力商品价值实现获取生活资料，形成资本所有者和劳动者在社会财富占有上的两极分化。生产资料公有制赋予人民群众劳动者和资本所有者双重身份，坚持生产资料公有制为主体，普通群众既能通过劳动力商品使用权转让参与社会财富分配，也能凭借生产资料所有权参与社会财富分配。国有企业生产经营、公有制经济发展面临困难，是必须全面深化改革的理由，而不是私有化、动摇基本经济制度的借口。坚持和巩固生产资料公有制为主体、多种所有制经济共同发展，按劳分配为主体、多种分配方式并存，社会主义市场经济体制等社会主义基本经济制度，是遏制资本对财富占有的极化功能最根本的制度安排。

坚持平等互利合作，秉承正确的义利观，是世界历史发展中遏制资本对财富占有的极化功能的重要途径。国际秩序和规则缺乏公平正义，成为先发的霸权国家主张和实施霸权的工具，加剧了世界历史发展中的资本极化效应。在经济全球化中，先发的霸权国家往往借助资本输出主张霸权，国际经济合作往往附加了许多政治条件。后发国家在国际经济合作中不仅要接受资本的正常剥削，还要接受附加条件的超常掠夺。在世界历史发展中遏制资本对财富占有的极化功能，既需要在国际政治经济生活中倡导民主，在广泛交流、平等协商的基础上开展互利合作；更需要在合作利益分配中秉承义利观，坚持弱者优先，以强者让利的方式遏制资本的极化功能。

（二）遏制资本对自然资源的掠夺和滥用

资本运动内嵌掠夺和滥用自然资源的动机。无论是追求利润最大化、成本最小化的资本逐利运动，还是资本积累驱动资本扩大再生产，资本总是力图尽可能廉价，甚至无偿地占有和使用本应属于整个社会、属于人类的自然资源，把自然当成"免费的公地"，当作容纳资本运动遗留物的

"垃圾场"。资本对自然资源的掠夺和滥用一旦超过了自然的自我修复能力,生态平衡必然被打破,资本运动陷入生态危机也就在所难免。资本扩张使民族史变为世界史,使资本实现对全球自然资源的掠夺和占有,特别是对落后国家和地区自然资源的掠夺和占有,同时还把环境污染转嫁给这些国家和地区。资本无限制的侵略扩张必然导致全球性的生态危机。生态学马克思主义深刻揭示了资本主义制度默许和纵容资本掠夺和占用自然资源,结果使世界历史发展成为生态危机蔓延推手的制度性根源,呼吁世界历史进程中加强对资本运动的约束、规范和管控,赢得人类社会的未来。

推动绿色发展为新时代积极引领全球化创造条件。资本对自然资源的掠夺和滥用已经引发了广泛的关注,经济全球化、世界历史发展迫切需要推动绿色发展、有效遏制资本对自然资源的掠夺和滥用的国家来引领。中国是世界上最早接受绿色发展理念的国家之一,是当今世界上绿色发展成效最显著、生态文明建设制度安排最完善的国家之一。中国的植树造林、荒漠化防治为世界树立了典范;21世纪以来的资源节约型环境友好型社会建设,新时代全力打好污染防治攻坚战取得的重大成就,不仅让世界看到绿色发展的希望,更为世界贡献了绿色发展的中国经验。2019年初,美国国家航空航天局发布的一项研究结果引起热议:全球从2000年到2017年新增的绿化面积中,约1/4来自中国,中国贡献比例居全球首位。[①]"坚持新发展理念"是中国特色社会主义新时代基本方略的重要内容,中国在新时代的发展必然呈现出创新发展、协调发展、开放发展、共享发展支撑和拱卫绿色发展的特征,资源节约、环境友好必然成为资本运动的内在约束。中国推动绿色发展的卓越成就奠定引领世界绿色发展的物质基础,新时代推动绿色发展的战略安排和顶层设计,为世界各国遏制资本对自然资源的掠夺和滥用提供了借鉴的范例,新时代的中国引领全球化,顺应了世界历史发展的绿色诉求。

构建人类命运共同体为遏制资本否定性功能提供了方向指引和行为遵循。习近平总书记倡导构建的人类命运共同体描绘了一个持久和平、普遍安全、共同繁荣、开放包容、清洁美丽的世界愿景。构建人类命运共同体,强调要建立平等相待、互商互谅的伙伴关系,营造公道正义、共建共享的安全格局,谋求开放创新、包容互惠的发展前景,促进和而不同、兼

[①] 朱秋:《习近平建设清洁美丽世界思想研究》,《上海经济研究》2019年第9期,第17—26页。

收并蓄的文明交流，构筑尊崇自然、绿色发展的生态体系。① 人类命运共同体的美好愿景，勾画了人类的未来，点亮了人类的希望。把构建人类命运共同体作为资本运动的规范和约束，资本的否定性功能也就能够得到有效的克服。

二、全球化和世界历史发展需要新的信心和动力

工业革命以来，资本的逐利运动在推进全球化和世界历史发展的过程中，也在积累逆全球化的能量。20世纪90年代以来，随着经济全球化的迅猛推进，反全球化的声势逐渐壮大，逆全球化的浪潮也日趋高涨。全球化发展需要新的动力和信心，世界历史发展也在呼唤新的引领者。

（一）逆全球化的兴起和蔓延没有改变世界历史发展的趋势

逆全球化主要源于不公平不公正的全球化利益分配。资本逐利是全球化的原初动力，先发的资本主义国家是全球化的最初倡导者和推动者，全球化的好处和机会自然高度集中于少数先发国家。全球化利益分配除了国与国之间的差异外，生产资料的资本主义私有制、资本竞争还导致全球化利益分配在一国内部的不平衡。不公平不公正的全球化利益分配促使后发国家觉醒，过去较长一段时间以来，逆全球化的"主力军"往往是后发国家、被动卷入全球化的国家和民族。时任联合国秘书长的安南在2000年发表的《千年报告》在阐释全球化问题时就认为，"很少有人、团体或政府反对全球化本身，他们反对的是全球化的悬殊差异"。逆全球化成为全球化中的利益受损者的呐喊和发泄，逆全球化的势力和能量在特定时空背景中的积聚，并没有改变世界历史发展的趋势。

发达国家的逆全球化思潮体现和反映全球化的动力转换。在全球化浪潮中应运而生的国际组织既是全球化发展成就的表现，也是全球化发展秩序和规则的守护者。与发展权利遭受剥夺、占据全球化利益分配弱势地位的后发国家以逆全球化浪潮表示其对现有国际秩序和规则的不满形成鲜明对比的是，美国这个在全球化中获利最丰、一手主导国际组织建构及国际规则制定的发达国家正在成为全球化发展的最大阻碍者。与过去反全球化运动的主要力量大多来自非政府组织和团体不同，2018年，美国特朗普

---

① 中共中央宣传部理论局：《新时代面对面》，北京，人民出版社，2018年版，第164—165页。

政府广泛挑起贸易争端,频繁"退群",频频挑战现有的国际秩序和规则。究其原委,全球化的内在动力正在发生深刻的变化,互联网、人工智能等新兴技术对全球化的影响日渐凸显,资本驱动全球化的格局越来越明显地烙上资本和技术协同推动的特征。再加上中国的和平崛起,中国成功发起成立的"亚投行"运行良好,中国倡导并着力推动的"一带一路"国际合作赢得广泛的响应,美国倍感其霸权受到挑战,既有的国际规则和秩序已不能实现其霸权主张和对高额经济利益的追求,"退群"和主动挑起贸易争端事实上正是其焦虑情绪的表现和发泄。

逆全球化思潮也是呼唤新型全球化的标志。全球化是生产社会化发展的产物,也是世界经济发展的客观规律和不可抗拒的趋势。逆全球化思潮的兴起和蔓延不是这种趋势的改变,而是对主张霸权、充满掠夺的旧全球化的抵制,对平等互利的新型全球化的呼唤。"反全球化和逆全球化是资本主义社会矛盾、阶级矛盾激化的产物,也是当前资本主义大国的政府转移矛盾的手段。反全球化和逆全球化的出现,暴露了资本主义国家治理的危机,以及国际金融垄断资本所主导的金融化发展模式的危机,显示了资本主义道路衰败的趋势。反全球化和逆全球化阻挡不了经济全球化进程,而必然使西方大国的发展迟滞,逐步失去经济全球化中的主导地位。顺应经济全球化发展的时代潮流,回应国际社会的期待,中国要与世界各国一道努力推进新型全球化。"[①] 中国奉行和平共处五项原则,一贯反对国际事务国际交流中的霸权和强权,在国际经济交流合作中一直奉行互利合作共赢的原则,代表了新型全球化的方向。新时代中国开放型经济的高质量发展,对国际民主的坚持和追求,对正确义利观的践行,必将使中国成为新型全球化的引领者。

(二) 新时代中国开放发展成为全球化的信心和动力

开放带来进步,封闭必然落后。中国特色社会主义新时代,我国必将在主动参与和推动经济全球化进程、发展更高层次的开放型经济、推动形成全面开放新格局的过程中,提高维护国际秩序、完善国际规则的能力,推进国际治理持续走向完善,引领全球化健康发展。

全面深化改革为全球化注入信心和活力。新时代的全面深化改革,既

---

① 栾文莲:《对当前西方国家反全球化与逆全球化的分析评判》,《马克思主义研究》2018年第4期,第89—97页。

以开放促改革，也以改革促开放，有助于顺应全球化动力变化的趋势。习近平总书记指出："信息技术、生物技术、新能源技术、新材料技术等交叉融合正在引发新一轮科技革命和产业变革。这将给人类社会发展带来新的机遇……未来几十年，新一轮科技革命和产业变革将同人类社会发展形成历史性交汇，工程科技进步和创新将成为推动人类社会发展的重要引擎。"① 以开放促改革，需要精准把握世界科技革命的方向和机会，在制度创新中体现和运用科学技术发展的最新成果。中国拥有世界上最完善的产业体系，紧密的产业关联放大了产业链环上局部创新的创新效应，庞大的市场、完善的产业体系、良好的发展环境又为产业链环上局部创新创造了良好的条件。以改革促开放，核心是大力破解开放发展的体制机制障碍，加快构建开放型经济新体制，进一步解放社会生产力，将开放引向深入，促进开放型经济高质量发展。

走近世界舞台中央是中国回应世界迷茫的担当。中国是经济全球化的受益者，更是贡献者，中国依靠自己对世界发展的贡献赢得国际认同，进而走近世界舞台中央。"1950年至2016年，中国在自身长期发展水平和人民生活水平不高的情况下，累计对外提供援款4000多亿元人民币，实施各类援外项目5000多个，其中成套项目近3000个，举办11000多期培训班，为发展中国家在华培训各类人员26万多名。改革开放以来，中国累计吸引外资超过1.7万亿美元，累计对外直接投资超过1.2万亿美元，为世界经济发展作出了巨大贡献。国际金融危机爆发以来，中国经济增长对世界经济增长的贡献率年均在30%以上。"② 这些数字凝聚和体现了中国为人类共同的进步作出的巨大努力、为全球治理做出的巨大贡献，揭示了中国走近世界舞台的基础和条件。以互联网、人工智能为代表的新兴技术的快速发展，使世界各国的相互联系和依存日益加深。与此同时，贫富分化日益严重，世界经济增长动能不足严重困扰着人们。全球气候变化、恐怖主义、地区热点问题此起彼伏，既使广大发展中国家，也使发达国家面临"世界怎么了，应该怎么办，人类命运去向何方"的疑惑。坚定中国特色社会主义道路自信、理论自信、制度自信、文化自信，不仅使中国经济社会发展迈出持续、稳定、坚实的步伐，从"未发展起来时期"进入到"发展起来后时期"，中华民族迎来了从站起来、富起来到强起来的伟大飞

---

① 习近平：《让工程科技造福人类、创造未来》，《人民日报》2014年6月4日。
② 习近平：《习近平谈治国理政（第2卷）》，北京，外文出版社，2017年版，第484页。

跃。中国特色社会主义的巨大成功，给迷茫的世界带来希望，中国高举和平、发展、合作、共赢的大旗，欢迎世界各国搭乘中国发展的"快车""便车""顺风车"，为既希望加快发展又希望保持自身独立的国家和民族提供全新选择，为解决人类问题贡献中国智慧和中国方案，使越来越多的处于迷茫之中的人们看到希望。中国不是依靠霸权、凭借对外掠夺和扩张，而是凭借自己推动世界发展的努力和为人类文明持续做出贡献而日益走近世界舞台中央，虽然不可避免地会招致过去曾处于世界舞台中央、目前还处于世界舞台中央的霸权主义者的猜忌和围堵，但只要中国保持战略定力，不因外界干扰而打乱自己的发展节奏，中国定会在越来越多的学习效仿者的拥戴下自然而然走近世界舞台中央。

三、新时代中国积极参与全球治理推动全球化和世界历史发展

应对逆全球化潮流，顺应全球化动力转换，都需要完善全球治理。全面深化改革新时代，我们不可能延续改革开放新时期利用世界经济较快增长的机遇加快自身发展、利用国际市场扩张的机遇通过外需带动增长，顺应经济全球化和利用成本低的比较优势成就"中国制造"的发展老路①。推进新时代开放型经济高质量发展，积极参与全球经济治理，不仅是建设社会主义现代化国家的需要，也是世界历史发展的需要。"2016年9月，习近平在杭州举行的二十国集团峰会上正式提出了中国推进全球治理改革的框架：以平等为基础、以开放为导向、以合作为动力、以共享为目标；同时倡导'更具包容性、更加强调共赢发展的新型全球化'；提出经济治理的重点在于金融治理、贸易投资、能源治理、发展治理、腐败治理等问题，并对治理结构、治理机制和治理平台等问题阐明了中国见解和主张。"② 中国参与全球治理的主张，凝聚了全球化发展的最大共识，代表了全球化和世界历史发展的方向。

（一）推进全球治理改革中跨越修昔底德陷阱

修昔底德陷阱实质是基于霸权的全球治理困境。守成的大国利用霸权维系全球化发展的格局，利用全球化发展的成果巩固其霸权。新兴大国力

---

① 杨伟民：《深入学习习近平新时代中国特色社会主义经济思想 推动高质量发展 建设现代化经济体系》，《时事报告》2018年第2期，第79—97页。
② 李丹：《论全球治理改革的中国方案》，《马克思主义研究》2018年第4期，第52—62页。

图用其新的霸权去挑战既有霸权，两种霸权的较量和争执最终以战争的方式了结。世界和平力量的集聚，使霸权国家主张和行使霸权的困难和挑战在增加。中国的快速发展和和平崛起，使广大发展中国家看到争取国际民主的希望，和平发展、合作共赢的期望和诉求在全球治理中的影响越来越大。中国积极参与和推进全球治理，实质是和平发展、合作共赢力量在全球治理、在世界历史发展中逐步积累量变，最终实现跨越修昔底德陷阱的质的飞跃。

新时代中国日益成为推进全球治理改革的中坚力量。党的十九大向世界庄严宣告，新时代"中国将高举和平、发展、合作、共赢的旗帜，恪守维护世界和平、促进共同发展的外交政策宗旨，坚定不移在和平共处五项原则基础上发展同各国的友好合作，推动建设相互尊重、公平正义、合作共赢的新型国际关系"。习近平总书记对中国对非政策的"五不"原则概括——不干预非洲国家探索符合国情的发展道路，不干涉非洲内政，不把自己的意志强加于人，不在对非援助中附加任何政治条件，不在对非投资融资中谋取政治私利——直观生动地展示了中国以非霸权方式参与国际治理的风采。中国以为国际社会贡献经验和智慧的方式，积极参与和推进国际治理，"中国愿同世界各国分享发展经验，但不会干涉他国内政，不会输出社会制度和发展模式，更不会强加于人。我们推进'一带一路'建设不会重复地缘博弈的老套路，而将开创合作共赢的新模式；不会形成破坏稳定的小集团，而将建设和谐共存的大家庭"[①]。中国参与全球治理改革，不是凭借和依靠霸权，而是自身发展模式不断增长的吸引力；不是要建立以自己为核心的小圈子，而是要推动构建人类命运共同体。

全球治理改革是一场复杂的国际规则博弈。当代中国已不再是国际秩序和规则的被动接受者，而是完善秩序和规则的积极参与者、建设者、引领者，是全球治理改革的方案提供者。"习近平总书记主张积极参与引领经济全球化，提出推进全球治理改革的中国方案：在治理主体上，强调平等参与，反对一国独霸或几方共治；在治理方式上，明确基于制度规则，进行共商共建，反对不公平不合理安排；在治理平台上，主张补充完善旧体制，推动建构新机制；在治理路径上，提出增加发展中国家的代表性和发言权是主攻方向；在治理目标上，倡导构建人类命运共同体，打造经济

---

① 习近平：《习近平谈治国理政（第2卷）》，北京，外文出版社，2017年版，第514页。

全球化崭新未来。"① 推动国际关系民主化和国际规则完善，提高全球治理能力和水平绝非易事，必然面临霸权主义的刻意遏制、旧秩序旧规则运行惯性的制约。依据马克思主义实践观，完善国际规则的方案，总是包含在当今国际秩序运行、全球治理的现实难题中。新规则对旧规则的替代和超越，是在运用新规则化解旧规则不能解决的现实问题、不能化解的现实矛盾冲突中实现的。世界历史运动中的矛盾和问题积累，凸显全球治理改革的现实紧迫性。中国推动互利合作共赢的国际交流的经验和力量积累，凸显全球治理改革的现实可行性。新技术的开发和利用、新经济的发展必然会产生制度安排、规则供给的现实需要。坚持创新驱动，在关键领域的原始创新取得突破，充分发挥我国庞大的市场需求对新技术开发和运用、新经济发展的孕育滋养功能，是新时代在全球治理改革中赢得国际规则博弈的主动权的现实选择。

（二）推进构建人类命运共同体中完善全球治理

人类命运共同体思想具有丰富的全球治理改革意蕴。风雨同舟，互谅互让，共同应对人类面临的挑战，共享人类文明发展成果，是人类命运共同体的基本特征。只有摒弃霸权思维，杜绝霸凌行为，尊重各国、各民族自主选择发展道路，坚持平等协商、合作共赢，既共同应对人类面临的各种挑战，又依据自身能力为应对挑战做出最大努力，才能推动构建人类命运共同体迈出坚实的步伐。人类命运共同体是由新的国际秩序和规则维系的人类社会，推动构建人类命运共同体内含着全球治理改革的诉求。

构建人类命运共同体必须推动国际规则与国际治理的改革和完善。在当今霸权主义仍大行其道、霸凌行为不断变换花样的大背景中，构建人类命运共同体还是力量弱小、发展前景广阔的新生事物。现实的世界总是新旧事物错综交织的世界，新事物的萌芽被裹挟在大量的旧事物中，旧事物虽然逐渐丧失其存在的历史必然性，但它在很长的历史时期内仍然表现出强大的生命力。认识和把握国际潮流，推动国际规则完善，既要善于从复杂的现实中洞悉历史前进的方向，又不要迷失于旧习惯旧秩序之中而不敢越雷池半步。推动国际规则与国际治理的改革和完善，既不能被乱花迷眼，也不能被浮云遮眼；"要充分估计国际格局发展演变的复杂性，更要看到世界多极化向前推进的态势不会改变；要充分估计世界经济调整的曲

---

① 李丹：《论全球治理改革的中国方案》，《马克思主义研究》2018 年第 4 期，第 52—62 页。

折性,更要看到经济全球化进程不会改变;要充分估计国际矛盾和斗争的尖锐性,更要看到和平与发展的时代主题不会改变;要充分估计国际秩序之争的长期性,更要看到国际体系变革方向不会改变"①。

新时代落实总体国家安全观是推动构建人类命运共同体的基础和前提。人类文明的发展历程,就是在先进文明倡导者示范引领下,先进文明量变积累引发人类文明整体发生质的飞跃的过程。构建人类命运共同体代表了人类的未来,是超越霸权思维的先进文明理念。中国是这个先进文明理念的倡导者、示范引领者,中国自身的安全发展是构建人类命运共同体的基础和前提。新时代的总体国家安全观,是推动中国安全发展的基本遵循。坚持总体国家安全观,"必须坚持国家利益至上,以人民安全为宗旨,以政治安全为根本,统筹外部安全和内部安全、国土安全和国民安全、传统安全和非传统安全、自身安全和共同安全,完善国家安全制度体系,加强国家安全能力建设,坚决维护国家主权、安全、发展利益"。2017年2月,习近平总书记在国家安全工作座谈会上强调,"维护国家安全,要立足国际秩序大变局来把握规律,立足防范风险的大前提来统筹,立足我国发展重要战略机遇期大背景来谋划"。新时代从努力适应国际规则向积极完善规则的转变,着力提高我国参与国际治理的水平和能力,正是要牢牢掌握维护国家安全的战略主动权。

新时代中国特色的大国外交是推动全球治理改革的重要载体。当今世界多元多样多变,世界发展格局正在发生深刻的大变革大调整。构建人类命运共同体,就是让世界各国在差异中谋共识、在竞争中求共赢,携手共创人类美好未来。"中国将高举和平、发展、合作、共赢的旗帜,恪守维护世界和平、促进共同发展的外交政策宗旨,坚定不移在和平共处五项原则基础上发展同各国的友好合作,推动建设相互尊重、公平正义、合作共赢的新型国际关系。"② 中国从不把自己的意志强加给他人,既不刻意输出也不封锁中国经验和中国模式,欢迎世界各国搭乘中国经济快速发展的便车、顺风车;奉行以言沟通、以行示范的原则,为人类文明发展贡献中国智慧,为化解人类面临的风险提供中国方案。中国特色的大国外交,积攒着国际治理改革、完善全球治理体系的力量,日益成为推动构建人类命

---

① 习近平:《习近平谈治国理政(第2卷)》,北京,外文出版社,2017年版,第442页。
② 习近平:《决胜全面建成小康社会 夺取新时代中国特色社会主义伟大胜利——在中国共产党第十九次全国代表大会上的报告》,北京,人民出版社,2017年版,第58页。

运共同体的中坚力量。

（三）参与全球治理中完善论证 21 世纪马克思主义的实践逻辑

新时代积极参与国际治理，就是以推动构建人类命运共同体的实践证明习近平新时代中国特色社会主义思想是 21 世纪的马克思主义。21 世纪的马克思主义有着坚实的马克思主义基本原理理论内涵。人类命运共同体，是马克思主义创始人所设想的"自由人联合体"在当下的现实表现。在国家和阶级依然存在、资本主义制度和社会主义制度同时并存、资本主义占据总体的发展优势、霸权主义的主张和行径依然猖獗的背景下，以各国共同的关切、人类共同的命运为纽带，建立形式多样的"责任共同体""利益共同体"，并以这些共同体的发展推动人类命运共同体的建构和发展，就是 21 世纪的国际共产主义运动。

马克思主义关切人类的命运、人类的解放，认为人最本质的属性是社会属性，高度重视信用在彰显人的社会属性中的地位和作用。在分析简单价值形式时，马克思就认为"充当等价物的商品不能同时处于相对价值形式。它不表现自己的价值。它只是为另一个商品的价值表现提供材料"①。处于等价形式的商品是以其自身的使用价值为它表现其他商品的价值提供信用担保，使它能成为衡量其他商品价值大小的工具。价值形式发展到一般等价形式，充当一般等价物的商品依然是以其自身的使用价值为它成为衡量其他商品价值大小的工具提供信用担保。一般等价物之所以能成为货币，使货币成为衡量其他商品价值大小的工具，正是在于货币发行者为货币作为社会财富一般代表的能力提供了信用担保。商品交换者接受货币，并不是看中货币材料的使用价值，而是看中和接受货币发行者为货币的社会财富代表能力提供的信用担保。没有商品交换者提供的信用，货币支付手段职能无从发挥；没有货币发行者提供的信用担保，货币的贮藏手段职能、世界货币职能也难以发挥。无可否认，美元依然是当今最主要的世界货币，美国依赖其强大的政治实力、经济实力、军事实力、科技实力等硬实力为美元充当世界货币提供信用担保，美国在主张和实现霸权的框架下将其硬实力体现得淋漓尽致。中国以日益强大的经济实力、长期稳中向好的经济发展趋势为人民币国际化、为人民币发挥世界货币职能提供信用担保。新时代的大国外交"按照亲诚惠容理念和与邻为善、以邻为伴周边外

---

① 马克思：《资本论（第 1 卷）》，北京，人民出版社，2004 年版，第 63 页。

交方针深化同周边国家关系,秉持正确义利观和真实亲诚理念加强同发展中国家团结合作"①。中国不仅不会凭借自身经济发展实力谋求合作成果分配上的优势和特权,反而会给予广大发展中国家在互利合作机会获取、合作成果分配上的优惠和让利。人民币和美元执行世界货币职能的信用担保的差异揭示了国际秩序发展、国际规则完善的方向和趋势;美元占据最主要的世界货币的地位,昭示国际秩序和规则完善道路的艰辛和漫长。"我们不能因现实复杂而放弃梦想,不能因理想遥远而放弃追求",践行习近平新时代中国特色社会主义思想,积极推动构建人类命运共同体,就是要把美好的梦想落实到点滴的现实行动。

---

① 习近平:《决胜全面建成小康社会 夺取新时代中国特色社会主义伟大胜利——在中国共产党第十九次全国代表大会上的报告》,北京,人民出版社,2017年版,第60页。

研究总结与展望

新时代的理论意蕴既直接体现在这一重大判断本身之中，也体现在新时代正在经历的重大转变中，它在新时代伟大实践中不断得以丰富。新时代的重大判断富含质量互变规律、矛盾分析法、实践主体主观能动性等理论意蕴。本研究认为，习近平新时代中国特色社会主义思想彰显了新时代社会主义建设实践指向的"三大转变"：一是中国特色社会主义道路从探索到走顺走好初步定型的道路的转变，二是从事后比较见特色向事前主动规划并在实践中塑造特色的转变，三是从适应国际规则到维护完善国际规则的转变。"三大转变"是以"探路"向"走路"的转变为基础和前提的辩证统一，是对马克思主义实践观、矛盾普遍性特殊性原理、社会时空观及马克思主义人类解放的理论旨归的坚持和发展。

一、研究结论

新时代是标识社会主义初级阶段发生阶段性质变的理论范畴。社会质变既需要社会发展量变的积累，也需要历史创造者发挥主观能动性主动促进质变。新时代对中国特色社会主义建设者发挥主观能动性提出了新的更高的要求。

（一）"新时代的理论意蕴"是学术性和政治性相统一的范畴

政治判断和学术论断在用语风格、目标任务上存在显著差异，遵循着不同的逻辑。马克思主义的科学性，中国共产党的马克思主义政党属性，提供了中国共产党的政治判断的学理性保障。政治判断直接服务于政治目标，其政治性是显而易见的；政治判断是否具有学术性，取决于判断者的理论信仰是否科学，取决于判断者是否在科学的理论指导下做出政治判断。中国共产党是马克思主义政党，始终坚持以马克思主义为指导做出政治判断，始终坚持全心全意为人民服务的立党宗旨和实事求是的思想路线，坚持理论批判、实践批判和自我批判，不断深入推进自我革命，这都奠定中国共产党的政治判断学理性的根基。政治判断具有简明扼要的特征和要求，党的政治判断不可能以条分缕析的方式，把理论意境、实践意境、理想和志向意境直接、直观地表达出来。在很多时候，党的政治判断蕴含的三重意境甚至是采用隐含的方式，体现在简洁的判断和论述之中。学习研究党的政治判断，一项重要任务就是揭示阐释三重意境，条分缕析地表达三重意境。"新时代的理论意蕴"浓缩了政治判断的三重意境，是旨在彰显学术性和政治性相统一、理论性和实践性相统一的范畴，它为党的政治判断和学术论断转换提供了逻辑中介。

（二）"三大转变"所体现的新时代实践指向转换是一个有机统一体

新时代的实践指向转换有着深刻的辩证法特征。"探路"向"走路"的转变是新时代实践指向转换的核心和基础，体现了党和国家保持的战略定力，彰显了中国特色社会主义坚定的道路自信。中国特色社会主义特色展现方式的转变、应对国际秩序国际规则方式的转变，体现和落实在"探路"向"走路"的转变之中。坚定的道路自信本身就是一种特色和风格。走顺走好初步成熟定型的中国特色社会主义道路，既奋力"走路"又不在路上折腾，不断取得丰硕的实践成果，既是坚定道路自信的底气和根基，也是以行示范、以成就感召世界，推动国际秩序和规则完善的根本保障。

党的自我革命和长期执政成就中国特色社会主义最本质的特征。新时代党主动规划实践塑造，并以向世界庄严宣告的方式展示中国特色社会主义最本质的特征，主动揭露、批驳和回击对中国特色社会主义的谬评谬断。党不忘初心，并通过自我革命不断锻造先进性、保持纯洁性，党的长期执政使共产主义远大理想现实具体化为中国特色社会主义共同理想，再借助于战略设计、规划安排等，远大理想和个体理想最终落实到一个个具体的发展项目、一项项具体的工作中，项目成果、工作绩效汇聚成为中国特色社会主义的伟大成就。

（三）新时代的理论意蕴研究旨在强化对新时代的理论认同和实践认同

新时代的理论认同和实践认同成就中国特色社会主义建设的人间奇迹。理论认同凝聚共识，实践认同焕发历史进步的磅礴力量。理论认同缘于理论信仰，缘于理论对实践成就的阐释；实践认同缘于理论对实践的预期，缘于实践发展中的获得感和满足感。没有坚定的理论认同，难以产生实践认同；没有实践认同的支撑，理论认同不免成为镜中花水中月。新时代的理论意蕴研究既用马克思主义理论阐释新时代实践选择的依据，也用新时代实践经验的总结提炼揭示马克思主义理论发展的源动力和现实逻辑。

广泛的理论认同和实践认同汇聚历史创造的最大合力。合力大小取决于分力的大小和方向。历史发展的分力与合力现实表现为个体人的意志和利益与社会的整体意志和利益是辩证统一的关系。历史英雄人物、先进的政党不仅努力激发创造历史的个体分力，而且协调分力作用的方向，使个体分散的分力朝着合力最大的方向发挥。深入学习习近平新时代中国特色社会主义思想，深刻揭示新时代的理论意蕴，最广范围、最大程度的理论认同和实践认同，既是要充实人民群众创造历史的个体分散的分力最大化的条件，更是要促使个体分散的分力朝向创造历史的合力最大化方向。

（四）推动构建人类命运共同体是新时代引领全球化发展的载体

霸权主义对全球化发展的威胁引发广泛而深刻的反思，全球化发展期望新的引领，期待新的载体和方式。中国的和平崛起虽然受到霸权主义穷凶极恶的遏制，但中国奉行合作共赢的实践正得到越来越广泛的认同。自我发展能力快速提升而又秉持正确义利观的中国引领全球化发展正逐渐成为国际社会的共识，推动构建人类命运共同体，也就成为引领全球化发展的新载体。

科技与经济融合发展为构建人类命运共同体创造良好条件。霸权主义是构建人类命运共同体的最大威胁。以美苏争霸为主题的二战后世界格局建构中不可避免地烙下霸权实现、称霸者之间的妥协的印迹。相对去除国际政治经济现有格局、现有框架、现有规则和秩序中的霸权主义印迹，在构建新生领域的规范性框架、规则和秩序中防止霸权主义的渗入要容易得多。互联网、人工智能等新型技术的开发利用，极大地改变了先有技术开发、再从事新技术转化的传统模式，使科学技术开发和经济社会发展呈现越来越明显的融合发展态势，催生了对市场容量有强大依赖的新的经济领域、新的经济现象、新的发展模式。我国拥有庞大的市场，具有他国难以复制的试验、验证新技术新产品的市场优势，具有在新经济领域构建秩序和规则的潜在话语优势。实现从努力融入经济全球化向积极引领全球化的转变的关键，就在于把潜在的话语优势转变成现实的制度供给优势。

中国推动世界历史发展的方式正在实现从主动融入经济全球化向积极引领全球化的转变。资本运动是经济全球化发展的内在动力。资本自身不能运动，资本运动是资本所有者人的意志的表现。改革开放新时期的经济全球化，是人发挥主观能动性适应和顺应经济全球化的行为集合，全球化总体而言还是人的意志的体现。新时代的经济全球化，科技与经济融合发展，以互联网、人工智能为代表的新型技术极大地改变了传统的科技研发在先，然后再寻求技术成果转化、技术的经济化利用的模式。人工智能的发展和普及，滋生了"机器控制人的思维"的现象，经济全球化也因此烙上"机器的意志"。

二、研究展望

对习近平新时代中国特色社会主义思想的学思践悟，是丰富新时代理论意蕴的源泉和动力。深化新时代理论意蕴研究，要就着原著、针对问题、带着实践目的地"学"；"思"新思想新战略的马克思主义理论内核、现实针对和未来指向；在落实本职工作中、扮演和转换社会角色中、个体发展融入时代发展中"践"；"悟"具体实践的理论意蕴，"悟"马克思主义在实践中的最新发展。

（一）丰富新时代理论意蕴要加强马克思主义理论学科元命题研究

学科元命题，是学科研究中建构理论体系的基础和前提，是社会意识相对独立性的生动体现。对元命题存在质疑，自然会扩展到对以元命题为逻辑起点的理论体系的质疑。回避、不回应对元命题的质疑，不免使基于元命题的理论繁衍落下"自说自话""不讲道理"的臭名。不断叩问和阐释元命题，既是回应对元命题的质疑的重要方式，也是建构和发展学科理论体系的重要方法。马克思主义理论研究要把党的政治判断作为元命题，也要把元命题的理论阐释、学理论证作为重要任务，回击以学术之名对中国特色社会主义的歪曲和中伤。

马克思主义理论研究要重视对党的政治判断的学理阐释。政治判断是政党、政治主体基于自身立场，依据客观事实，对时局、发展目标、发展任务等做出的判断。政治判断是事实判断和价值判断的集成，意在表明判断者的立场和主张，以引导社会成员对其认同和遵循。政治判断虽然承载着教化社会公众的使命，但其重点不在于说理教化而在于强制性地要求社会公众服从。政治判断往往直接给出结论，或是把给出结论的理由隐含在结论之中，或是直接隐藏判断的理由和原因。学术论断讲究逻辑自洽，既要阐明论断的前提，也要给出论证的过程；与政治论断直接强调主张、观点不同，学术论断强调得出主张、观点的原因和过程，讲究"自圆其说"。中国共产党坚持马克思主义立场，依据马克思主义理论，运用马克思主义方法做出政治判断；马克思主义的科学性，奠定党的政治决策和政治判断学理性的根基，党的政治判断往往也是多重学术论断的集成。运用马克思主义基本原理，条分缕析、深刻揭示和阐释党的政治判断集成的多重学理逻辑，是揭批以学术研究之名质疑歪曲党的政治论断和政治决策、保障意识形态安全的重要抓手。

马克思主义理论学科繁荣需要在大历史观的视野中阐释论证学科元命题。中国共产党领导中国人民已成功解决了"挨打""挨饿"问题，尽管中国特色社会主义取得举世瞩目的实践成就，但仍未有效解决"挨骂"问题。对党的政治决策、政治判断缺乏深刻的学理阐释，不能用中国学术充分阐释论证中国实践成就，是招致"谩骂"的重要原因。众多学者"用学术讲政治，从政治中找学术"，虽然取得阐释论证党的政治判断的丰富成果，但并未能有效阻击别有用心者以追求学术自由、秉持不同学术观点为由对中国特色社会主义的持续谩骂。在学术研究中，追求与国际接轨、获得国际学术认同而导致的研究重心、研究旨趣的"非中国化"，借鉴吸收国外学术成果研究中国问题中存在的研究方法"非规范化"，盲目迷信西方学术话语、学术范畴，生搬硬套国外理论等问题，不仅导致学术研究缺乏对真实世界的了解，研究成果难以承担指导实践的重任，甚至还引发和制造社会思潮的混乱。坚持党的领导是马克思主义理论一级学科党的建设二级学科的元命题，片段史和具体历史事件的因果分析可能会给别有用心者落下"谬评误断"的"口实"，不能充分阐释论证坚持党的领导的历史逻辑。突破党史的空间局限，在鸦片战争以来的近代史大视野中论证坚持党的领导的历史逻辑，可以使坚持党的领导这一学科元命题论证更为完美。

鸦片战争至中国共产党成立的近代历史，见证没有主心骨的中华民族被动接受命运安排的痛苦和艰辛。中华民族在黑暗中求索、呼唤主心骨的历史反证，如果没有中国共产党，中华民族难以逃脱在黑暗中摸索的历史宿命。从中国共产党诞生到新中国成立，党的领导逐步从内部走向外部、从部分走向全面、从局部走向全国、从建立政权到全面巩固政权。中国共产党逐渐成为中华民族伟大复兴领导者的历史初证,只有坚持党的领导,中华民族才能主宰自己的命运。新中国成立之后,社会主义道路探索以及党自我纠错的历史再次证明坚持党的领导的历史必然性,新时期坚持和改善党的领导实现富起来的历史确证中国特色社会主义最本质特征论断的历史必然性,新时代坚持和加强党的全面领导奔向强起来的历史保证最本质特征论断的历史必然性。历史反证、历史初证、历史再证、历史确证、历史保证环环相扣,形成结构严谨的元命题论证大逻辑,在二级学科元命题论证中深化对马克思主义理论学科的科学体系的认识。

（二）科学阐释正确预期实践是新时代理论意蕴研究的重要使命

改革开放以来,中国特色社会主义在国内外别有用心者的捧杀、唱衰声中,在国际社会的"不解"和"疑惑"中取得了举世瞩目的成就。只有科学阐释、正确预期中国特色社会主义的实践成就,才能有力回击各种捧杀,藐视形形色色的唱衰,回应种种"不解"和"疑惑",真正讲好、讲深、讲透中国故事。阐释实践成就,实则是采用实践回溯、经验总结的方式,审视和把握社会发展规律;预期实践,是人的思维运用社会发展规律,对即将发生的实践进行的事先预演。新时代的理论意蕴研究,承载着科学阐释实践成就,正确预期实践成就的双重使命。新时代理论意蕴研究需要全面而深刻地揭示新时代的理论创新、实践发展对马克思主义基本原理的坚持和发展,从中国特色社会主义实践经验总结中提炼理论范畴,并用其阐释中国的实践。切实做好新时代战略、规划、计划的分解落实与衔接,是提高新时代理论意蕴研究成果的实践预测、预期能力的重要支撑和保障。

新时代理论意蕴研究中的元命题叩问有助于提高实践预期能力。历史发展有着内在的不以人的意志为转移的规律,剖析实践逻辑正是要把握和利用这种规律。通过对过去到当今的实践逻辑的深刻把握,采用逻辑延伸的方式,有助于形成可被证实的从当今到未来的实践预期。马克思主义理论学科元命题往往是体现中国共产党特质的政治要求,是经受了实践和理论逻辑检验的政策主张。新时代理论意蕴研究中重视学科元命题论证,对成为学科元命题的党的特质和主张进行"历史—现实—未来"的三维叩问,意在对历史延续到现实的理论逻辑和实践逻辑的叩问中寻找现实延伸到未来的逻辑,提出在实践中应用这一命题的主张。

新时代理论意蕴研究中的创新理论立体追问有助于提高实践预期能

力。理论源于实践,社会意识的相对独立性虽然可以使理论借助理论逻辑推导实现一定程度的发展,但脱离实践,甚至是拒绝与实践合流的理论逻辑推导最终必然是无源的死水。理论只有用于指导实践才有不竭的源泉和动力。在新时代的理论意蕴研究中,对党的创新理论进行"理论根源—针对问题—理论创见"的立体追问,意在从认识的第一次飞跃到第二次飞跃的逻辑把握中,增强对经济社会发展的预测、预期能力。

参考文献

一、著作

[1] 马克思：《资本论（第1卷）》，北京，人民出版社，2004年版。

[2] 中共中央马克思恩格斯列宁斯大林著作编译局：《马克思恩格斯文集（第1—10卷）》，北京，人民出版社，2009年版。

[3] 中共中央马克思恩格斯列宁斯大林著作编译局：《马克思恩格斯选集（第1卷）》，北京，人民出版社，1995年版。

[4] 中共中央马克思恩格斯列宁斯大林著作编译局：《马克思恩格斯全集（第46卷）》，北京，人民出版社，2003年版。

[5] 中共中央马克思恩格斯列宁斯大林著作编译局：《列宁专题文集（论资本主义、论马克思主义、论辩证唯物主义和历史唯物主义、论社会主义、论无产阶级政党）》，北京，人民出版社，2009年版。

[6] 中共中央马克思恩格斯列宁斯大林著作编译局：《列宁全集（第六卷）》，北京，人民出版社，2013年版。

[7] 毛泽东：《毛泽东选集（第1—4卷）》，北京，人民出版社，1991年版。

[8] 邓小平：《邓小平文选（第1—2卷）》，北京，人民出版社，1994年版。

[9] 邓小平：《邓小平文选（第3卷）》，北京，人民出版社，1993年版。

[10] 习近平：《习近平谈治国理政》，北京，外文出版社，2014年版。

[11] 习近平：《习近平谈治国理政（第2卷）》，北京，外文出版社，2017年版。

[12] 习近平：《习近平谈治国理政（第3卷）》，北京，外文出版社，2020年版。

[13] 习近平：《在哲学社会科学工作座谈会上的讲话》，北京，人民出版社，2016年版。

[14] 习近平：《为建设世界科技强国而奋斗：在全国科技创新大会、两院院士大会、中国科协第九次全国代表大会上的讲话》，北京，人民出版社，2016年版。

[15] 习近平：《决胜全面建成小康社会 夺取新时代中国特色社会主义伟大胜利——在中国共产党第十九次全国代表大会上的报告》，北京，人民出版社，2017年版。

[16] 习近平：《在第十二届全国人民代表大会第一次会议上的讲话》，北京，人民出版社，2013年版。

[17] 习近平：《为建设世界科技强国而奋斗：在全国科技创新大会、两院院士大会、中国科协第九次全国代表大会上的讲话》，北京，人民出版社，2016年版。

[18] 习近平：《在庆祝改革开放40周年大会上的讲话》，北京，人民出版社，2018年版。

[19] 习近平：《在庆祝中国共产党成立95周年大会上的讲话》，北京，人民出版社，2016年版。

[20] 习近平：《在纪念毛泽东同志诞辰120周年座谈会上的讲话》，北京，人民出版社，2013年版。

[21] 习近平：《携手抗疫 共克时艰——在二十国集团领导人特别峰会上的发言》，北京，人民出版社，2020年版。

[22] 江泽民：《论"三个代表"》，北京，中央文献出版社，2001年版。

[23] 江泽民：《江泽民文选（第2卷）》，北京，人民出版社，2006年版。

[24] 胡锦涛：《坚定不移沿着中国特色社会主义道路前进为全面建成小康社会而奋斗 中国共产党第十八次全国代表大会上的报告》，北京，人民出版社，2012年版。

[25] 中共中央党史研究室：《中国共产党的九十年 社会主义革命和建设时期》，北京，中共党史出版社、党建读物出版社，2016年版。

[26] 中共中央党史研究室：《历史是最好的教科书——学习习近平同志关于党的历史的重要论述》，北京，中共党史出版社，2014年版。

[27] 中共中央文献研究室：《江泽民论有中国特色社会主义（专题摘编）》，北京，中央文献出版社，2002年版。

[28] 中共中央文献研究室：《十六大以来重要文献选编》，北京，中央文献出版社，2011年版。

[29] 中共中央文献研究室：《十七大以来重要文献选编（下）》，北京，中

央文献出版社，2013年版。

[30] 中共中央文献研究室：《十八大以来重要文献选编（上）》，北京，中央文献出版社，2014年版。

[31] 中共中央党史和文献研究院：《十八大以来重要文献选编（下）》，北京，中央文献出版社，2018年版。

[32] 中共中央文献研究室：《习近平关于科技创新论述摘编》，北京，中央文献出版社，2016年版。

[33] 中共中央文献研究室：《习近平关于社会主义经济建设论述摘编》，北京，中央文献出版社，2017年版。

[34] 中共中央文献研究室：《习近平关于全面深化改革论述摘编》，北京，中央文献出版社，2014年版。

[35] 中共中央宣传部：《习近平新时代中国特色社会主义思想三十讲》，北京，学习出版社，2018年版。

[36] 中共中央宣传部：《习近平新时代中国特色社会主义思想学习纲要》，北京，学习出版社，2019年版。

[37] 中共中央宣传部理论局：《新时代面对面》，北京，人民出版社，2018年版。

[38] 本书编写组：《中国共产党简史》，北京，人民出版社、中共党史出版社，2021年版。

[39] 本书编写组：《中国共产党章程》，北京，人民出版社，2017年版。

[40] 本书编委会：《习近平关于社会主义经济建设论述摘编》，北京，中央文献出版社，2017年版。

[41] 本书编写组：《党的十九大报告学习辅导百问》，北京，党建读物出版社，2017年版。

[42] 本书编写组：《中国特色社会主义政治经济学十五讲》，北京，中国人民大学出版社，2016年版。

[43] 本书编写组：《党的十九届四中全会〈决定〉学习辅导百问》，北京，学习出版社，2019年版。

[44] 《马克思主义哲学》编写组：《马克思主义哲学》，北京，人民出版社，2009年版。

[45] 孙正聿等：《马克思主义基础理论研究》，北京，北京师范大学出版社，2011年版。

[46] 杨耕等：《马克思主义哲学基础理论研究》，北京，北京师范大学出

版社，2013年版。

[47] 刘敬东：《理性、自由与实践批判》，北京，北京师范大学出版社，2015年版。

[48] 吴易风：《马克思主义经济学与西方经济学比较研究（第1卷）》，北京，中国人民大学出版社，2009年版。

[49] 韩庆祥、黄相怀等：《建设世界上最强大的政党》，北京，中国人民大学出版社，2018年版。

[50] 韩庆祥、张建等：《中国特色社会主义基本原理》，北京，人民出版社，2015年版。

[51] 王伟光：《开辟当代马克思主义哲学新境界》，北京，中国社会科学出版社，2019年版。

[52] 刘永佶：《政治经济学方法论教程》，北京，中国社会科学出版社，2012年版。

[53] 杜黎明：《中国特色社会主义的民生改善长效机制研究》，北京，学习出版社，2016年版。

[54] 杜黎明：《中国特色社会主义新时代生产力安全发展研究》，成都，四川大学出版社，2019年版。

[55] 〔美〕D. P. 约翰逊：《社会学理论》，北京，国际文化出版公司，1988年版。

[56] 〔美〕黄亚生：《中国特色的资本主义：企业与国家》，伦敦，剑桥大学出版社，2008年版。

[57] 〔美〕伊恩. 布里默：《自由市场的终结：政府和企业之间谁将是获胜者》，伦敦，企鹅出版集团，2010年版。

[58] 〔美〕帕拉格·康纳：《超级版图：全球供应链、超级城市与新商业文明的崛起》，崔传刚、周大昕译，北京，中信出版社，2016年版。

[59] Bruce Dickson："Red Capitalists in China：the Chinese Communist Party，Private Entrepreneurs and Political Change"，London，Cambridge University Press，2003.

[60] Zheng Yongnian："Will China Become Democratic? Elite，Class and Regime Transition"，Singapore，Eastern Universities Press，2004.

二、期刊、论文

[1] 习近平：《关于〈中共中央关于制定国民经济和社会发展第十三个五年规划的建议〉的说明》，《人民日报》2015年11月4日。

［2］习近平:《领导干部要带头树立八个方面的良好风气》,《党建研究》2007年第5期。

［3］习近平:《使人民群众不断获得切实的经济、政治、文化利益》,《求是》2001年第19期。

［4］习近平:《略论〈关于费尔巴哈的提纲〉的时代意义》,《中共福建省委党校学报》2001年第9期。

［5］习近平:《论〈政治经济学批判〉序言的时代意义》,《福建论坛（经济社会版）》1997年第1期。

［6］习近平:《发展经济学与发展中国家的经济发展——兼论发展社会主义市场经济对发展经济学的理论借鉴》,《福建论坛（经济社会版）》2001年第9期。

［7］习近平:《社会主义市场经济和马克思主义经济学的发展与完善》,《经济学动态》1998年第7期。

［8］习近平:《全面贯彻落实党的十八大精神要突出抓好六个方面工作》,《求是》2013年第1期。

［9］习近平:《领导干部要切实管好自己》,《今日浙江》2005年第4期。

［10］习近平:《在统筹推进新冠肺炎疫情防控和经济社会发展工作部署会议上的讲话》,《人民日报》2020年2月24日。

［11］习近平:《为打赢疫情防控阻击战提供强大科技支撑》,《求是》2020年第6期。

［12］习近平:《团结带领广大人民群众坚决贯彻落实党中央决策部署 紧紧依靠人民群众坚决打赢疫情防控阻击战》,《人民日报》2020年1月28日。

［13］习近平:《团结合作是国际社会战胜疫情最有力武器》,《先锋》2020年第4期。

［14］习近平:《共担时代责任 共促全球发展——在世界经济论坛2017年年会开幕式上的主旨演讲》,《人民日报》2017年1月18日。

［15］习近平:《让工程科技造福人类、创造未来》,《人民日报》2014年6月4日。

［16］彭先兵、覃正爱:《马克思主义政治权威观探析》,《马克思主义研究》2018年第7期。

［17］张海波、秦书生:《习近平新时代中国特色社会主义思想的世界观和方法论意蕴》,《广西社会科学》2017年第11期。

[18] 侯惠勤：《习近平新时代中国特色社会主义思想的哲学意蕴》，《马克思主义研究》2018 年第 5 期。

[19] 韩庆祥、张健：《新时期治国理政的哲学基础：战略辩证法》，《光明日报》2016 年 1 月 13 日。

[20] 郭云泽、刘同舫：《习近平新时代中国特色社会主义思想对马克思主义哲学的继承与发展》，《思想理论研究》2018 年第 8 期。

[21] 贾立政：《新时代中国特色社会主义的认识论：十九大报告对马克思主义认识论的重大发展》，《人民论坛》2017 年第 11 期（上）。

[22] 张士海：《习近平新时代中国特色社会主义思想的方法论原则》，《中国社会科学报》2018 年 2 月 9 日。

[23] 杨刘保：《习近平新时代中国特色社会主义思想的三维审视》，《长春市委党校学报》2017 年第 6 期。

[24] 尚庆飞：《习近平新时代中国特色社会主义思想理论创新的三重维度》，《求索》2017 年第 10 期。

[25] 胡洪彬：《把握习近平新时代中国特色社会主义思想的三重向度》，《内蒙古社会科学（汉文版）》2018 年第 1 期。

[26] 邵维正：《深刻领会习近平新时代中国特色社会主义思想》，《中共党史研究》2017 年第 11 期。

[27] 章忠民：《加强习近平新时代中国特色社会主义思想的整体性研究》，《马克思主义研究》2017 年第 11 期。

[28] 陈金龙：《关于习近平新时代中国特色社会主义思想的若干思考》，《思想理论教育》2017 年第 12 期。

[29] 李纪才：《论习近平新时代中国特色社会主义思想》，《兵团党校学报》2017 年第 6 期。

[30] 梁仲明：《论习近平新时代中国特色社会主义思想———中华民族伟大复兴的行动指南》，《党政研究》2017 年第 6 期。

[31] 陈丹：《五个维度把握习近平新时代中国特色社会主义思想》，《长江日报》2017 年 12 月 4 日。

[32] 罗建文、李晗琦：《新时代中国化马克思主义哲学应有的使命与境界》，《青海社会科学》2019 年第 2 期。

[33] 肖贵清：《习近平新时代中国特色社会主义思想的重大意义》，《中共中央党校学报》2017 年第 6 期。

[34] 何毅亭：《伟大思想理论从何而来——习近平新时代中国特色社会主

义思想渊源》,《光明日报》2017年11月17日。

[35] 孙发平、王亚波:《习近平新时代中国特色社会主义思想是对党的发展的历史性贡献》,《青海日报》2017年10月30日。

[36] 陈春琳:《习近平治国理政新理念新思想新战略生成的理论渊源》,《科学社会主义》2017年第5期。

[37] 李殿仁:《深刻认识习近平新时代中国特色社会主义思想的理论渊源》,《文化软实力》2018年第1期。

[38] 邱乘光:《论习近平新时代中国特色社会主义思想》,《新疆师范大学学报(哲学社会科学版)》2018年第2期。

[39] 张占斌、戚克维:《论习近平新时代中国特色社会主义思想中的生态文明观》,《环境保护》2017年第22期。

[40] 彭继红、刘涵:《习近平新时代中国特色社会主义生态文明思想体系的内在逻辑探析》,《云梦学刊》2018年第1期。

[41] 秦书生、张海波:《习近平新时代中国特色社会主义生态文明思想的唯物史观阐释》,《学术探索》2018年第3期。

[42] 张仙凤:《习近平新时代中国特色社会主义思想的八个来源》,《探索》2017年第6期。

[43] 戚嵩、邱乘光:《习近平新时代中国特色社会主义思想的哲学底蕴》,《青海社会科学》2018年第2期。

[44] 吴兆雪、朱国华:《习近平新时代中国特色社会主义思想的哲学根基与理论创新》,《观察与思考》2019年第4期。

[45] 朱哲、魏璐璐:《习近平新时代中国特色社会主义思想的哲学意蕴》,《理论探讨》2018年第3期。

[46] 郭云泽、刘同舫:《习近平新时代中国特色社会主义思想对马克思主义哲学的继承与发展》,《思想理论研究》2018年第8期。

[47] 人民论坛问卷调查中心:《中国共产党历经的九个重大考验》,《人民论坛》2018年9月(上)。

[48] 刘嗣明:《中国社会主要矛盾与主要任务的新形态——相对需求不足与扩大相对需求》,《江汉论坛》2004年第6期。

[49] 张纪、来丽梅:《对当前我国社会主要矛盾的新认识》,《理论探讨》2004年第6期。

[50] 黄铸:《解决制约发展的主要矛盾》,《人民日报》2006年3月31日。

[51] 杨鹏：《中国社会当前的主要矛盾》，《理论参考》2006年第5期。

[52] 吴宣恭：《根据所有制实际重新分析当前阶段的社会主要矛盾》，《政治经济学评论》2012年第1期。

[53] 孙存良、祁一平、贺霞：《深刻理解坚持以人民为中心的发展思想》，《光明日报》2015年12月27日。

[54] 任平、山港：《走向出场学视域的马克思主义哲学研究：创新路径与未来趋势——任平教授访谈》，《学术月刊》2008年第9期。

[55] 邱海平：《再论中国政治经济学的创新问题——兼论"研究政治经济学"与"政治经济学研究"的关系》，《江苏行政学院学报》2012年第2期。

[56] 倪志安、武二虎：《实践唯物主义与马克思主义哲学中国化——"重庆实践唯物主义与马克思主义哲学中国化研讨会"观点综述》，《重庆邮电大学学报（社会科学版）》2013年第1期。

[57] 刘福森：《马克思哲学研究中的方法论问题——实践唯物主义与历史唯物主义之争的理论实质》，《现代哲学》2015年第4期。

[58] 本刊记者：《世界聚焦中国特色社会主义——徐觉哉研究员访谈》，《国外理论动态》2008年第10期。

[59] 刘近：《国外学者对中国特色社会主义共同理想的三种误解》，《天津行政学院学报》2013年第5期。

[60] 闫杰花：《越南学者对中国特色社会主义研究述评》，《马克思主义研究》2017年第6期。

[61] 郑永年：《中国模式能够被围堵吗》，《参考消息》2009年9月16日。

[62] 刘秀萍：《"模式"是基础"特色"是目标——学习邓小平关于"模式"与"特色"论述的一点体会》，《前线》2000年第10期。

[63] 于潇：《对"特色"的几点理解》，《党政干部学刊》2002年第2期。

[64] 祝灵君：《党的领导是中国发展的核心优势》，《红旗文稿》2019年第19期。

[65] 王明生：《勇于自我革命的底气何在》，《人民论坛》2018年第9期（上）。

[66] 曲青山：《"四个伟大"的由来及其相互关系》，《中国纪检监察报》2017年11月8日。

[67] 盛若蔚：《中国共产党党员总数超9000万》，《人民日报》2019年7

月1日。

[68] 胡金焱：《加强党对高校的全面领导 牢牢把握立德树人根本任务》，《光明日报》2018年6月5日。

[69] 徐辉：《新时代的中国高等教育：成就、挑战和变革》，《教育研究》2018年第8期。

[70] 董洪亮：《习近平就高校党建工作作出重要指示强调：坚持立德树人思想引领 加强改进高校党建工作》，《人民日报》2014年12月30日。

[71] 李保林、周呈思：《应勇主持召开专题会听取支援湖北医疗队代表意见建议 同时间赛跑与病魔较量 齐心协力打好湖北保卫战武汉保卫战》，《湖北日报》2020年2月25日。

[72] 刘奔：《时间是人类发展的空间——社会时—空特性初探》，《哲学研究》1991年第10期。

[73] 陈文玲：《不可遏制的经济全球化内在动力》，《中国智库经济观察（2017）》。

[74] 晓亮：《论混合所有制》，《企业活力》1998年第3期。

[75] 贾华强：《马克思主义经典理论错了吗？——从混合所有制经济看社会主义的未来》，《学术前沿》2014年第3期（下）。

[76] 胡培兆：《公平与效率可以互促并进》，《人民日报》2007年4月28日。

[77] 谢鲁江：《混合所有制经济：三重意义上的体制平台》，《学术前沿》2014年第3期。

[78] 朱秋：《习近平建设清洁美丽世界思想研究》，《上海经济研究》2019年第9期。

[79] 刘则渊：《马克思主义科学技术观的新发展——关于"科学技术是第一生产力"的原理》，《自然辩证法研究》1992年第1期。

[80] 马文保：《现状与问题：马克思生产关系思想研究》，《哲学研究》2015年第6期。

[81] 蒋红群：《无产阶级会沦为无用阶级吗？》，《马克思主义研究》2018年第7期。

[82] 刘嗣明：《中国社会主要矛盾与主要任务的新形态——相对需求不足与扩大相对需求》，《江汉论坛》2004年第6期。

[83] 张纪、来丽梅：《对当前我国社会主要矛盾的新认识》，《理论探讨》

2004年第6期。

[84] 谢地，刘佳丽：《中国社会主要矛盾转型与经济发展方式转变》，《四川大学学报（哲学社会科学版）》2010年第6期。

[85] 吴宣恭：《根据所有制实际重新分析当前阶段的社会主要矛盾》，《政治经济学评论》2012年第1期。

[86] 张荣华、赵华：《对当前我国社会主要矛盾的新认识和新表述》，《中国石油大学学报（社会科学版）》2005年第1期。

[87] 李佑新、陈龙：《继承、创新与挑战——沃马克关于中国特色社会主义与毛泽东思想关系的研究》，《国外理论动态》2008年第7期。

[88] 任平：《走向出场学视域的马克思主义哲学研究：创新路径与未来趋势》，《学术月刊》2008年第9期。

[89] 程恩富、刘伟：《社会主义共同富裕的理论解读与实践剖析》，《马克思主义研究》2012年第6期。

[90] 刘国光：《是"国富优先"转向"民富优先"，还是"一部分人先富起来"转向"共同富裕"》，《探索》2011年第4期。

[91] 冯涛、李湛：《政府、市场关系的动态演化与中国经济增长》，《陕西师范大学学报》2011年第2期。

[92] 鲁品越：《实践唯物主义理论体系初探》，《南京社会科学》1993年第6期。

[93] 肖贵清：《论中国模式研究的马克思主义话语体系》，《南京大学学报（哲学·人文科学·社会科学版）》2011年第1期。

[94] 〔美〕阿里夫.德里克等：《重访后社会主义：反思中国特色社会主义的过去、现在和未来》，《马克思主义与现实》2009年第5期。

[95] 郭湛：《马克思主义哲学的实践批判理论》，《哲学研究》2006年第7期。

[96] 岳奎：《"不忘初心"与自觉抵制西方非意识形态化错误思潮》，《马克思主义研究》2018年第9期。

[97] 郑丽娅、胡学举：《毛泽东论党的领导资格及其启示》，《探索》2011年第3期。

[98] 刘建德、杜红荣：《理论创新是党的先进性建设的根本思想基础》，《人文杂志》2008年第2期。

[99] 齐卫平：《论改革开放与党领导的伟大社会革命》，《思想理论教育》2018年第7期。

［100］陈锡喜：《论中国共产党作为革命党、领导党、执政党的统一及其与社会革命的关系》，《思想理论教育》2018 年第 12 期。

［101］李崇富：《作为科学社会主义新形态的中国特色社会主义——论我国改革开放 40 年的根本经验》，《马克思主义研究》2018 年第 10 期。

［102］刘奔：《时间是人类发展的空间——社会时—空特性初探》，《哲学研究》1991 年第 10 期。

［103］俞吾金：《马克思时空观新论》，《哲学研究》1996 年第 3 期。

［104］王南湜：《社会时空问题的再考察》，《社会科学战线》2009 年第 3 期。

［105］李丹：《从马克思世界历史视角看中国的新型全球化理论与实践》，《科学社会主义》2017 年第 5 期。

［106］陈霄、王正攀：《全球化与社会主义市场经济：历程、转型与展望》，《探索》2013 年第 3 期。

［107］孙宗伟：《准确理解"使混合所有制经济成为基本经济制度的重要实现形式"》，《思想理论教育导刊》2014 年第 8 期。

［108］何自力：《混合所有制经济：性质、目的与根本方向》，《学术前沿》2014 年第 5 期（上）。

［109］栾文莲：《对当前西方国家反全球化与逆全球化的分析评判》，《马克思主义研究》2018 年第 4 期。

［110］杨伟民：《深入学习习近平新时代中国特色社会主义经济思想 推动高质量发展 建设现代化经济体系》，《时事报告》2018 年第 2 期。

［111］李丹：《论全球治理改革的中国方案》，《马克思主义研究》2018 年第 4 期。

［112］杜黎明：《论新发展理念对马克思主义生产力理论的创新》，《中南民族大学学报（中文社会科学版）》2018 年第 2 期。

［113］杜黎明：《习近平新时代中国特色社会主义经济思想对邓小平社会主义本质论的继承和创新》，《江西社会科学》2018 年第 4 期。

［114］杜黎明：《中国特色社会主义新时代的三大转变研究》，《兰州学刊》2018 年第 7 期。

［115］杜黎明：《规范与建构：毛泽东对马克思主义社会矛盾学说的贡献》，《三明学院学报》2020 年第 5 期。

［116］杜黎明：《容错的正面清单与纠错的对策清单》，《人民论坛》2017

年第 9 期（中）。

[117] 杜黎明：《新时代超越于西方的经济理性研究》，《党政研究》2020年第 5 期。

[118] 杜黎明：《效率与公平协调视域下的民生供给研究》，《中州学刊》2014 年第 5 期。

[119] 杜黎明、孙晓雅：《以混合所有制经济巩固我国基本经济制度》，《经济纵横》2015 年第 9 期。

三、网络文献

[1] 习近平：《中央全面深化改革领导小组第三十一次会议上的讲话》，http://www.xinhuanet.com/politics/2016－12/30/c_1120224288.htm。

[2] 国家统计局：《全国年度统计公报（2013－2019 年）》，http://www.stats.gov.cn/tjsj/。

[3] 国家统计局：《国际地位显著提高 国际影响力持续增强——新中国成立 70 周年经济社会发展成就系列报告之二十三》，http://www.stats.gov.cn/tjsj/zxfb/201908/t20190829_1694202.html。

[4] 新华社：《2019 年"民生清单"落实如何？中央部委纷纷提交"成绩单"》，http://www.gov.cn/xinwen/2019－12/29/content_5464957.htm。

[5] 胡浩、罗争光：《搭建改革四梁八柱——党的十八大以来全面深化改革成就综述》，http://www.gov.cn/xinwen/2017－08/09/content_5216978.htm。

[6] 陈芳、胡喆：《党的十八大以来科技创新成就综述》，http://www.gov.cn/xinwen/2017－10/10/content_5230759.htm。

[7] 冷溶：《正确把握我国社会主要矛盾的变化》，《人民日报》2017 年 11 月 27 日，http://theory.people.com.cn/n1/2017/1127/c40531－29668491.html。

[8] 王伟：《建设社会主义和谐社会面临的主要矛盾与问题——谈贫富差距与扩大"中间阶层"》，http://kyj.cass.cn/llsd/shzfyj/201507/t20150707_2568205.shtml。

[9] 陆学艺：《经济社会发展不协调是当前要解决的主要矛盾》，《中国社会科学院院报》2013 年 5 月 16 日，http://sociology.cssn.cn/shxr/mjfc/lxy/lw/201305/t20130516_1979195.shtml。

[10] 康伟：《我国当前社会主要矛盾表述的新思考》，《学习时报》2012

年 7 月 16 日，http://theory.people.com.cn/n/2012/0716/c49154-18523503-1.html。

［11］孙博洋：《我国稳居制造大国之首 主要工业品四成左右产量全球第一》，http://finance.people.com.cn/n1/2017/0217/c1004-29089535.html。

［12］农业部新闻办公室：《农业部、中农办就党的十八大以来农业农村工作进展情况答记者问》，http://www.moa.gov.cn/ztzl/xy19d/xwbd/201709/t20170930_5832934.htm。

［13］华丽志、江帆：《世界旅游组织 2016 年境外游客消费数据：中国大陆境外消费居首》，http://www.traveldaily.cn/article/113299。

［14］《学习时报》特约评论员：《习近平总书记的成长之路》，《学习时报》，2017 年 7 月 28 日，http://cpc.people.com.cn/n1/2017/0728/c64094-29433685.html。

［15］央视网：《习近平最牵挂的人是谁？》，http://cpc.people.com.cn/n1/2017/0131/c64387-29053374.html。

［16］新华社：《数读 2019 年中国共产党党内统计公报》，http://www.xinhuanet.com/politics/2020-06/30/c_1210683845.htm。

［17］新华社：《巩固发展反腐败斗争压倒性胜利——聚焦习近平总书记在十九届中央纪委三次全会上的重要讲话》，http://www.gov.cn/xinwen/2019-01/12/content_5357217.htm。

［18］曹平：《人民日报思想纵横：疫情防控彰显制度优势》，《人民日报》2020 年 3 月 31 日，http://opinion.people.com.cn/n1/2020/0331/c1003-31654663.html。